FIFTY SECRETS OF SINGAPORE'S SUCCESS

싱가포르
성공의
50가지
비결

TOMMY KOH 편

안영집 역

 박영story

차례

역자 머리말

싱가포르는 적도상 작은 나라이지만 자기 몸무게보다 훨씬 큰 주먹을 날리는 나라로 알려져 있다. 1965년 독립 이후 지난 55년간 이룬 경제적 성과를 통해 1인당 국민소득 면에서 세계의 최선두권 국가로 진입했으며, 국제 사회의 주요 사안에 대해 건설적인 의견을 제시하고 자기목소리를 내는 국가가 되었다. 특히 다민족·다인종으로 구성된 사회이기에 국론 통합과 사회적 화합에 많은 어려움이 있었지만, 이를 성공적으로 극복하고 안정적이고 조화로운 사회를 만드는 데 성공했다. 국가경쟁력, 질서, 깨끗한 환경, 안전, 부패에 대한 무관용 등은 언제부터인가 싱가포르를 상징하는 수식어가 되었는데 이를 가능하게 한 싱가포르정부와 국민들의 의식적인 노력에 많은 나라들이 관심을 보이고 있다.

싱가포르 사회의 최고 원로로 인정받는 토미 코 교수가 50개 주제별로 정리해 편집한 싱가포르의 성공담은 우리에게도 많은 시사점을 준다. 상당수가 우리가 이미 겪었거나 현재도 겪고 있는 주제에 대한 내용이기에 유용한 반면교사로 삼을 만한 것들이다. 특히 당장에는 인기가 없고 손해나는 정책이지만, 장기적인 시각을 갖고 정책을 수립하고 집행하는 측면은 우리도 잘 눈여겨보아야 할 것 같다.

예기치 못한 코로나바이러스 사태로 싱가포르 내 대부분의 활동이두 달여 이상 중단되는 상황에서 건설적인 일이 무엇일까를 생각하다 이책을 번역하게 되었다. 출판을 위한 점검 과정에서 도움을 준 주싱가포르대사관의 김종문 공사, 강수연 공사참사관, 황영웅 재무관, 하대국 서기관과 기꺼이 출판을 맡아준 박영스토리의 노 현 대표, 세밀하고 꼼꼼한 교정작업을 해준 최은혜 편집자에게 깊은 감사를 드린다.

안영집
주싱가포르 대사

한국인 독자를 위한 저자 서문

본인은 우선 이 책을 한국어로 번역해 준 안영집 싱가포르 주재 대한민국 대사에게 감사를 전한다. 아울러 이 책을 발간할 한국 출판사를 찾을 수 있도록 안 대사가 도움을 준 것에 대해서도 감사하게 생각한다.

1960년대 초, 본인이 미국에서 학생으로 공부하던 시절에 한국은 매우 가난했다. 당시 한국은 한국 전쟁의 여파로 황폐화되어 있던 상황이었다. 미국 내 일부 전문가들은 한국을 기능이 마비된 국가(basket case)로 묘사했다. 그들이 얼마나 틀렸는지 모른다. 한국인들은 '한강의 기적'을 만들어 냈고 나라를 제1세계 국가로 탈바꿈시켰다. 싱가포르 사람들은 한국을 높이 평가하고, 한국을 방문하는 것을 좋아한다.

1965년 싱가포르가 독립했을 때 국가의 미래에 대한 예측은 암울했다. 그러나 한국인과 마찬가지로 싱가포르 사람들도 조그만 '적도 위의 기적'을 이루어 냈다. 1인당 국내총생산은 1965년 517달러에서 2018년 6만 4,582달러로 53년의 기간 동안 120배가 증가했다.

싱가포르가 성공한 비결은 무엇일까? 그것은 하나가 아니고 여러 개라고 생각한다. 이 책은 50개의 가장 중요한 싱가포르 성공담에 관한 전문가들의 글을 싣고 있다. 본인은 한국 독자들이 이 책에 대해 흥미를 가져주면 좋겠다. 우리 두 나라는 서로에게서 배우고 서로에게 영감을 불어넣어 줄 수 있다. 아울러 우리 두 나라가 경제, 문화, 그리고 대외관계 분야에서 상호 협력을 증진해 나가기를 기대한다.

토미 코
저자

서문

　싱가포르는 다양성, 개방성, 자기결정능력에 대해 자부심을 갖고 있다. 이들은 오늘날의 현대적 국가를 만든 가치라고 할 수 있다. 우리의 여정은 세계적 차원에서 나타나는 도전 때문에 쉽지는 않았다. 그러나 우리에게는 성공하겠다는 의지가 있었기에 항상 이를 극복해 왔다. 이런 특성은 우리를 결속하게 해주었고 우리의 성공스토리를 만들어 주었다.

　우리는 바로 직전인 2019년에 싱가포르의 개항 200주년을 기념했기에, 이 책을 만들자는 토미 코 교수의 생각은 아주 시의적절했다. 주요 전문가를 모아 싱가포르가 성취한 내용을 정책결정과 통치방식별 아홉 분야로 나누어 포괄적으로 정리했다. 이 책은 우리보다 앞선 사람들이 이룬 성공을 되돌아보고, 배우고, 그 위에 쌓아나가도록 우리를 격려한다.

　본인은 토미 코 교수가 이 책을 엮은 것에 사의를 표한다. 전체적으로 글의 내용들은 지난 50여 년간 싱가포르가 성공을 이루게 된 교훈을 잘 묘사하고 있다. 본인은 이 글들이 싱가포르 사람들에게는 함께했던 여정을 보다 잘 이해하게 하고 다른 국가들에게는 유용한 사례연구로 쓰일 수 있기를 기대한다.

할리마 야콥
싱가포르 공화국 대통령

저자 서문

이 책을 어떤 계기로 만들고자 생각하게 되었는지 설명하려 한다. 2019년 초, 나는 멕시코와 미국에서 온 두 그룹의 대학생들을 만나게 되었다. 학생들은 싱가포르에 대해 깊은 인상을 받은 것 같았다. 두 그룹은 싱가포르가 성공하게 된 비결을 알려달라고 했다. 나는 비결이 하나가 아니고 여러 개라고 설명해 주었다. 그리고 그들에게 싱가포르가 성공한 비결에 대해 새로운 책을 편집해볼 것을 약속했다.

나는 파울라 파르비아이넨 전 싱가포르 주재 핀란드 대사가 거의 같은 시기에 본부의 새 직책으로 옮겨가기 직전에 건네준 책을 받아보고 결심했다. 그 책의 제목은 『핀란드로부터의 100가지 사회적 개혁』이었다. 이는 2006년도에 출판되었는데 세계적인 베스트셀러가 되었고 27개 언어로 번역되었다.

나는 세계의 많은 사람들이 좋은 구상과 성공한 이야기에 목말라한다고 생각한다. 이 책에 있는 50개의 성공 이야기가 많은 세계 사람들의 흥미를 자아내고 꿈을 이루고자 하는 다른 나라들에게 영감을 불어 넣어주기를 기대한다.

토미 코
싱가포르 외교부 본부대사

I. 경제적인 성취

1

제3세계 국가에서 제1세계 국가로

탄 콩 얌(*Tan Kong Yam*)

1965년 1인당 GDP가 미화 517불에 불과했던 가난한 제3세계 국가에서, 2018년 1인당 GDP가 미화 6만 4,582불에 달해 선진 제1세계 국가로 발돋움한 싱가포르의 경제적 발전 이야기는 사람들에게 잘 알려져 있다. 핵심적이며 비교적 부패하지 않은 정치 지도자와 공무원 조직, 훌륭한 통치 체제, 핵심 인프라 개선에 대한 끊임없는 관심, 전략적인 장기 계획 강조 등에 대해서도 잘 연구되고 분석되고 있다.

무엇보다도 효율적인 공무원 조직과 지속가능한 예산이 뒷받침하는 정치적 리더십이 불과 몇십 년 만에 제3세계에서 제1세계로 급속히 탈바꿈한 싱가포르의 특징이다. 싱가포르가 기적을 이룬 원동력으로는 선견지명과 혁신능력을 갖춘 지도자들이 있었다는 데 대해 이견은 없다. 그렇지만 국가적 결과를 창출해낸 주요 제도적 수단은 개발 계획을 마련하고, 그 이행을 조율하며, 공공서비스를 효율적으로 전달한, 강력한 공무원 제도일 것이다.

정책은 단기적 포퓰리즘이 아닌 장기적 지속가능성을 목표로 고안되었다. 이는 국가에 대한 비전과 분명한 방향성을 가진 강한 지도력을 필요로 했다. 정책의 좌우명은 유연성과 변화에 대한 실용적인 기대였다. 정부는 특별한 이해관계를 가지고 있는 조직이 아니라 일종의 신탁기관으로 인식되었다. 싱가포르의 훌륭한 통치체제는 책임성과 투명성, 장기적인 계획, 사회적 정의라는 서로 연관된 세 개의 요소에 바탕하고 있다.

그런데, 다른 개발도상국에서도 의의가 있을 수 있는 핵심적인 교훈들은 아직 충분히 추출되지 않았다. 특히, 국제사회의 불확실성이 높아지고 있는 상황에서 어떻게 중소 규모의 개방경제가 요동치는 미래 환경을 헤쳐 나갈 수 있을 것인가?

이번 글에서 나는 정부의 수석 경제전문가로 활동했던 개인적 경험에서 도출한 몇 가지 핵심적 특성들을 조망해 보고자 한다.

협력적인 노사관계

싱가포르에서는 경제성장의 열매를 차지하기 위한 투쟁에서 노동과 자본이 서로 적대적으로 보이지 않는다. 노동 조합인 국가노동조합회의(NTUC)는 국가체제 내에서 잘 대변되고 있는데, NTUC의 사무총장은 내각에서 장관의 직책을 유지하고 있다. 한편, 국가임금위원회(NWC)는 노동자/고용주/정부의 대표자로 구성되어, 성장의 과실이 잘 분배되며 고급 기술자와 자본가가 과도한 이익을 취하지 않도록 불편부당한 중재자로 정부가 기능한다.

내가 통상산업부에서 정부의 수석 경제전문가로 근무하고 있을 때인 1985년도에 경제는 심각한 경기후퇴 국면에 있었다. 이는 부분적으로 생산성을 훨씬 초과하는 임금상승과 전자제품의 국제적 사이클이 하강 국면에 있었기 때문이었다. 우리는 국제 경쟁력을 회복하기 위해서는 임금비용을 긴급히 줄여야 한다는 결론에 도달했다. 고위공무원들과 나는 노조 지도부와 여러 차례 매우 힘든 협의를 진행했다. 결국 우리는 임금 비용 감축이 경제회복을 위한 좋은 방안임에 대해 노조지도부를 설득시킬 수 있었다.

노동자들의 중앙적립기금(CPF) 지급액을 포함한 실질 임금 비용은 12% 삭감되었다. 그러나 정부는 노조에게 노동자들의 임금은 경제가 회복되면 점진적으로 회복될 것임을 약속했다. 노동 비용이 감소하는 가운데 점진적인 환율 절하가 이루어지면서 국제경쟁력은 크게 개선되었으며, 경제성장률은 1985년 -0.7%에서 1986년 1.3%로, 그리고 1987년에는 놀라울 정도인 10.8%로 반등했다. 약속대로 정부는 향후 몇 년에 걸쳐 임금 삭감분을 점진적으로 회복시켜 주었다. 이는 중요한 약속 이행이었으며 노동자들의 정부에 대한 믿음과 신뢰를 높여 주었다.

1987년 경제가 회복기에 있을 때 프랑스 대통령의 자문관이 나를 방문했다. 그의 첫 번째 질문은 "그처럼 엄청난 임금 삭감이 있었음에도 왜 폭동이 일어나지 않았는지"였다. 그와 같은 급격한 조정을 프랑스에서나 다른 선진국에서 이행한다는 것은 생각할 수도 없었기 때문이다. 그 질문은 내가 싱가포르의 독특한 노사관계 모델과, 그것이 경제적 탄력성과 회복력에 기여하는 측면에 대해 생각해보는 계기가 되었다.

이 독특한 모델의 저변에는 정부, 사용자, 노동자 간의 신뢰라는 핵심 문제가 자리하고 있다. 이 색다른 모델은 경제의 탄력성과 지속적인 경쟁력 유지에 중요한 기여를 했다. 협력적인 이 모델과 정부의 지원 및 보조금 정책은 기업 경영자들로 하여금 노동자들이 기능훈련과 급속한 기술변혁에 대한 적응 과정에 참여하도록 하는 설득도 용이하게 해주었다. 이는 급속한 기술변혁과 노동시장의 변화에 쉽게 영향을 받는 국제경제 체제에서 점차 핵심 경쟁력이 되었다.

세계화의 열매를 나누기

훌륭한 노사관리와 더불어 싱가포르라는 도시국가의 글로벌 인재 유치 전략 역시 경제적 성공의 핵심요소였다. 미국, 중국과 같은 대륙국가적 경제 내에서는 전국에서 야심과 의욕, 재능이 있는 사람들이 경쟁력 있는 핵심도시인 뉴욕이나 상해로 몰려든다. 이런 도시에서 야심과 능력이 덜한 사람들은 결국, 스트레스를 적게 받을 수 있고 덜 경쟁적인 콜로라도나 후난과 같은 중소도시 또는 주로 옮겨갈 것이다. 그래서 세대에 걸쳐 역동적인 균형을 유지하기 위한 인구의 이동이 자연스럽게 이루어지게 된다.

주요 세계 도시로서의 지위를 유지하기 위해 싱가포르는 글로벌 인재 유치를 통해 뉴욕과 상해와 같은 인구 유입을 본받고자 했다. 그런데 싱가포르에서는 재능과 야심이 덜한 사람들이 스트레스와 경쟁이 덜한 다른 도시로 이동할 수가 없기에 오히려 영속적으로 더욱 스트레스와 경쟁이 심한 상태에 갇히게 되었다. 이 사람들은 영구히 하류 계급에 속하고, 그들의 엉성한 객차는 빠르게 달려가는 기관차에 영원히 연결되지 못할 상황이었다.

2019년 홍콩 시위사태는 범죄인 인도법안 반대로부터 시작되었고(나중에 철회됨) 이후 민주주의 확대 요구로 커졌지만, 압력이 모아지는 지점을 잘 보여준다. 젊은이들은 국제화되어가는 도시에서 점차 소수의 엘리트들이 번영의 과실 대부분을 독점하고, 자신들은 임금이 정체된 채 치솟는 생활비와 집값을 마주하게 되어 미래를 기대할 수 없었다.

싱가포르 발전 경험 중 핵심 요소는 세계화의 열매를 적절하게 배분한 것이다. 소규모 개방경제가 해야 하는 중요한 대응은 절차를 잘 관리해 교역에서 나오는 이익을 합리적으로 공유하고 비용을 가능한 감소시키는 것이다. 특히, 정부는 부정적인 영향을 받은 국민들과 취약 계층을 더 많이 지원하기 위해 정확하고 잘 이행될 수 있는 정책 도입 등 최대한의 노력을 경주했다. 싱가포르 정부는 세계화와 급속한 기술발전에 건설적으로 대응하고자 기회의 균등과 포용 성장을 증진시키기 위한 노력을 강화했다. 도입된 정책은 노동자의 기능 향상을 위한 투자와 특히 주택, 대중교통, 교육, 금융, 공중보건 분야에 대한 재정적 지원 그리고 재분배 정책에 초점을 맞추었다.

사회적 통합과 정치적 안정을 유지하기 위해 싱가포르는 소득 하위 30% 그룹도 품위를 유지할 수 있는 주택, 고용에 대한 전망, 그리고 합리적이고 품격있는 생활을 영위할 수입을 얻도록 보장해야 했다. 보조금이 하위소득 그룹에게 세계화의 열매를 분배해 주는 역할을 했지만 더 많은 것들이 이루어져야 했다.

국제 경쟁력과 번영을 확보하기 위한 이 모델을 유지하기 위해서는 싱가포르에 몰려와서 우리가 어렵사리 구축한 국가 브랜드와 인프라로부터 이득을 취하고 있는 외국인 고급인력과 자본에 과세하고, 이를 통해 하위소득 30%에 해당하는 싱가포르인을 보상하는 방안이 필요했다. 보조금은 하위 그룹의 주택, 의료, 교통, 유틸리티 등에 지원될 수 있었고 이를 위한 수입은 국제적으로 재능을 보이고 있는 인사와 자본의 차량 구매, 주택소비, 소득세 및 부유세에서 얻어졌다.

영원히 취약하다는 점에 대한 건강한 인식

꼽발을 딛고 서 있는 상황 역시 싱가포르 번영에 기여했다. 크지 않은 경제규모의 싱가포르가 1965년 말레이시아로부터 갑작스럽게 분리되는 혼란을 겪고, 1970년 이래 주기적으로 세계적인 경기 후퇴를 경험하면서 안정적인 방향으로 도시 국가를 이끌어가는 것은 쉬운 일이 아니었다. 나는 싱가포르 통화청(중앙은행에 해당) 내의 젊은 경제전문가로서 의장 겸 부총리였던 고켕스위(Goh Keng Swee)를 보좌했고, 1999년부터 2002년까지는 정부의 수석 경제전문가로 일하면서 약간의 경험을 했다.

지난 20여 년간 지속된 번영으로 싱가포르는 1984년 완전고용과 강력한 임금 상승을 달성했다. 이에 따라 노동자들은 여기저기 직장을 옮겨 다닐 수 있게 되었으며 심지어 해고수당을 활용해 휴가도 즐길 수 있었다. 하루 전에 먹다 남은 콩나물 반찬을 데워 먹던 고부총리는 그와 같은 행태에 대한 우려를 표명했다. 나는 번영이 지속되다 보면 조직이 경화증을 겪고, 현 상태에 안주하게 되며, 면역체계가 약화되어 집단적인 사각지대가 나오고 오만에 이르게 된다고 중얼거렸다. 그는 이에 동의하면서 유리창 너머로 탄종 파가 항만에 쌓인 컨테이너를 조망하다 갑작스럽게 고개를 돌렸다. 그는 가공할 만큼 뚫어져라 나를 쳐다 보면서 외쳤다. "콩얌, 우리는 면역 체계를 강화시키기 위해 주기적으로 경기 후퇴 국면을 만들어야 할 수도 있어."

그는 정말 농담하는 것이 아니었다. 그러나 1998년 이후 싱가포르는 주기적인 경기후퇴 국면을 만들어내지 않아도 되었다. 세계 경제와 점차 증대되는 불확실성 및 충격을 경험할 수 있었으니 말이다. 과도하지만 않다면 경기 후퇴는 우리의 개인/집단적 인식을 날카롭게 만들고 면역 체계를 강화하며, 아드레날린이 흘러나오게 하고 기득권이 축적되는 것을 방지해 준다.

싱가포르는 독립 이후 55년간의 여정에서 회복력을 가진 국민, 강력하고 민첩한 지도력, 튼튼한 제도 덕분에 항상 새로운 도전에 대처하고 이를

극복해 왔다. 외부 소용돌이가 어떻게 자신을 허공에 내팽개칠지를 예측할
수 없는 고양이처럼 싱가포르는 민첩하고 깨어있어야 했으며 근육이 잘 조
율되어, 아프게 쿵 소리를 내면서 배로 떨어지기보다는 항상 네 발로 지상
에 사뿐히 내려앉을 수 있어야 했다.

싱가포르의 일부 인사나 외국의 분석가들은 항상 이 조그만 도서국가
가 장기적으로 지속가능할 수 있을지에 대해 우려를 표명한다. 그러나 6천
5백만 년 전의 공룡에게 닥친 운명이 시사해주듯 반드시 크고 강한 것만이
생존할 수 있는 것은 아니다. 조류 중에서 과학자들이 공룡의 후손이라고
여기는, 보잘 것 없는 참새는 오늘날까지 살아남아 있다. 민첩하고 적응력
이 좋은 것이 참으로 잘 헤쳐나가는 방법이다.

싱가포르의 각 개별 가계는 소용돌이치는 대양에 떠 있는 나무배와 같
다. 파도치는 바다에서 함께 나무배를 타기 위해서는, 싱가포르의 경험이
말해주듯이 남다른 균형감이 있어야 한다. 파도 타기는 싱가포르의 핵심
제도라 할 수 있는 정부/사용자/노동자 간의 긴밀한 협력, 포용 성장을 촉
진하는 정책, 중앙적립기금, 주택보조금 정책, 노동자 임금보전 정책, 의료
보험 보조금, 그리고 국부펀드(GIC) 투자 및 국제적 위험 분산 등을 통해 이
루어진다. 그 결과, 우리는 전체적으로 국제 경쟁력과 안정적 성장을 유지
하면서 요동치는 국제 환경에서도 배 멀미를 피해 나갈 수 있었다.

글쓴이 탄 콩 얌(Tan Kong Yam) 교수는 난양공과대학 경제학과 교수이자
싱가포르국립대 산하 리콴유 공공정책대학원의 아시아 경쟁력분과 공동대표
이다. 세계은행 북경사무소 내 선임경제전문가(2002~05), 싱가포르 정부 수
석경제전문가(1999~2002), 싱가포르국립대 경영대학 전략 및 정책학과 학
과장 등을 역임했다. 프린스턴대학과 스탠퍼드대학을 졸업했다.

2

완전 고용

휘 웽 탓(*Hui Weng Tat*)

경제에서 완전 고용을 구성하는 요소가 무엇인지에 대해 보편적으로 합의된 기준은 없다. 개념적으로 보면 완전 고용이란 직장을 구하고자 하는 어떤 사람도 쉽게 직업을 구할 수 있는 상황을 묘사하는 것일 수 있다. 그러나 실제에 있어서는 불완전한 정보 때문에 직업이 없어 직장을 구하고자 하는 사람과 일자리 간에 조화를 이루기는 어렵다. 그래서 마찰적 실업이라는 용어가 있는 것이다. 한편, 직장을 구하려는 사람의 기술 수준과 일자리가 요구하는 기술 수준 간의 불일치로부터 발생되는 실업을 구조적 실업이라고 할 수 있다. 완전 고용이란 현재의 실업이 마찰적 실업이나 구조적 실업에서 비롯된 것일 뿐, 일자리가 없어서 생기는 것이 아닐 때를 일컫는 것이다.

싱가포르의 경제발전에 대한 대부분의 설명에서 완전 고용은 1974년에 달성된 것으로 이야기된다. 당시 총 실업률은 4% 이하로 떨어졌다. 이 상황은 1974~75년간의 국제 유가 인상에 따른 경기침체 쇼크와 1986년의 경기 침체로 인해 중단되었다. 1989년 실업률은 2% 이하로 급격히 떨어졌고 1997년에는 기록적인 1.4%까지 떨어졌다. 이후 1997~98년의 아시아 경제 위기, 2001년의 닷컴경제 붕괴 시에 올라갔고 2003년의 사스 감염병 발발 당시에는 4%까지 도달했다. 2004년부터는 다시 떨어졌는데 2008~09년의 세계 경제 위기 시에는 급격하게 치솟았다.

2010년 이후에는 실업률이 2%대를 맴돌았다. 비록 연간 경제 성장률이 1999~2007년간에 달성했던 6.4%대 보다 낮아진 평균 4%대를 유지했음에도 말이다. 이는 1990년대 이후 싱가포르의 완전 고용은 2%의 실업률과 상응함을 의미한다. 어떤 요소들이 싱가포르가 완전 고용을 달성하는

데 기여했을까? 왜 실업률은 최근의 경제 성장률이 변화하는 데에는 덜 민감하게 반응하는가?

실질 GDP 성장과 실업률 1966~2018

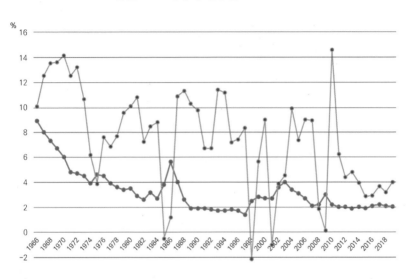

데이터 출처: 인력부 및 통계국
그래프 작성: 휘 웽 탓

수요를 창출하기

싱가포르의 완전 고용은 엄청난 해외투자를 끌어들여 성장률을 끌어올리고 이에 따라 새로운 일자리를 창출해낸 정책들에 기인한다고 본다. 이 정책들은 수요, 공급, 노동시장 제도, 사회/정치적 환경 등 경제의 여러 다른 측면들에 맞추어졌다.

싱가포르의 건국 정치지도자들은 고용과 소득의 주 원천으로 중계무역에 의존하는 것에서 탈피해 새로운 경제적 기반을 창출하고자 하는 발전 전략에 초점을 맞추었다. 경제적 다변화는 1965년 독립 이전의 수입대체 전략과 그 이후의 수출지향 공업화 전략을 잘 조화시키면서 추진되었다.

1961년 설립된 경제개발청(Economic Development Board)은 투자정보의 원스톱 센터로서 최장 10년까지 소득세를 감면해주는 정책 수행 등을 통해 투자 유입을 촉진했다. 또다른 핵심 기관인 주롱타운 코퍼레이션(Jurong Town Corporation, 2000년에 JTC로 개명)은 산업단지를 개발해 다국적 기업이 곧바로 생산할 수 있는 공장을 제공해 주었다. 정부 역시 금융, 사회간접자본, 운송서비스 부문을 지원하는 국영기업들에 투자했다.

발전전략은 건실한 거시 경제정책으로 뒷받침되었는데 특히 관리환율 정책을 근간으로 하는 금융정책을 통해 가격 안정화를 유지했다. 싱가포르 경제의 개방성은 자본설비에 대한 제약 없는 접근을 가능하게 했고 투자자들로 하여금 최신의 생산 및 조직구조와 시스템을 싱가포르로 이전하도록 촉진했다.

인력 계획수립 및 관리

인력 계획수립은 교육을 마친 노동자가 일자리를 갖는 데 요구되는 자질과 기술을 갖추도록 해주었다. 1960년대의 인력 정책은 초등학교와 중등학교의 교육 기회를 확대하는 데 중점을 두었다. 1960~65년 기간 중 중등학교 재학생은 두 배로 증가했으며, 새롭게 대두한 수출지향적이고 노동집약적인 산업에 필요한 인력을 제공했다. 1970년대에 들어 생산 방식이 고난도 기술의 노동력에 기반한 자본집약적인 방식으로 점차 이동하자 중등학교와 고등전문교육을 재설계하고 확대하는 방향에 초점을 맞추었다. 1980년대에는 고부가가치 생산과 높은 노동생산성이 중시됨에 따라 중등교육과 고등전문교육의 질을 향상시키고 교육기관의 자연감소율을 떨어뜨리는 데 중점을 두었다. 전체 실업자 중 20세 이하의 실업자(정규학생 제외)가 차지하는 비율이 1970년대에는 절반 정도였는데 1980년대에는 1/4 이하로 줄어든 사실에서 교육기회의 확대 사실이 명백하게 나타난다.

인력계획은 교육기관과 훈련기관을 통합하고 감독해 적정수준의 전문적이고 높은 기술을 가진 노동력을 확보하고자 1979년 만든 전문기술교육

위원회(Council on Professional Technical Education)를 통해 진행되었다. 전문기술교육위원회는 1998년 각료급인 국가인력위원회(National Manpower Council)로 대체되었는데 이 새로운 기관은 고용되기 이전의 훈련뿐만 아니라 지속적인 교육과 훈련까지 모두 관장했다.

조화로운 노사 관계

1960년대 초반부터 싱가포르 정책의 우선순위는 산업적 평화를 유지하는 가운데 경제발전을 촉진해 외국으로부터의 투자를 끌어들이는 것이었다. 사용된 수단들은 민주적인 노조활동을 육성하고 노조관계법(Trade Union Act)을 개정해 노동 착취와 노조의 호전성 모두를 종식시키는 것을 포함했다. 노조의 목적도 고용주에 대해 적대적 자세를 취하는 전통적 방식으로부터 좋은 노사관계를 유지하고, 노동 조건을 개선하며, 생산성을 향상하고, 노동자의 경제/사회적 지위를 향상시키는 방향으로 재조정되었다.

또 다른 중요한 발전은 1968년 제정된 노사관계법(Industrial Relations Act)의 개정이었다. 이를 통해 단체교섭, 조정 및 중재에 관한 규정이 확립되고, 부당한 괴롭힘이나 잘못된 해고를 제외하고는 개인적인 문제가 분쟁의 단초가 되는 것을 금지하는 내용들이 포함되었다.

사용자들이 비용을 보다 잘 관리하고 통제하기 위해 1968년의 고용법(Employment Act)에서는 노동시간, 초과근무 수당, 휴일 수당, 감원되었을 때의 혜택, 상여금 등을 표준화했다. 이러한 변화를 통해 1978년 이후 현재까지 41년 동안 싱가포르에서는 파업이 단 두 차례만 있었다. 이는 1959년에서 1968년의 기간 동안 433건, 1969년에서 1978년의 기간 동안 44건의 파업이 있었던 사례와 비교된다.

탄력적인 임금 제도

1970년대 후반부터 자본집약적이고 고부가가치 산업으로의 재조정을 촉진하기 위해 취했던 고임금 정책은 1980년대에 의도하지 않게 싱가포르의 국제경쟁력을 약화시켰다. 이를 반전시키고자 1988년 탄력임금제도(Flexible Wage System)를 도입했는데 여기에는 임금의 20%까지를 연간 가변임금요소로 정했다. 탄력임금제도로서 2003년에는 총 임금에서 10%까지를 월간 가변요소로 재조정했고, 월간 가변임금의 총합이나 연간 가변임금의 구성을 보다 넓게 확대해 일반 노동자의 경우 임금의 30%로부터 고위관리자의 경우 50%까지로 했다. 이는 기업들로 하여금 가변임금 부분에 대한 조정을 통해 감원을 줄이면서 변덕스러운 시장 상황에 잘 대응하도록 했다.

재교육과 기술 향상

급속한 기술변화와 세계화의 진전으로 인해 실업은 더 이상 수요부족 때문에 생긴다고 할 수 없으며 점차 구조적인 문제 때문에 발생한다고 할 수 있다. 즉 일자리가 요구하는 기술이 급격히 변화함으로써 기술의 불일치가 발생했고 경제활동상의 변덕스러움이 심해졌기 때문이다. 이 때문에 새로운 정책들은 현장 연수, 졸업 이후의 훈련 및 기술 향상을 통해 구조적인 실업문제를 해소하는 방향으로 맞추어졌다.

아시아 금융위기 이후에 도입된 기술재개발 프로그램(Skills Redevelopment Programme)은 성인 훈련과 새로운 기술을 가르치는 것이 중요하다는 인식을 갖도록 하는 데 큰 역할을 했다.

평생학습이 노동자의 평생 고용을 보장한다는 전략이 채택되었다. 국가적 차원에서 기술 수준의 발전과 이에 대한 인식을 증진시키는 체계인 국가기술 인식 제도(National Skills Recognition System), 2005년도에 이를 대체한 노동자 기술자격증 제도(Workforce Skills Qualifications), 전문직 종사자들을 전략적 성장부문에 참여할 수 있도록 전환시켜주는 전략적 인력 전환 제도(Strategic Manpower Conversion Program), 2002년에 도입되었으며 상기 기술 재개발 프로그램을 확장한 것으로서 감원 또는 실업 상태에 있는 사람들의 기술 훈련과 고용가능성을 증진하는 제도(Skills Training and Employability Enhancement for the Retrenched and Unemployed Workers) 등이 모두 이에 포함된다. 2008년의 경기하강 국면에 따라 기술 향상과 회복력을 위한 프로그램(Skills Programme for Upgrading and Resilience)이 도입되었는데 동 제도는 고용주가 훈련과 기술향상을 활용해 비용절감, 고용유지, 미래를 위한 능력 배양을 할 수 있도록 도와주고, 노동자들에게는 새로운 기술 습득과 숙련도 향상을 통해 일자리를 찾도록 도와주었다. 아울러, 국가가 지원하는 실업수당이 없는 상황에서는 일자리를 잃은 사람이 구직활동에 더 적극적으로 나서고 일자리 제의를 수락하는 데 까다롭게 굴지 않도록 해주었다.

외국인 노동자 정책

외국인 근로자의 존재는 싱가포르가 완전 고용을 달성할 수 있도록 기여한 주요 요인이다. 고용 기회가 급속히 확대됨에 따라 더 많은 외국인 근로자가 싱가포르에서 일하기 시작했는데 1970년 2만 1천 명 수준에서 1980년 8만 명 수준으로 4배가 증가했고, 1992년 33만 명으로 다시 4배가 증가했다. 2018년 싱가포르 내 외국인 근로자는 138만 6천 명 수준으로 전체 노동력의 37.3%를 차지한다.

이 엄청난 규모의 외국인 근로자는 두 가지 측면에서 실업률 감소에 도움을 준다. 첫째, 싱가포르인 근로자를 감원으로부터 보호하는 완충 역할이다. 둘째, 외국인에게 발급된 취업허가증은 그들의 고용을 특정 고용주에 묶어둔다. 만일 계약이 종료되면 그들은 싱가포르를 떠나야 한다. 실업자의 수는 싱가포르 현지인들에게만 해당되고 전체 노동자는 큰 숫자의 외국인 근로자로 인해 부풀려졌기에, 실업자를 전체 근로자 수로 나눈 총 실업률은 낮아질 수 밖에 없으며 경제 성장률의 변화에도 덜 민감하게 반응한다. 평균적으로 보았을 때 싱가포르 시민들의 실업률은 총 실업률보다는 1% 정도 높은 편이다.

사회적 정치적 환경

싱가포르 정부는 1959년 이래 상당한 수준의 다수표를 획득해 온 단일 정당이 지배하고 있다. 정치적인 안정성과 단일 정당이 가능하게 한 장기적 개발계획은 외국인 투자를 끌어들이는 주요 유인책이 되었다.

초기부터 싱가포르 정치 지도자들은 최고위층에서부터 강력한 정치적 의지로 지원하는 전문적 공무원 조직을 만들기로 결정했다. 부패에 대한 무관용 정책과 투명한 능력주의 시스템을 바탕으로 두는 것이었다. 부패에 물들지 않고 효율성을 갖춘 공무원 조직은 정부 내에서 높은 신뢰를 얻었고, 항상 인기가 있는 것은 아니더라도 일관성과 효율성을 갖고 장기 개발계획을 이행할 수 있었다. 아울러, 안전한 사회적 환경은 국가의 미래에 대한 신뢰감을 심어주어 계속적으로 경제성장을 유지해줄 외국인 투자와 자본 유입을 강력히 촉진시켜 주었다.

결론

싱가포르는 1965년 독립한 이후 10년 이내에 완전 고용을 달성했다. 일관성 있는 정책 설계와 효율적인 제도가 일자리를 창출해 줄 외국인 투자에 적합한 환경을 만들었다. 외국인 투자는 초반에 비마찰적인 실업을 해소했고 이후에는 새로운 노동 참여자들을 끌어 모았다. 이런 일들은 분별력 있는 인력 계획과 조화로운 노사관계 환경을 통해 보완될 수 있었다.

노동시장이 각박해짐에 따라 더욱 자본집약적이고 고부가가치를 창출하며 고임금의 일자리로의 변화가 이루어지는데, 이는 훈련과 교육체제를 통한 높은 기술력 확보와 노동시장에서의 커다란 임금 탄력성이 함께 조화를 이루면서 진행되었다. 대규모의 외국인 노동자 역시 완전 고용과 낮은 실업률을 유지하도록 도와주는 완충 역할을 했다. 완전 고용을 유지하는 데 밑바탕이 된 중요한 요소로는 안정적인 사회/정치적 환경과 전략적인 계획, 깨끗하고 효율적인 공무원이 수행하는 효율적인 정책 이행에 기반한 양호한 통치 체제 등을 지적할 수 있다.

휘 웽 탓(Hui Weng Tat) 박사는 2015년부터 카자흐스탄의 누르술탄 소재 나자르바예프대학의 공공정책대학원장으로 일하고 있다. 그는 현직 싱가포르 국립대 리콴유 공공정책대학원의 부교수이며 2004년부터 2008년까지 학사 담당 부원장을 역임했다.

3

재정 건전성

비크람 카나(*Vikram Khanna*)

싱가포르는 재정 건전성으로 명성이 높다. 논리적으로 생각할 때 깐깐한 재정정책에 공을 돌리는 것 같지만 사실은 그렇지 않다. 개방 경제를 유지하고 있는 싱가포르는 경기순환 사이클에 노출되어 있다. 그래서 재정정책을 통해 경기 변동을 완화시키고 어려운 시절에는 경제를 부양시키며 호시절에 확보한 큰 수익을 미래 성장을 촉진하기 위한 능력 배양에 투자했다.

싱가포르의 예산은 자주 적자를 시현했다. 2000년에서 2019년의 기간 동안 아홉 차례나 적자였다. 그러나 전체적으로 보았을 때 예산의 흑자 규모가 예산 적자분을 크게 능가했기에, 오랜 기간에 걸쳐 쌓인 흑자는 상당한 잉여금이 되어 필요할 때 인출해 활용할 수 있었다. 싱가포르가 이런 결과를 얻게 된 비결은 무엇일까? 경제/사회적 정책의 설계, 다양한 수입원을 갖는 다원적 경제, 예산에 대한 보수적인 접근, 헌법적인 근거를 포함해서 재정 낭비는 제약하되 예산 운용상의 유연성은 허용하는 안전장치(세이프가드) 등 다양한 이유가 있다.

빠른 경제 발전의 유산

싱가포르가 건전한 재정을 유지하는 가장 큰 이유는 오랜 기간에 걸쳐 빠른 경제성장이 있었다는 점을 들 수 있다. 1965년 독립 이후 첫 10년 동안 실질 GDP 성장률은 연간 평균 10% 수준을 유지했으며, 중간소득 경제에서 선진경제로 변화하는 기간 중에도 강력한 성장률이 유지되었다. 1976년부터 2018년 기간 동안의 실질 GDP 성장률은 6.5%였다.

이처럼 강력한 성장은 소득을 끌어올리고, 높은 투자 수준을 유지하는

가운데 실업률은 낮추고 반복되는 경비지출을 통제해 성장률이 계속 유지
되도록 했다. 싱가포르의 뛰어난 성장 기록을 이끈 정책들에 대해서는 여러
글을 통한 소개가 있었다. 거기에는 외국인의 투자를 환영하는 개방 경제하
에서 이른 시기부터 수출지향적인 경제 전략을 채택한 것도 포함되어 있다.

그러나 아마도 더 큰 관심을 끄는 것은 다른 여러 나라들이 영향을 받
은 재정적인 문제들을 싱가포르는 피할 수 있도록 해준 핵심 경제/사회적
정책 설계가 아닐까 한다.

빈틈없는 정책 설계

예를 들어 싱가포르가 아직 개발도상국 시절이던 1960년대의 공기업과
관련된 정책을 살펴보자. 많은 개발도상국에는 만성적인 손실을 내면서 정
부 예산에서 자원을 빼내가는 수많은 공기업들이 있다.

싱가포르는 처음부터 소위 정부와 연계되어 있는 기업을 정부가 소유
한 지주회사인 테마섹 홀딩스에 남겨두고 상업적인 기준으로 운용하도록
명기해 이런 문제점들을 회피했다. 이 회사들에는 운용상의 자율성을 부여
하고 정치적인 간섭은 있더라도 최소한으로 유지했다.

이 회사들은 싱가포르의 산업 중추로서 오늘 날에도 중요성을 유지하
며 인프라 분야, 부동산, 은행, 대중교통, 해운, 방위산업, 항공, 전기통신
등 다양한 분야에서 핵심적인 역할을 수행하고 있다. 대표적인 블루칩 회
사인 DBS 은행, 싱가포르 항공, 케펠 코퍼레이션 등 상당수의 회사가 주식
시장에 상장되어 국제적으로 경쟁하고 있으며 싱가포르의 국고를 축내기
보다는 이익을 남겨 기여하고 있다.

싱가포르의 연금 시스템 설계에도 앞을 내다보는 선견지명이 있었다.
1955년에 설립된 의무저축 체계인 중앙적립기금(CPF)은 확정급여형(defined
benefits)이 아닌 확정기여형(defined contributions) 퇴직연금이었다. 근로자들
은 각기 개별 중앙적립기금 계좌를 보유한 가운데, 본인 자신과 고용주가
근무 기간 내내 기여금을 적립했다. 정부는 그 자금으로 투자했고 이익을
창출했다. 최소한의 액수는 퇴직을 대비해 따로 떼어 놓았고 또 다른 일부

는 메디세이브(MediSave) 계좌로 특정해 각 개인의 의료비를 지불하도록 했다. 나머지 금액 중 일부는 주택을 구입하거나 승인된 다른 투자를 위한 재원으로 인출할 수 있었다. 퇴직 시 근로자들은 자신의 퇴직 계좌에 있는 자금을 인출하거나 매달 평생 동안 지급되는 연금 보험을 구입할 수 있다.

반면, OECD 국가 중 60%의 연금제도에 해당하는 확정급여형 연금 제도는 근로자가 퇴직할 때 특정 수준의 혜택을 보장한다. 동 제도는 몇 가지 위험을 야기한다. 우선 보장을 제공하는 회사들이 파산할 수 있다. 보장된 혜택이 자신들이 낸 기여금을 훨씬 초과하는 경우가 있는데, 특히 기대 수명이 증가하고 고령화되는 상황에서 그러하다. 다수의 확정급여형 연금은 결국 재원부족으로 귀결되어 엄청난 재정적 압박을 야기하며 각국 정부는 부족분을 메꾸기 위해 공공 투자를 위한 자금을 전용해서 쓰거나, 세금을 인상하고, 지불 금액을 삭감한다. 싱가포르는 처음부터 확정기여형 연금제도를 채택해 그와 같은 문제들을 피할 수 있었다.

싱가포르는 건강관리에 대한 재정적인 책무도 제한했다. 각 개인이 자신의 메디세이브 계정에 개별적으로 기여하도록 하고, 대상을 특정해 도움이 필요한 곳에는 공공보조금을 지급하며, 엄청난 치료비가 드는 질병과 사고에 대해서는 저비용 보험을 활용하는 등의 혼합적 정책을 유지했다. 아울러 지속적으로 공중 보건에 관한 캠페인을 벌이는 등 예방 노력을 강화했는데 가장 최근의 예로 '당뇨병과의 전쟁'이 있다.

그 결과 싱가포르는 GDP의 3% 미만을 건강관리 부문에 지출했는데 이는 OECD 국가 평균인 8.8%나 가장 많은 비용을 지출하는 미국의 17%와 비교할 때 극히 일부에 지나지 않는 수준이다. 그럼에도 건강관리의 결과치라는 측면에서 보면 싱가포르는 계속 세계 최고 수준을 유지해 왔다. 사실 싱가포르의 이런 접근법은 전체적인 사회적 지출을 OECD국가 평균인 GDP의 20% 수준에 비해 훨씬 낮은 GDP의 8% 이하로 통제할 수 있게 해주었다. 그럼에도 싱가포르의 사회적 지표는 여타 선진국들에 비해 더 나은 결과를 보여준다. 2017년 발표된 유엔 인간개발지수(UN Human Development Index)에서 싱가포르는 189개국 중 9위를 기록했다. 인간개발지수는 인간 개발의 3가지 기본 측면을 측정하는데, 장수하면서도 건강한 생활, 지식에 대한 접근성, 그리고 품위 있는 기본 생활수준이 그것이다.

다양한 수입원

천연 자원에 의존하지 않는 다원적 경제를 유지하고 있는 싱가포르는 다양한 수입원을 가지고 있다. 법인세, 개인 소득세, 물품용역 소비세(Goods and Services Tax)는 전체 세수의 43%를 차지한다. 나머지 57%는 자산세, 인지세, 차량쿼터 지불금(차량을 구매하는 사람이 지불하며 경매를 통해 액수가 결정됨), 외국인 노동자 부과금(외국인 노동자를 고용하는 사람이 지불함) 등 12가지의 다른 수입원에서 발생한다.

싱가포르의 세수는 테마섹 지주회사나 GIC와 같은 국부펀드 및 싱가포르 통화청의 투자 수익을 통해 보충된다. 2019 회계연도의 순 투자수익은 172억 싱가포르 달러로 예상되며 이는 전체 세수의 약 23%로, 세수 중 가장 큰 부분을 차지한다.

세수 기반이 다양화되어 있기에 싱가포르는 직접세 비율을 상대적으로 낮게 유지할 수 있었다. 개인 소득세의 최고 한계 세율은 22%, 법인세의 최고 한계 세율은 17%인데 기업들에 대한 실질 세율은 다양한 형태의 면제와 인센티브 등을 감안하면 상당히 더 낮아진다.

보수적인 예산 편성

세수 계산에 대한 싱가포르의 접근법은 국제통화기금(IMF)이 따르고 있거나 여러 국가가 채택하고 있는 방식과 비교할 때 보수적인 편이다. 예를 들어 싱가포르는 토지 매각에서 얻는 이익을 예산상의 수입으로 잡지 않는다. 논란의 여지가 있기는 하지만 그렇게 하는 이유는 정부가 지출 수요를 충당하기 위해 토지를 매각하고자 하는 위험성을 줄여주기 때문이다. 정부의 입장은 토지 매각은 토지 활용에 대한 고려에 따라 결정되어야지 예산상의 필요를 메꾸기 위해 이루어져서는 안 된다는 것이다. 그러나 토지 매각대금은 간접적으로 정부의 예산 수입에 기여한다. 즉, 토지 매각에서 얻는 이득은 과거의 비축자금에 추가되어 다시 투자로 이어지는데 이로부터 얻는 수익 중 50%는 세수에 추가된다. 이는 모든 투자 이익을 세수에 포함시키도록 명시하고 있는 국제통화기금의 관례로부터 두 번째로 벗어나는 것이다. 정부가 장기적인 시각에서 현재의 수요와 미래 세대의 수요 간의 균형을 유지하면서 비축자금을 증대시켜 나가고자 하기 때문이다. 만일 싱가포르가 국제통화기금의 관례를 따른다면 재정적인 측면에서 정부의 입지는 현재보다 훨씬 탄탄할 것이다.

헌법상의 안전장치

싱가포르는 재정적 낭비를 억제하기 위한 헌법상의 통제 조항을 가지고 있다. 첫째, 정부가 적자 예산을 운용하고자 할 경우에도 최소한 통상 5년간인 정부의 임기 동안에는 예산의 균형을 맞추어야 한다. 이는 필요 시 정부가 경기 부양을 할 수 있도록 유연성을 부여하면서도 동시에 재정관련 규율을 위해 제한된 시간 요건을 부과하는 것이다. 헌법은 예외적인 지출 수요가 있을 때 정부가 예산을 보충하기 위해 과거 비축자금을 인출할 수 있도록 규정하고 있는데 이 경우 의회와 대통령의 승인을 필요로 한다. 정부는 지금까지 이 방식을 단 한 차례 활용했는데 2008~09년 기간의 세계 금융 위기 시에 과거 비축자금으로부터 40억 싱가포르 달러를 인출해 일자리와 기업을 보호했다. 비록 그렇게 하라는 요건은 없었지만, 2011년 경제가 회복되자 정부는 다시 동 금액을 비축자금으로 되돌려주었다.

미래의 도전들

미래의 싱가포르는 재정적인 측면에서 여러 도전에 직면해 있다. 이제 성숙 경제에 도달했기에 싱가포르의 최근 GDP 성장률은 낮아져 왔다. 2011년에서 2018년까지의 기간 동안 실질 GDP 성장률은 평균 3.4% 수준이었다. 다가오는 미래에는 고령화 인구로 인해 재정적 기반이 축소되는 반면 사회적 지출 수요는 늘어날 것이다. 건강관리, 교육, 사회적 프로그램 등 사회적 지출의 규모는 2006년과 비교할 때 2019년에는 3배가 증가한 377억 싱가포르 달러에 달했다. 싱가포르는 사회간접자본 건설과 경제적 변환을 위해서도 더 많은 돈을 지출해야 한다.

다행히 싱가포르는 재정 면에서 여유가 있으며 세수를 증대시킬 여지도 있다. 예를 들어 물품용역 소비세는 7% 수준으로 세계에서 가장 낮은 편이다. 물품용역 소비세가 계획대로 2021년부터 2025년 사이에 9%로 인상되더라도 대부분의 아태지역 국가보다는 낮은 수준이며 특히 OECD 국가의 평균인 19%보다는 현저히 낮다.

싱가포르는 또한 돈을 빌려올 차입 여력이 있다. 현재까지 정부는 지출 수요를 맞추기 위해 돈을 빌려오지 않았다. 국채발행을 통해 조달된 자금은 투자되며 거기에서 발생되는 수익은 국채에 대한 이자지급액을 충당하고도 남는다. 그래서 싱가포르에는 순수한 공식 부채가 없다.

그러나 앞으로는 헹스위킷 부총리 겸 재무장관이 언급했듯이, 정부가 여러 해에 걸친 대규모 인프라 건설 프로젝트를 시행할 경우 일정부분 돈을 차입해 자금을 충당할 계획을 갖고 있는데 그렇게 함으로써 현 세대와 미래 세대가 재정적인 부담을 공평하게 분담하도록 하려는 것이다. 싱가포르의 현 국가신용등급은 트리플 A(AAA) 수준이므로 돈을 차입하려 할 경우 그 비용은 낮을 것이다.

이와 같이 싱가포르는 증대되는 지출 수요를 충족시키기 위한 여러 대안들을 가지고 있으며 헌법상으로나 관례상의 안전장치를 통해 이미 세상에 잘 알려진 재정 운용의 엄격성을 유지해 나갈 수 있다.

비크람 카나(Vikram Khanna)는 2017년 스트레이츠 타임즈지의 부편집인으로 임명되었다. 1993년부터 근무했던 비즈니스 타임즈지에서 부편집인을 역임했으며, 그 전에 워싱턴 DC 소재 국제통화기금에서 경제전문가로 7년간 근무했다. 그는 영국 캠브리지대학에서 문학사와 문학석사 및 경제학 석사학위를 취득했으며 현재 싱가포르 이코노믹소사이어티(Economic Society)의 부회장이다.

4

국부펀드

테 콕 펭(Teh Kok Peng)

싱가포르의 재정 잉여금은 3개의 기관에 의해 관리된다. 과거 정부투자회사(Government Investment Corporation)라고 불렸던 GIC, 싱가포르 통화청(MAS), 그리고 테마섹(Temasek)이 그것이다. 투자 소득의 일부는 순수투자수익기여금(Net Investment Returns Contribution, NIRC)이라는 명칭으로 정부의 연례 예산 세입에 들어간다. 사실 NIRC는 정부 수입 내에서 20%를 차지하는 가장 큰 기여분에 해당한다.

세 기관 중 GIC만이 통상적인 국부펀드로 여겨진다. 그 이유는 GIC의 자산을 정부가 직접 소유하고 있고 이를 광범위하게 다양한 자산 포트폴리오에 투자하고 있기 때문이다. 싱가포르 통화청은 중앙은행으로서 공식 외환보유고를 관리하며 이를 대부분 안전하고 유동성 큰 자산에 투자한다. 테마섹은 대부분 주식에 투자하며 자산을 직접적으로 소유하고 민간 투자회사와 마찬가지로 세금을 납부한다. 따라서 본 장에서는 GIC에 대해서만 논의를 한정하고자 한다.

오늘날 GIC의 크기, 규모, 범위 및 엄청나게 많은 수의 투자전문가를 바라보면 시작했을 당시의 대담했지만 미약했고 아직 비전을 갖추지 못했던 시절을 잊기 쉽다. 선견지명이 있었던 사람은 싱가포르의 제1부총리였던 고켕스위 박사였다. 고 박사는 1970년대 들어 민간 부문과 공공 부문 공히 높은 저축율을 보이고 대규모의 장기자본까지 유입됨에 따라 공식외환보유고가 급격히 그리고 실질적으로 축적되는 것을 인식했다.

그는 이런 구조적 요소들로부터 다음과 같은 몇 가지 통찰력 있는 결론을 내렸다. 즉, 공식외환보유고의 급속한 축적이 지속될 것이며 중앙은행의 운용을 위해 필요한 정도를 훨씬 넘어설 것이다. 이 잉여 비축자금은 높은 수익을 위한 장기 자산에 투자되어야 한다. 이러한 비축자금을 관리하기 위한 독립된 조직을 창설해야 한다.

GIC는 1980년 8월 통화청의 총재가 된 고 박사가 1981년 초에 설립했다. GIC의 초창기 자금은 통화청이 관리하던 공식외환보유고 중 일부에서 나왔다. 이 자금은 위험할 수 있지만 수익이 높은 다양한 국제 포트폴리오의 장기자산 쪽에 투자하도록 하라는 임무가 주어졌다. 일부 산유국들을 제외하면 국부펀드라는 아이디어는, 동 용어가 새로 만들어지기 이전에 설립된 GIC에 해당하는 것이며 정말 새롭고 시대를 앞서가는 것이었다.

오늘날 GIC는 매우 성공적인 투자 회사로 널리 인식되고 있고 동료 집단 가운데에서도 대표적인 모델로 여겨진다. 하나의 예로서 10여 년 전에 여러 국가에서는 국부펀드의 투자문제와 관련한 대중들의 우려가 제기되었다. 이런 우려를 불식시키기 위한 노력의 일환으로 IMF는 국부펀드의 모범사례를 발전시키고자 국제 실무그룹회의를 개최하면서 GIC와 아부다비투자청(ADIA)에게 이를 이끌어달라고 요청했다.

동 회의의 결과로서 "국부펀드: 일반적으로 인정되는 원칙과 관례"라는 제목의 몇 가지 정책 지침(가이드라인)이 만들어졌는데, 흔히 산티아고원칙이라고 알려진 것이다. 2008년에 공개되었으며 이후 상기 실무그룹회의의 후신인 국부펀드국제포럼에 참여하는 30여 개 국부펀드가 이를 채택했다.

과연 어떤 요소들이 GIC의 성공에 기여했을까? 완벽할 수는 없겠지만 되돌아 다시 살펴보며, 싱가포르가 성공한 후일담과 함께 몇 가지 일반적으로 공유되는 사항을 확인해 볼 수는 있을 것 같다.

금융안보의 필요성

GIC를 설립한 가장 중요하고 근본적인 이유는 싱가포르가 가진 취약성에 대한 변함없는 인식이다. 1981년 시점에서 볼 때 싱가포르는 1965년 독립 이후 살아남았을 뿐만 아니라 지속적으로 번성해 왔다. 그럼에도 불구하고 어떤 요소들은 변할 수가 없었다. 제한된 땅덩어리, 천연자원의 부재, 외부의 정치/경제/금융적인 충격에 크게 개방되어 있는 소규모 경제 체제 등이 그런 것들이었다. 이런 요소는 생존 문제에 있어 싱가포르에게 신세를 지고 있지 않다는 외부 세계의 콧대 높은 태도와도 결부되어 있었고 싱가포르 역시 외부 세계로부터 그런 것을 기대하지 말아야 하는 상황이었다.

생존해야 하고 금융 분야의 독립도 이루어야 한다는 복합적인 본능이 싱가포르를 형성한 통치체제의 가치와 구조를 만들었고, 초창기 이래 여러 공적 기관을 창설하도록 했다. 무엇보다도 GIC는 국가가 어렵게 벌어들인 저축에 대한 적절한 관리를 통해 국가를 보전하는 역할을 해야 했다.

GIC는 자산관리회사라는 실체로 창설되었고 재무부장관에게 완전히 소속되었다. GIC가 관리하는 자산은 정부가 직접적으로 계속 소유하게 되었다. 이사회는 총리가 주재하며 내각의 선임 장관들과 고위급 회사 경영자들이 구성원이 되었다.

그 이후 견제와 균형을 달성하기 위한 추가적인 메커니즘(예를 들면 선출된 대통령의 역할 등)이 도입되어 GIC를 포함한 정부소유기관이 관리하는 큰 규모의 자산을 보호할 수 있도록 했다. 이와 같은 강력한 운영체제와, 그 운영체제를 통한 자산 관리가 GIC가 성공하는 기반이 되었다.

실용주의와 전문성

GIC가 성공한 요인으로는 싱가포르 사람들의 특성인 실용주의도 들 수 있다.

초창기 시절부터 장기적 비축자금에 대해서는 전문적인 관리가 필요하다고 인식되었다. 비록 민간부분과 동일하게 맞추어줄 수는 없겠지만 필요로 하는 인재를 끌어들이고 유지할 정도로 금전적 보상이 충분히 이루어져야 했다.

아울러 최고경영자의 선임과 전략적인 결정은 싱가포르가 자체적으로 해야겠지만, 내국인의 부족한 능력을 채우기 위해 경험 많은 외국인 전문가도 채용했다. 외국인 전문가들의 임무 중 하나는 젊은 싱가포르인을 훈련시키고 멘토링해 그들을 뒤이을 수 있도록 하는 것이었다. 능력 있는 인사를 채용하고 모범 사례를 배우기 위해 국제화하는 전략은 계속되었다.

또 다른 성공 요인은 이사회의 결정으로써 매일의 투자 결정과 이행에 관한 권한을 경영진에게 위임해 정치적인 간섭을 받지 않도록 한 것이다. 이사회는 자산을 어떻게 할당할 것인가에 대한 정책과 전략만을 정할 뿐, 어느 특정한 투자에 대한 결정을 하지 않았다. 전문성과 책임감 있는 문화를 초창기부터 계획적으로 그리고 의식적으로 배양했다.

GIC는 정부가 가지고 있는 장기 외환보유고를 투자하는 임무를 부여받았기에 싱가포르 바깥에 소재한 자산에 대해서만 투자할 수 있다. 어떤 경우에도 싱가포르의 국내 시장은 GIC가 관리하는 자산 중 일부를 흡수하기에도 너무 작기 때문이다. 그런데 이러한 결정은 결국 축복이 되었다. GIC는 처음부터 국제적인 투자를 해야 했고, 싱가포르를 준거로 삼지 않은채 해외 시장 투자의 복합성과 위험성을 이해하는 과외의 노력을 해야 했기 때문이다.

다른 많은 대규모의 기관투자가들, 특히 국내 금융시장이 큰 곳의 기관투자가들은 오로지 혹은 대부분 자신들의 국내 시장에만 투자한다. 그들은 국내 시장과 관련해 심대한 능력을 개발하고 친숙한 것으로부터의 오는 편안함도 느끼지만 국내 시장이 야기하는 편견과 선입견에 사로잡힐 수 있다. 그런 편견으로부터 자유로운 GIC는 대부분의 유사 기관들보다 지리적으로 훨씬 다양화된 투자 포트폴리오를 구성할 수 있었다.

좋은 타이밍

마지막 요인은 참을성 없고, 검소하며, 대담했던 고 박사 본인의 독특한 성격이다. 고 박사의 이런 특성은 잘 알려져 있다. 일단 GIC를 설립하기로 결정하자 그는 단 8개월 만에 이를 마쳤다. 일을 잘 진행시키기 위해 고 박사는 명성이 뛰어난 고위 은행가 용 풍 호우(Yong Pung How)가 국내 선두 은행의 안락한 임원실을 떠나 GIC의 첫 번째 최고 경영자로 파견 근무하도록 설득하는 데 성공했다. 용 최고 경영자는 통화청 내의 보잘 것 없는 일부 사무 공간에서 뼈대를 구성하는 직원들을 데리고 업무를 시작했다. 이렇게 행동에 옮기고 비용을 의식해야 하는 문화가 형성되었다.

초기에 투자 대상이 되는 시장을 더 잘 이해하기 위해 GIC는 당시 그 어느 곳보다 가장 중요한 시장이던 뉴욕과 실리콘 밸리에 해외사무소를 설립했다. 초창기 GIC는 주식 투자용 소액 밖에 없었지만 벤처 투자, 사모펀드, 부동산 등이 대규모 기관투자자들이 중점을 두는 투자 본류로 자리 잡기 훨씬 이전부터 이런 자산 분야에 투자했다. 사후적 분석으로 살펴보면 대체 자산에 대해 일찍부터 투자하기로 한 결정은 정말 옳았던 것으로 판명되었다. 오늘날 GIC는 여러 대체 투자 분야에서 확고한 선두 투자기관으로 자리매김하고 있으며, 대체 투자는 GIC가 관리하는 포트폴리오의 다변화와 실적에 기여했다.

되돌아보면 GIC가 1981년에 설립된 것 자체가 큰 행운이었다. 왜냐하면 세계는 장기간의 디스인플레이션 상황에 처했고, 이자율은 떨어졌으며, 교역과 자본 이동의 세계화와 자유화가 이루어졌고, 냉전이 끝났기 때문이다. 이러한 상황은 수십 년간에 걸친 금융 자산의 호황을 불러왔다. 반면, 오늘날의 투자환경은 과거에 비해 훨씬 힘들고 불확실한 상황에 놓인 것으로 보인다. GIC가 발전시켜 온 문화와 관리 방식의 틀이 많은 도움이 되기를 기대한다.

테 콕 펭(Teh Kok Peng) 박사는 1981년 세계은행으로부터 싱가포르 통화청으로 옮겨왔다. 그는 오랜 기간 동안 통화청과 GIC의 고위직을 동시에 맡았으며, 이후 벤처투자, 사모펀드, 인프라 투자를 담당하는 GIC 외부 조직의 상근 최고경영자로 일했고, GIC의 특별투자분과 위원장을 마친 2011년 퇴직했다. 현재는 여러 회사와 비영리단체의 회장, 이사, 자문관으로 일하고 있다.

5

건전한 통화 정책

피터 윌슨(*Peter Wilson*)

어떤 목적을 달성하는 방법에는 여러 가지가 있을 수 있지만, 최소한 1980년대 중반 이후의 선진국 중앙은행들은 건실한 통화 정책을 달성하기 위해 최우선으로 소비자 물가 상승률을 낮고 안정적으로 유지해야 한다는 것에 컨센서스를 이루었다.

놀랄 것 없이 싱가포르 통화청의 강령 역시 '지속적이며 인플레이션이 발생하지 않는 경제 성장과, 건실하고 꾸준히 발전하는 금융서비스 분야 육성'으로 되어 있다.

그렇다면 물가 안정성은 왜 그렇게 중요한 것인가?

보편적인 이유는 물가가 안정되어 있으면 그 나라의 통화정책이 국내 생산과 소비에 관해 예측 가능한 환경을 제공하고 있다는 신호와, 그 나라에서 사업을 하는 것이 경제적으로 안전하겠구나 하는 신호를 세상에 주기 때문이다. 반면에 높고 변동성이 큰 인플레이션은 소비자/생산자/정부의 정책 결정을 방해하고, 효율적인 자원 배분에 필요한 가격과 여러 다른 신호들을 왜곡한다.

싱가포르의 경우 건실한 통화정책이 국제 금융과 서비스의 중심지, 물류 기지, 고품질의 수출품 제조지로서의 국가적 매력을 유지시키는 데 필수적이다. 아울러 정부가 특히 장기적으로 약속하고 있는 것이 하나 있는데 싱가포르가 보유하고 있는 저축과 공식 비축 자산의 가치를 보존하기 위해 국제 시장에서 싱가포르 달러의 구매력을 유지시키겠다는 것이다.

중앙은행은 건전한 통화 정책을 수행하기 위한 일련의 수단들을 보유한다. 즉, 명목이자율의 목표치 설정, 총통화공급 조절, 다양한 방식의 직접적인 신용가용성 통제, 상업은행의 대출한도 조절 등이 그런 것들이다.

통화 정책으로서의 환율 정책

　그러나 싱가포르에서는 사정이 달랐다. 1981년부터 싱가포르의 통화 정책은 환율관리에 초점을 맞추어왔다. 1970년대 중반부터 전통적인 통화 정책 수단에서 벗어나 점진적 변화를 추구한 결과였다. 이는 1978년 석유수출국기구가 원유가를 급등시킨 이후, 통화청은 싱가포르 달러의 환율 절상을 위한 외환시장 개입이 다른 어떤 통화 정책보다 인플레이션을 감소시키는 데 효과적이라는 사실을 깨달았기 때문이다.

　이는 무엇보다도 싱가포르가 최종 소비를 하는 것 중에서 수입품의 비중이 매우 높기 때문이다. 싱가포르에서 지출되는 1달러 중 약 60센트는 수입을 위해 외국인에게 지급된다. 통화청이 1981년부터 한 일은 환율, 수입가격, 국내소비자 가격 간의 강력한 연결성을 활용해 이런 수입의존성을 장점으로 전환시킨 것이다. 예를 들어 소비자 물가의 상승이 예상되면 다른 중앙은행이 통상적으로 하는 명목이자율의 인상 방식이 아니라, 통화청이 싱가포르 달러의 평가를 절상하는 방식으로 외환 시장에 개입했다. 평가 절상을 하면 수입품의 가격은 낮아지고 동시에 싱가포르 수출에 대한 수요도 감축되며 이의 결과로서 노동과 자본 등의 국내 투입 요소 비용 역시 꺾이게 된다.

　이와 같이 싱가포르에서의 통화 정책은 결국 환율정책인데, 그렇다고 과거와 같이 어느 한 국가의 통화에 싱가포르 달러를 직접 고정시키는 방식은 아니다. 오히려 주요 교역 상대국 및 경쟁국의 교역지수가 반영된 통화 바스켓에 대응시켜 환율을 관리하는 방식인데 싱가포르의 다원화된 무역이라는 관점에서 볼 때 더 나은 준거가 된다. 환율은 일정한 밴드 내에서 변동하도록 해, 단기적인 변동성은 시장이 흡수하도록 하면서 자유 변동 환율 하에서 나타날 수 있는 특성의 변동성은 없도록 했다.

　마지막으로 긴축, 완화, 중립과 같은 통화 정책에 대한 기본 입장을 1년에 두 번 4월과 10월에 대외적으로 공표하는데, 영국의 경제학자 존 윌리엄슨(John Williamson)이 설파한 유명한 크롤링 밴드(crawl)와 같이 상황이 변화하면 그에 맞게 환율 조정을 구현하는 방식이다.

인플레이션을 억제하기

싱가포르에서의 통화 정책은 성공했는가? 소비자 물가 지수를 낮고 안정적으로 유지한다는 기본 목표 달성이라는 측면에서는 의심의 여지없이 '그렇다'고 답변할 수 있다. OECD국가의 평균이라는 기준과 비교할 때 싱가포르의 소비자물가지수 상승폭은 1981년 이래 매우 낮았으며 변동폭도 적었다. 1981년부터 2018년까지의 기간 동안 연간 평균 소비자물가 상승률은 1.82%로서 OECD 평균 3.02%와 비교되며, 변동 폭을 간단히 잴 수 있는 인플레이션 표준 편차도 1.98로서 OECD의 2.17과 비교된다. 이처럼 상대적으로 낮고 안정적인 소비자물가 상승률은 싱가포르의 금융 분야/품질 높은 제조업 및 물류 산업의 발전을 가능하게 했다. 아울러 싱가포르 달러는 시간이 지나면서 점차 평가가 절상되어 국민들이 저축한 돈의 가치를 보장해주었다.

그런데 싱가포르의 건전한 통화 정책은 그 이상의 효과도 달성했다. 관리 변동환율을 운용하는 규율과 신뢰성은 일반인들이 관리 변동환율의 기준척도를 널리 이해할 수 있도록 해주었으며(비록 교역지수가 반영된 통화 바스켓이나 밴드의 폭이 공표되지 않더라도 우선적으로 투기가 제어되는 등), 통화청이 물가 안정성과 합치되지 않는 정책을 도입하기 어렵게 만들었다. 중앙은행들의 전문 용어를 쓰자면 관리 변동체제는 싱가포르 경제의 '명목 기준 지표(nominal anchor)'로서 역할하면서 교역지수가 반영된 싱가포르 달러의 가치를 통제하고 물가 안정을 보장해 주었다.

예를 들어 어느 한 국가의 통화가 국제시장에서 예외적으로 강세를 보이면 경제인들은 수출 경쟁력을 회복하기 위해 자신들의 중앙은행에 평가 절하해달라고 로비할 것이다. 그러나 이럴 경우 싱가포르가 달러 가치를 관리해 낮고 안정적인 인플레이션을 유지하려는 정책과 모순되는 결과를 빚으므로 통화청은 그와 같은 자의적인 결정을 하지 않을 것으로 널리 이해되는 것이다. 수입에 크게 의존하는 싱가포르의 입장에서는 평가 절하가 일시적으로 수출을 신장시키는 효과를 갖더라도, 짧은 시차를 두고 증대된 수입 물가가 소비자 물가와 생산자 물가를 인상하게 되어 그 효과를 곧바로 상쇄하기 때문이다.

경험에 의한 지지

환율을 싱가포르 통화 정책의 명목 기준지표로 삼는 아이디어는 사실 1981년 당시에도 전혀 새로운 것이 아니었다. 왜냐하면 운용 세부 내용만 달랐으며 교역 지수가 반영된 싱가포르 달러가 정책 밴드 내에서 관리된 것이었기 때문이다.

1906년 싱가포르, 페낭, 말라카 등 옛 영국의 해협식민지(Straits Settlement)에서 사용되던 달러는 식민지 통화위원회에서 발행되었는데 1942년에서 1944년까지의 일본 점령시기를 제외하고는 오랫동안 영국의 파운드스털링화에 고정되어 있었다.

싱가포르가 말레이시아 연방에서 탈퇴하고 독립한 1965년 이후부터 자체 화폐를 발행한 1967년 6월까지는 싱가포르 달러가 파운드스털링화에 고정되어 있었으므로 환율이 계속 명목 기준지표로 남아 있었다. 1972년 6월 파운드화가 변동 환율을 채택하고 싱가포르가 자체 통화를 미국 달러화에 고정시키는 결정을 하면서 영국 스털링화와의 연결성은 끊어졌다.

한편, 미국 달러화 자체가 변동 환율로 돌아선 1973년 6월, 오랜 기간 명목 환율 기준지표를 통화 정책으로 유지하던 체제는 종언을 고하게 된다. 그리고 1981년, 환율을 기반으로 한 통화 정책이 다시 도입되었다. 그 중간 기간 동안 중앙은행의 역할을 수행하기 위해 1971년 창설된 통화청은 신용가용성, 이자율, 그리고 환율을 포함한 다수의 통화 정책 수단에 초점을 맞추었다. 여기서 왜 싱가포르는 1965년 이후에도 파운드스털링화에 계속 고정시키고 화폐를 규율이 가장 엄격한 통화 정책의 일환인 통화위원회 체제를 통해{1967년부터는 싱가포르 통화감독위원회(Board of Commissioners of Currency Singapore)가 관장} 발행했는가 하는 흥미로운 질문이 제기된다. 통화감독위원회는 2002년 통화청의 일부로 흡수될 때까지 화폐 발행 문제에 대해 독점적인 권한을 행사했다.

싱가포르의 결정이 더욱 놀라운 것은 1950년대 당시의 사람들과 영국 식민지에서 새롭게 독립한 가나(1957), 나이지리아(1960), 말라야(1957) 같은 국가들은 통화위원회 제도 자체를 크게 폄하했고 자신들의 중앙은행 설립을 열망했으며 실제로 그렇게 했다.

통화위원회 제도의 가장 큰 단점은 돈을 찍어내는 문제에 있어서의 엄격함이다. 통화위원회는 국가 통화를 발행하는 독점권을 갖고 있지만 적절한 외환보유 자산이 있어야만 화폐를 발행할 수 있다. 따라서 경제는 주요 수출품 가격의 국제적인 사이클에 따라 등락하게 되고 국내 저축을 동원해서 경제 개발을 위한 투자를 유도하는 재량적인 통화정책을 수행할 여지는 없는 것이다.

더욱이, 통화위원회는 외국 통화로 된 보유 자산을 100% 유지해야 하므로(통상 런던에다 예치) 이런 재원은 현지의 경제발전을 위해 활용될 수 없었다.

안정화의 신호

반면에 파운드스털링화에 고정시킨 것은 싱가포르를 포함해 이들 나라에 국제통상과 외국자본 유치를 위한 안정적인 환경과 국내 통화 정책을 위한 명목 기준지표를 제공했다. 왜냐하면 정부나 통화위원회 공히 재정적자를 보충하기 위해 돈을 찍어낼 수 없었고, 만일 그럴 경우 높고 변동도 심한 가격 인플레이션을 유발할 수 있기 때문이었다.

그렇기에 영국의 경제학자인 캐서린 쉔크(Catherine Schenk)가 주장하듯이 과거 영국의 식민지들은 통화위원회 제도에 대해 많은 비난을 하면서도 독립 이후 일정 기간 동안 통화위원회 제도의 특성을 그대로 유지할 수밖에 없었다. 그들은 은행들이 대부분 외국계라는 점, 중앙은행이 증권을 발행할 재정적 기반을 갖추지 못했다는 점, 주요 수출품과 외국 투자에 의존하려면 스털링에 고정되어야 하고 국내 가격 안정성을 중시할 수밖에 없다는 점 등 현실을 깨달았다. 한 예로서 가나의 중앙은행은 정부의 개발 지출 재원 마련을 위해 1960년에 화폐 공급량을 늘렸는데 1965년까지 물가 상승률이 26.4%로 치솟았다.

통화위원회 제도를 유지하고 파운드스털링에 고정시키기로 한 1967년의 결정은 싱가포르의 식민지 과거를 감안해 볼 때 충분히 설명이 가능해진다. 화폐발행 문제가 싱가포르 통화감독위원회의 권한으로 남아있다는 사실은 세상에 대해 싱가포르는 재정적자를 메꾸기 위해 통화량을 늘리지는 않을 것이라는 신호를, 그리고 싱가포르 사람들에게는 그러한 재정적자는 세금을 통해 충당될 것이라는 신호를 각기 발신했다.

더욱이 싱가포르의 중앙은행이 화폐를 발행하고 통화량을 관리할 수 있는 능력을 갖출 때까지 1960년대와 1970년대 초반의 싱가포르 발전 과정에서의 핵심 요소는 무엇보다도 환율에 고정된 건전한 통화정책을 실시한 것이었다. 이를 통해 중계 무역에 기반한 경제성장 전략을 지원해줄 가격안정성을 제공했고, 외국인 투자와 노동력을 끌어들였으며, 금융서비스와 고품질의 제조업을 향한 경제적 다변화를 달성할 수 있었다.

피터 윌슨(Peter Wilson) 박사는 싱가포르 영주권자로서 1989년부터 2007년까지 싱가포르국립대 부교수를 역임했고 그 이전에는 영국의 워익대, 서섹스대, 브래드포드대, 헐대에서 가르쳤다. 현재는 싱가포르경영대학(SMU)과 ESSEC 경영대학원 싱가포르 분교에서 초빙 교직원으로 일하고 있다. 싱가포르 통화청의 자문 위원이자 통화청 아카데미의 강사로도 활동 중이다.

6

싱가포르 항공

고 춘 퐁(*Goh Choon Phong*)

많은 싱가포르 사람들처럼 나는 첫 비행기 여행을 기억한다. 물론 싱가포르 항공(SIA)을 통해서다. 나는 15살이었고 쿠알라룸푸르로 가는 여행이었다. 당시 비록 짧은 비행이었지만 항공사의 서비스 문화와 높은 품질의 기내 자재 및 서비스에 놀랐던 기억이 있다.

몇십 년이 지난 후에도 나는 품질과 뛰어난 고객 서비스에 대한 약속을 잊지 않았으며 지금까지 회사를 통솔해온 여러 후세대 경영진들도 이를 잊지 않고 있다. 싱가포르 항공의 현 경영진은 이전 지도자들과 직원들에게 많은 신세를 지고 있다. 뛰어난 품질과 서비스를 통해 비견할 수 없는 명성을 쌓았고 안전 문제에 있어서도 확고한 입장을 견지해준 그분들에게 공이 돌려져야 한다. 아울러 튼튼한 대차대조표는 우리가 끊임없이 투자하고 대담한 전략적 결정을 할 수 있는 믿음을 주고 있다.

우리는 도전적이고 자본집약적이면서도 변동성이 심한 산업을 맡고 있다. 세상에서 발생하는 어떤 일도 우리 사업에 영향을 미칠 수 있는데, 경제 하강 국면, 자연재해나 인공재해, 세계적/지역적 건강 위기 등이 모두 이에 해당되며 그 목록은 계속된다. 그 결과 오랜 기간에 걸쳐 우리는 민첩함과 유연함을 유지하는 가운데 남보다 앞서 생각해야 한다는 교훈을 배웠다.

무리들로부터 빼어나기

우리들의 역사는 싱가포르의 역사와 긴밀히 연결되어 있는데 1947년 말레이안 항공이 창설된 후 칼랑 공항에서 첫 비행을 시작하는 것으로 거슬러 올라간다. 항공사는 이후 빠르게 성장해 사업 시작 20년 만에 연간 수입이 1억 싱가포르 달러에 이르게 되었다. 정치적 지형이 바뀌고 1963년 말레이시아 연방이 형성되자 말레이안 항공은 말레이시아 항공으로 바뀌었다. 싱가포르가 연방을 떠난 지 1년이 되는 1966년, 말레이시아 정부와 싱가포르 정부는 동 항공사에 대한 지배 지분을 획득한 후 회사 명칭을 말레이시아－싱가포르 항공으로 개명했다. 1972년, 항공사는 둘로 나뉘어 말레이시아 항공과 오늘날의 싱가포르 항공으로 개편되었다.

1972년부터 1996년까지 싱가포르 항공의 회장을 역임하며 전설적인 명성을 쌓은 J. Y. 필레이(J. Y. Pillay)를 포함한 초창기 싱가포르 항공의 감독자들은 국내선이 전혀 없고 국내 고객도 한정되어 있는 항공사는 다른 방식으로 운영되어야 한다는 점을 알고 있었다. 그들은 용감한 사업 결정들을 했는데, 대형 항공기를 언론의 헤드라인을 장식할 만큼 구매하는 것을 예로 들 수 있다. 초기에는 국제항공운송협회(IATA)에 가입하지 않았는데, 이로써 동 협회 회원사에게는 금지된 무료 음료수와 헤드셋을 고객들에게 제공할 수 있었다. 그들은 선견지명을 갖고 항공사의 마케팅을 달리해 비행기 자체나 목적지뿐만 아니라 결과물과 서비스의 질에 초점을 맞추었다. 아시아식 접대 및 고품질의 고객서비스를 대표하게 하는 '싱가포르 걸'(스튜어디스)이라는 상징도 만들어 냈다.

이런 노력은 성과를 냈다. 싱가포르 항공은 빠르게 세계를 선도하는 항공사가 되었고 가장 상을 많이 받는 항공사로도 자리 잡았다. TripAdviser Traveller's Choice Awards, Skytrax's World Airline Awards, Conde Nast Traveller Reader's Choice Awards, Business Traveller's Asia－Pacific Awards 등 주요 세계 평가 기관으로부터 최고의 항공사로 선정되었다. 싱가포르 항공은 포춘 매거진이 선정한 세계 50대 가장 존중받는 기업 명단에 2017년부터 계속 선정되었으며, 2018년 타임지가 처음 선정한 50대 천재적인 회사 명단에도 장거리 여행을 재정의했다는 이유로 이름을 올렸다. 우리는 고객과 항공 산업 모두가 뛰어난 서비스에 대한 우리의 헌신을 인정해 주었다는 점에 대해 자랑스럽고 겸허하게 생각한다.

비록 싱가포르는 작은 인구를 가졌지만 그룹으로서의 싱가포르 항공은 2018/19 회계연도에만 3천 6백만 명 이상의 승객을 운송했으며, 160억 싱가포르 달러를 넘어서는 수입을 기록했다. 주된 허브공항으로 삼은 환상적인 창이 공항을 통해 승객과 화물을 운송했다. 우리의 사업 모델은 세 가지의 기본 지주가 기반이 되는데 제품 선도성, 서비스 우수성, 네트워크 연결성이 바로 그것이다. 이 세 가지 지주는 끊임없이 향상되어 사람들로 하여금 싱가포르를 방문하거나 경유하도록 하고 싱가포르 항공을 이용하게 할 것이다.

싱가포르 항공이 국적 항공사이고 기체는 싱가포르 국기를 자랑스럽게 새긴 채 비행하지만, 그 운영은 전적으로 상업적인 기준에 따라 이루어진다. 싱가포르 정부는 싱가포르 항공의 운항 첫 날부터 동 회사를 보호하지 않을 것이라는 점을 분명히 했고 동 회사가 사업에 있어 자신의 두발로 딛고 서야 한다는 점을 항상 강조했다. 설립 이후 지금까지 싱가포르 항공은 자신의 경쟁력 있는 입지를 강화하기 위해 끊임없는 개선 노력을 경주해 왔다.

싱가포르 항공이 도입한 첫 번째 A380 항공기가 2007년 10월 17일 창이 공항에서 물대포 예식을 갖고 있다. 창이 공항 역사상 처음으로 항공기에 그와 같은 영예가 주어졌다. ⓒ 싱가포르 프레스 홀딩스

경쟁에서 앞서 나가기

항공 산업은 지난 몇 년간에 걸쳐 엄청나게 변화했는데 특히 지난 15년간에 그러했다. 중동 지역의 항공사들은 본질적으로 싱가포르 항공과 동일한 사업 모델을 채택한 후, 자신들의 허브 공항에서 승객들을 다양한 목적지로 운송했다. 저비용 항공사는 20년 전만 해도 아시아 지역 내 시장 점유율이 제로에 가까웠는데 이제는 엄청난 존재감을 과시한다. 사실 동남아에서는 저비용 항공을 이용한 여행이 역내 항공 여행 좌석 점유율의 55%까지 차지한다. 결과적으로 싱가포르 항공은 장거리 노선이나 지역 노선 양쪽 모두로부터 도전받고 있다.

그렇지만 우리는 변화를 보았고 무방비로 허를 찔리지도 않았다. 항상 그렇듯 도전에 맞서왔고 사실 이런 구조적인 변화를 우리의 사업 모델을 탈바꿈시키는 데 활용했다. 우리는 이제 풀 서비스 항공과 저비용 항공 모두에 투자하는 그룹 포트폴리오를 갖추고 있다. 또한, 인도와 같이 빠르게 성장하는 시장에서 항공사에 대한 투자를 포함해 여러 허브 공항을 유지하는 전략도 취하고 있다. 조종사 훈련이나 다채널 전자상거래 시장인 크리스샵(KrisShop)에 대한 투자와 같이 인접 사업에 대한 투자도 늘렸다.

이런 전략적 결단은 싱가포르 항공 그룹에 새로운 성장 동력을 제공해 핵심 사업을 더욱 확대시키고 미래를 더 잘 대비할 수 있도록 해주었다. 틀림 없는 것은 우리가 고급 풀 서비스 시장에 지속적으로 완전히 헌신할 것이라는 것과 창이 공항으로부터 성장을 도모한다는 점이다. 우리는 싱가포르 항공 산업 생태계 내의 여러 다른 행위자와 긴밀히 협력해 창이공항을 통한 승객과 화물 운송을 늘려나갈 뿐만 아니라, 국가 경제에 기여하고 있는 광범위한 항공 산업 분야를 지원해나갈 것이다. 현재와 같이 더욱 복잡하고 경쟁이 심한 환경에서는 생태계 내의 모든 행위자가 함께 일하면서 시너지 효과를 극대화하는 능력을 갖추는 것이 싱가포르를 항공의 중심으로 만드는 데 있어 매우 중요하다.

싱가포르 항공의 미래 지도자들은 항공 산업의 끊임없는 구조적인 변화 과정에서 나타나는 새로운 도전을 헤쳐 나가는 가운데 앞을 내다볼 수 있어야 한다. 나는 싱가포르 항공의 경영진과 직원들이 승객이 가장 선호하는 항공사를 만들기 위해 항상 특별한 일들을 해나갈 것이라고 확신한다.

내가 처음 이 글을 부탁받았을 때의 요청 사항은 싱가포르 항공에 대한 이야기와 성공의 비결을 말해 달라는 것이었다. 그런데 싱가포르 항공 그룹의 성공을 이끈 요소들은 여러 가지이기 때문에 짧은 글로 다 표현하기가 어렵다. 만일 꼭 한 가지만 이야기한다면 그것은 바로 사람이다. 전 세계 우리 직원들은 어느 특정한 하루에도 고객 만족을 위해 기대했던 것보다 한층 더 노력하는 열정을 보여주었다. 우리 항공사와 연관이 있는 사람들은 우리가 결코 현실에 안주하지 않음을 알고 있다. 우리는 항상 현상 유지를 거부했고 경계선을 밀어냈으며 고객들에게 1등 항공사가 되기 위해 억척스럽게 노력했다.

많은 고객들은 우리 항공기에 탑승할 때마다 바로 집에 온 느낌을 갖게 된다고 하면서, 마음에서 우러나와 따스하게 잘 보살피는 서비스를 높이 평가해 주었다. 우리는 긍지를 느끼고 있으며 우리 항공사를 눈에 띄게 만들어 준 독특한 요소들을 결코 잃어버리지 않을 것이다.

고 춘 퐁(Goh Choon Phong)은 미국 MIT 대학을 졸업한 후 1990년 싱가포르 항공에 입사했다. 그는 싱가포르 및 해외에서 싱가포르 항공사의 여러 고위직을 역임했다. 2010년 10월 이사회에 들어왔으며 2011년 1월 1일 최고 경영자로 임명되었다. 그는 싱가포르항공 엔지니어링사의 이사, 스쿠트(Scoot) 항공을 보유한 버젯 에비에이션(Budget Aviation) 지주회사의 회장, 싱가포르국립대의 평의회 이사, 마스터카드의 사외이사 등도 맡고 있다. 국제항공운송협회(IATA)의 운영위원과 회장(2017~18)을 역임했고, 아태지역 항공사협회의 집행위원이며, 세계의 여러 선도적 기업 최고 경영자들로 구성된 MIT 최고경영자 자문위원회의 회원이다.

7

자유무역협정

마누 바스카란(*Manu Bhaskaran*)

이 글은 왜 싱가포르가 지역적으로 제한된 한계를 벗어나야 하는지와, 싱가포르의 많은 자유무역협정과 경제동반자 관련 합의가 어떻게 경제 활성화를 성공시켰는지 설명한다. 또한 세계 경제의 여러 도전이 증가하는 상황에서 싱가포르가 어떻게 자신의 전략을 세워나가야 하는지 살펴보는 것으로 결론짓는다.

지리적 한계를 넘어 경제적 잠재력을 확장하기

싱가포르는 721Km²의 넓이에 런던광역수도권(Greater London)의 약 1/3 정도 크기에 해당하는 조그만 도시 국가이다. 국민들의 숫자는 단지 350만 명이므로(외국인 거주자를 뺀 인구) 상대적으로 작은 소비자 시장이자 노동력도 제한된 시장이다. 싱가포르의 끊임없는 도전이라면 이렇게 제한된 크기를 극복하는 방법을 찾는 것이다.

여타 세계와의 교역과 투자 관계를 유지하는 것은 그와 같은 제약을 극복하게 해준다. 그러나 재화, 서비스, 자본, 인력의 자유로운 이동을 막는 장애물이 넘치는 세상에서는 정부 대 정부 간의 협정을 통해 경제적인 흐름이 이루어지도록 하는 틀을 만들 필요가 있다. 바로 이 때문에 자유무역협정(이하 FTA) 및 이와 연관된 합의가 필요하게 된 것이며 왜 싱가포르가 자유무역협정을 활발히 추진해왔는가 하는 이유가 된다. 지금까지 싱가포르는 양자적으로 13개의 FTA를 체결했으며, 지역적으로도 또 다른 13개의 FTA를 체결했다. 여기에는 2019년 발효한 유럽 연합(EU)과의 FTA와 2019년 협상이 종결된 유라시아경제연합(Eurasian Economic Union)과의 FTA가 포함된다. FTA의 대상으로는 세계의 주요 대규모 경제주체가 망라되어 있으며 세계 경제 총 산출량의 75%를 차지한다. 이에 더해 현재 3개의 FTA에 관한 협상도 진행 중이다.

비록 제한적인 성공 밖에 거두지 못했지만 싱가포르는 다른 형태의 경제통합 방식도 모색해 왔다. 싱가포르는 1990년대에 인도네시아 및 말레이시아와 함께 소구역 경제통합을 위한 싱가포르－조호르－리아우 삼각 성장계획을 추진한 바 있다. 비록 1998년 이후 인도네시아의 규제정책이 변화함에 따라 소지역 내 협력이 지체되었지만, 최근 싱가포르는 말레이시아가 이스칸다르 지역을 개발하고자 하는 계획도 지원했다. 동 지역은 싱가포르와 접경하고 있어 싱가포르 경제와 연결되는 주요 제조업 및 서비스 산업의 중심지로 개발될 계획이다.

자유무역협정의 비용과 편익

상기와 같은 협정이 실질적인 이익을 가져온다는 사실에 대한 명백한 증거들이 있다.

첫째, FTA는 무역 장벽을 낮춤으로써 싱가포르가 훨씬 큰 시장에 접근할 수 있도록 해준다. 싱가포르 통상산업부의 2011년 연구에 따르면 FTA가 발효된 이후 싱가포르 제품의 FTA 체결 상대국으로의 수출은 비약적으로 증가했다. 첫 2년간에는 18%의 수출 증가가 있었고 3년 째에는 추가적으로 16%가 증가했다.

싱가포르국립대가 2011년 별도로 수행한 연구에 따르면 FTA는 싱가포르의 수출을 증대시켰을 뿐만 아니라 상대방 국가에 대한 싱가포르 수출품의 가격과 수익에 대한 반응성을 높였다. 전체적으로 볼 때 싱가포르 회사들은 보다 큰 무대에서 노동력을 공급받고, 기술과 자원을 습득하며, 판매할 소비자를 찾을 수 있는 이익을 얻게 되었다.

두 번째로, 복수의 FTA는 경기 순환과 성장 궤적이 각기 다른 수많은 나라와의 교역을 촉진시킴으로써 싱가포르의 수출 기반이 더욱 다양화되도록 했다. 수출 기반이 다양화된다는 것은 더 큰 회복력을 갖춘 경제가 된다는 것으로서 요동치는 세계경제로부터 파생되는 충격을 더 잘 흡수할 수 있게 해준다.

세 번째로, 2011년 경제학자 산드레 탕가벨루(Shandre Thangavelu)와 크리스토퍼 핀들레이(Christipher Findlay)가 자신들의 논문에서 주장했던 것처럼 FTA는 다양한 경로를 통해 싱가포르 내로의 외국인 직접투자를 촉진시켰다. 또 다른 수준에서 보면, FTA는 원천 국가 내의 모기업과 현지국의 외국계 자회사 간에 중간재 및 최종산품의 이동을 촉진시켰고, 역내 공급사슬의 일환으로 싱가포르 내에 생산 시설을 설치하는 것이 더욱 매력을 갖도록 해주었다.

FTA의 또 다른 혜택은 외국 투자자들을 보호해주고 관련 규제도 변화시켜주어 자본이 현지국으로 보다 용이하게 들어가고 나갈 수 있게 되었다는 점이다. 좀 더 일반적으로 이야기하면 싱가포르가 체결한 많은 FTA는 오직 몇 나라만 유지하던 시장으로의 연결성과 접근성을 허용해 주었다. 그래서 FTA는 제조업과 서비스 분야의 세계적인 기업들이 싱가포르 내에 실질적인 생산과 물류 거점을 두거나 본부 활동을 하도록 끌어들였다. 선진국뿐만 아니라 중국, 인도와 같은 개도국의 수천 개에 이르는 다국적 기업들이 싱가포르에서 영업하면서 높은 보수를 주는 일자리를 만들었고 다양한 서비스에 대한 수요를 창출해 여러 국내 회사들이 이를 제공할 수 있게 했다.

네 번째로, FTA는 글로벌 허브로 급속히 성장하는 싱가포르에 딱 들어맞는 인재 공급을 원활하게 해주었다. 예를 들어 호주와의 FTA는 호주의 독립 경영인이나 용역계약 공급업자들이 싱가포르에서 2년까지 체재할 수 있도록 해주었는데 과거에는 3달간만 체류가 가능했다. 마찬가지로 인도와의 협정은 숙련된 정보기술 전문가들을 데려와서 결정적으로 싱가포르의 부족한 부분을 메꿀 수 있었다. 이런 경우에는 재능 있는 외국 근로자의 유입이 생각할 수도 없었던 싱가포르 내에서의 사업을 가능하게 했고 싱가포르 사람들을 위한 상호보완적 일자리까지 만들어냈다.

여러 국가들과의 FTA나 포괄적경제동반자협정을 교섭하는 전략에 있어 단점은 없었던가? 일부 사람들은 싱가포르가 FTA를 서둘러 맺기 위해 너무 많은 양보를 했다는 주장도 하는데, 예를 들어 어떻게 미국의 제약회사가 약품 가격을 주변국들보다 훨씬 높은 가격에 설정하도록 허용했느냐 하는 비판 등이다. 또는 싱가포르 내의 대규모 인도인 정보기술 노동자 집단을 지적하면서 이들이 싱가포르 사람의 직업을 빼앗아갔다는 일부 계층의 분노 표출을 이야기한다. 이런 비판이 타당성이 있는지를 확인하기 위해서는 보다 많은 근거가 있어야 할 것 같다. 그러나 대국적인 견지에서 살펴보면 다음과 같다. FTA의 교섭에는 수많은 복잡한 주고받기가 수반되기에 완벽한 FTA는 어디에도 없다. 핵심은 종합적인 효과가 최종적으로 긍정적인 이득을 가져오느냐 여부일 것이다. 앞서 언급한 연구들에 따르면 이 경우의 답은 그렇다고 할 수 있다.

그렇다면 미래는 어떨까?

현존하는 FTA는 보호주의가 증대되고 규칙에 기반한 무역체제가 약화되는 어려운 환경을 싱가포르가 안전하게 헤쳐 나가도록 도움을 주어야 한다. 지난 2년 동안 무역을 제약하는 여러 수단들이 급증했다. 세계무역기구(WTO)가 2018년 12월에 발표한 보고서에 따르면, 2017년 10월 중순부터 2018년 10월 중순까지의 기간 동안 무역에서 새로운 수입 제한 방식으로 기록된 내용이 일 년 전의 보고서에 기록된 내용보다 무려 7배 이상 증가한 것으로 나타났다. 더 나쁜 것은 2020년 초 시점까지 회원국 간의 분쟁으로 인해 WTO 상소기구의 재판관 임명이 거부되었고 이에 따라 동 상소기구가 정족수를 채울 수 없게 됨으로써 조만간 기능을 멈추게 될 것이라는 점이다. 그물망같이 펼쳐진 싱가포르의 FTA는 이러한 추세에 완충작용을 해줄 수 있다.

그런데 싱가포르는 전통적인 FTA를 넘어서서 새로운 형태의 경제동반자 관계를 창의적으로 발전시켜나갈 필요가 있다. 현 세계 경제의 두 가지큰 흐름은 규모의 경제를 향유하고 있는 국가에 유리하게 작용하기 때문이다. 첫 번째 추세는 신진기예의 새로운 기술이 등장해 대규모 소비자를 가진 경제 내에서 스타트업 기업이 급속하게 네트워크로 연결된 경제로 발전하고 이를 통해 엄청난 경쟁력을 갖는 현상이다. 두 번째 추세는 규모의 경제 및 범위의 경제를 향유하는 국가 내의 경제권 간에 군집화 현상이 나타나는 것이다. 이는 싱가포르를 불리한 입장에 처하게 할 흐름이다. 예를 들어 중국 주강(珠江) 연안의 대만구(大灣區) 지역은 홍콩, 광저우, 센젠과 같은 기존의 활기찬 중심지 및 주변의 배후지를 통합해 인구 약 7천만 명에 연간 경제적 산출이 미화 약 1조 5천억 달러에 이르는 초 경쟁력을 갖는 도시 지역으로 변모할 것이다.

싱가포르가 앞으로 나아가야 할 길은 아마도 바로 인근 배후지와 긴밀한 경제적 통합을 이루는 것이 아닐까 생각한다. 싱가포르 – 조호르 – 리아우 삼각 성장 계획을 부활시키는 방식을 포함해서 말이다.

싱가포르는 또한 유사 입장의 소국들과 맺은 기존의 FTA를 더욱 확대해 더욱 확장적인 경제동반자 관계로 전환시키고 이를 통해 재화, 서비스, 인력, 자본이 더욱 자유롭게 이동할 수 있도록 하는 방식도 고려할 수 있다.

결론적으로 다음 몇 년간 세계 경제는 매우 어려울 것이 분명해 보인다. 이런 맥락에서 싱가포르는 FTA 및 경제동반자관계를 활용해 경제적 공간을 확대하는 전략으로 더 잘 발전할 수 있다.

마누 바스카란(Manu Bhaskaran)은 센트럴 아시아 어드바이저(Central Asia Advisors)사의 최고 경영자이며 정책연구소(Institute of Policy Studies)의 초빙 선임연구원이다.

8

경제개발청: 과감한 꿈, 과감한 행동

멜로디 홍, 탄 수완 스위, 필립 여
(*Melody Hong, Tan Suan Swee and Philip Yeo*)

"필립, 자네는 매우 이상한 것을 나에게 요청하는군, 하지만 이번에는 자네를 믿겠네." 주요 화학회사의 고위 책임자들은 경제개발청(이하 EDB)이 대담하게도 싱가포르 서부 해안 바깥쪽의 7개 섬을 연결해 하나로 만든 섬 위에 함께 공장을 세워달라는 요청에 대해 어리둥절했다.

그와 같은 확신 뒤에는 산업을 잘 알고, 각 회사의 필요를 이해하며, 참여할 사람을 알아보고 그들을 관여시키는 작업을 체계적으로 만들어간 뛰어난 사람들이 있었다. 주롱 섬 석유화학단지는 이후 많은 국가에서 방문했으며 세계 도처에서 여러 방식으로 모방했다.

그런데 이 사업은 단지 7개의 섬을 3천 헥타르 규모의 하나의 섬으로 통합한 후 산업 도서로 개발한다는 아이디어에만 머물렀던 것은 아니었다. 역내에서 치열한 경쟁이 벌어지고 있는 석유 정제 산업을 다변화시켜야 할 급박한 사정이 있었기에 EDB 팀은 세계적 수준의 석유화학산업 중심지를 개발하겠다는 비전을 설정한 것이다. 그래서 한 공장의 산출물이 다른 공장의 원료가 되고, 원유를 정제해 나온 석유화학 원료를 가지고 공업용 플라스틱, 표면활성제, 특수화학제품 등을 만들어 내는 일체화된 석유화학단지를 설립한다는 계획을 만들었다. 일반적으로 각 프로젝트에 투자하는 자본 중 약 20%는 수도, 전기 등 각종 유틸리티와 폐기물 처리를 위한 시설에 소요된다. 이런 것들은 주롱 섬에서처럼 여러 회사가 하나의 중심지에 모여 있을 경우 모든 회사가 공동으로 쓸 수 있는 투자가 된다.

EDB팀은 외주(outsourcing)라는 개념을 처음으로 도입할 기회를 엿보았는데, 제삼자로부터 서비스를 공급받는다는 전혀 시도해보지 못한 방식을 가지고 각 회사를 설득하는 작업은 엄청 힘들었다. 이런 위험한 시도에 관심을 보인 회사는 많지 않았다. 그런데 셈브코 산업(Sembcorp Industries)이 그와 같이 다중사용자 시설을 건설하는 도전에 나섰다.

전대미문의 사업

1993년에 시작된 7개 섬에 대한 간척 사업은 엄청난 사업이었다. EDB에 근무하는 우리는 가능성이 있다고 생각되는 투자자들을 접촉하느라 바빴으며 주롱타운 코퍼레이션(Jurong Town Corporation, 2000년에 JTC로 개명)의 또 다른 일급 팀들로부터 지원을 받았다. JTC는 간척 사업을 관리 감독했을 뿐만 아니라 복잡하게 얽힌 기반시설 네트워크를 건설했다. 그것도 기존 임차인들로 인해 발생하는 여러 제약요소를 우회하면서 말이다. EDB와 JTC팀들은 16개의 정부기관 및 법정위원회를 조정하는 불가피한 임무를 수행해야 했다.

"주롱 섬 사업은 정말로 대단하고 과거에 한 번도 없었던 전대미문의 사업이었습니다. 천연 자원과 토지도 없이 오직 인적 자원과 지도자의 강력한 지원, 그리고 정말로 한번 해보겠다는 용기만으로 중심지를 건설한 겁니다." 당시 JTC의 회장이던 림 네오 치안(Lim Neo Chian)은 이렇게 이야기했다.

돌파구는 1995년에 이루어졌다. 세계 최고의 비닐아세테이트단량체(vinyl acetate monomer: 여러 산업적 고분자 중합체와 합성수지의 원료) 생산 기업인 셀라니즈 화학(Celanese Chemical)이 미화 1억 달러 규모의 공장을 주롱 섬에 건설하는 계약을 체결했다. 이 회사는 새로 설립된 셈바왕 유틸리티 터미널 회사(Sembawang Utilities and Terminal Co.)에 유틸리티와 용역의 외주를 주었다. 이제 셀라니즈 화학은 EDB가 다른 큰 사업가를 유인하는 패가 되었다.

당시 셀라니즈 화학의 싱가포르 사업 총괄책임자였던 알렌 스탠들리(Arlene Standley) 여사는 다음과 같이 회고했다. "EDB는 우리가 정말로 공정한 대접을 받을 것이라는 느낌을 갖도록 똑바로 잘 설명하는 큰일을 했습니다. 이를 통해 서로 간의 신뢰가 쌓였으며 신뢰는 믿음으로 발전했습니다."

1997년의 아시아 금융위기도 주롱 섬의 성장을 둔화시키지 못했다. 주변 지역은 경기후퇴 국면에 휩싸여 있었지만 매달 새로운 공장이 문을 열거나 기공식을 진행했다. 공식 개장식이 있었던 2000년에는 60개의 회사가 섬 내에 자리 잡았고 200억 싱가포르 달러 이상의 투자가 이루어졌다.

당시 EDB의 회장이던 필립 여(Philip Yeo) 씨는 어떻게 이런 일을 달성했느냐는 질문에 대해 다음과 같이 답변했다. "우리는 앉으나 서나 기획해 나갔습니다. 그것은 행군하는 특공대가 하는 계획이었습니다. 틈새가 발견되면 그때그때 이를 메우면서 진행해 나갔습니다." 당시 부총리이던 리셴룽은 이를 "국가적 기업의 표상"이라고 언급했다. 중국의 주룽지 총리는 1999년 주롱 섬을 방문하고 크게 감명받아 유사한 프로젝트를 중국에도 하나 만들어 줄 것을 EDB에게 요청했다.

조그만 섬을 병합한 3천 헥
의 주롱 섬 매립간척사업이
년 완공되었다. ⓒ 경제개발청

집속화를 통한 이익 극대화

주룽 섬은 또 다른 새로움을 경험한다. 주요 화학제품 생산 기업인 바스프(BASF)와 나일론의 핵심 성분인 아디포나이트릴(adiponitrile) 공장 건설을 논의하는 과정에서 EDB는 원료로 천연 가스가 필요하다는 사실을 알게 되었다. 그런데 하루 3천만 입방 피트 규모의 수요는 너무나 작아 상업적인 채산성이 맞지 않았다. 또 다른 주요 화학회사인 뒤퐁(Du Pont)은 당시 미국의 에너지회사 코노코(Conoco)를 소유하고 있었는데, EDB는 뒤퐁을 통해 코노코사가 싱가포르에서 480Km 떨어진 인도네시아 앞바다의 서부 나투나분지(West Natuna Basin)에서 천연가스전을 개발한다는 정보를 들었다. 아울러 EDB는 천연가스 개발이 중유 기반 전력 생산방식을 보다 효율적인 천연가스 발전방식으로 전환시킴으로써 역내 발전 산업을 와해시킬 수도 있다고 판단했다.

일부 사람들은 인도네시아가 동의하지 않을 것이라고 이야기했다. 1998년 하비비(Habibie)가 막 대통령이 된 시점이었다. 리콴유 선임 장관은 하비비가 대통령이 되면 인도네시아 통화인 루피아 화의 가치가 떨어질 것이라 했고 이에 대해 하비비는 매우 분개했다. 하비비 대통령이 싱가포르를 조그만 붉은 점 하나(red dot)라고 언급했던 때이다. 그런데 사람들은 하비비 대통령과 필립 여가 오랜 친구라는 것을 알지 못했다.

"하비비 대통령님, 제가 방문해도 될까요?"라고 필립 여가 물어보자, 하비비는 "그래, 그런데 왜 오려고 하지?"라고 답했다. "대통령님께 일자리를 하나 만들어달라고 부탁드리려구요." "하하, 알았어, 알았어, 와서 보자고." 필립 여는 자카르타에 도착해 서부 나투나 천연가스 전에 대해 설명했다. 면담에 참석했던 젊은 우리 직원은 신경이 아주 날카로워졌다. 그녀는 이 중요한 면담 결과가 어떻게 나올지 알 수 없었다. 하비비 대통령은 필립 여에게 "이것이 분명 당신이 하겠다는 사업인가?"하고 물었다. 하비비 대통령은 이후 기자 회견을 열어 모든 사람들에게 "이 사람이 필립인데, 내 동생 같은 사람입니다. 그가 무엇을 원하든, 무엇을 하든 나는 그를 지지합니다."라고 언급했다.

2015년 4월 촬영된 부오나 비스타 소재 바이오폴리스 복합단지. 2003년에 개관한 세계적 수준의 생명의학 연구 허브이다. © 싱가포르 프레스 홀딩스

1999년 1월, 싱가포르와 인도네시아는 22년 기간의 계약을 체결했다. 싱가포르는 매일 3억 2천 5백만 입방 피트 규모의 천연가스를 640Km에 걸쳐 설치된 파이프라인을 통해 수입할 수 있게 되었다.

주롱 섬에 대한 이야기가 유일한 사례는 아니다. 생의학 허브인 바이오폴리스(Biopolis), 조만간 개관할 선진 제조업 허브인 주롱 혁신지구(Jurong Innovation District), 그리고 아시아에서 싱가포르가 운영하는 수많은 공업단지 건설 사례들도 있다.

이들은 EDB가 외부의 대규모 경제, 훈련, 연구개발로부터 최대한의 이익을 얻기 위해 어떻게 산업단지를 개발했는가의 예시적 사례가 된다. 목적은 일자리를 만들어내고, 그 과정에서 현지 조달 비율을 최대화하며, 임금을 올릴 수 있는 큰 기회를 만들고, 기업가들이 번창할 가능성을 높이는 것이다.

EDB를 창설했던 당시의 국방장관 고켕스위는 1972년 다음과 같이 이야기했다. "나는 함께 일관성을 갖고 유지될 산업을 우리가 일으켜 세울 수 없다면 과연 어떤 일이 벌어질까 하는 생각을 해봄으로써 내 입장을 분명히 하고자 합니다. 아마도 우리는 여기에 석유화학 공장, 저기에 시계 공장, 다른 곳에 컴퓨터 공장을 세울 수 있습니다. 이들 각 공장은 다국적 기업의 본부 및 해외시장과 연결되어 있으며 그 발전과 진보를 해외의 연구 활동에 의존합니다. 이것은 우리가 직면하고 있는 위험성이기에 우리는 선택적으로만 고무하는 정책을 통해 가능한 한 이를 피해야 합니다."

영속적인 동반자 관계를 만들어 가기

EDB가 여러 회사들과 관계를 맺을 때의 특징은 의미 있는 장기적 동반자 관계 수립을 강조하는 점이다. 이런 동반자 관계는 일자리 및 투자와 관련된 단순한 숫자를 넘어 싱가포르에 대한 가치를 높여주었다.

지금은 글락소스미스클라인(GSK)이 된 글락소 웰컴(Glaxo Wellcome) 사는 1980년에 싱가포르에 첫 제조공장을 세워 현재 수십억 달러의 약품이 된 잔탁(Zantac)의 유효성분을 생산했다. 잔탁의 성공은 글락소를 세계에서 가장 큰 의약품회사 중의 하나로 끌어 올렸다.

글락소의 회장인 폴 지롤라미(Paul Girolami) 경은 회사 성공의 한 요인으로 제조 시설을 싱가포르에 세운 것을 꼽았다. 그는 감사의 표시로 EDB에게 글락소가 싱가포르에 대한 보답으로 무엇을 해주어야 할지를 물었다.

이것이 1990년에 설립된 5천만 달러 규모의 Glaxo-EDB 장학금의 기원이 되었다. 이 장학금은 300여 명의 뛰어난 싱가포르 학생들이 세계 유수의 대학에서 학업을 전개할 수 있도록 도와주었다.

글락소는 싱가포르에 생명공학 산업의 씨를 뿌리는 데에도 중요한 역할을 했다. 분자세포생명연구소(Institute of Molecular and Cell Biology)를 통해 최초의 뛰어난 산학연구개발협력을 한 사례로부터 자연산물 연구소(Center for Natural Product Research)를 설립했고 추후 동 연구소가 싱가포르 최초의 생명공학 회사인 멀라이언 제약사(MerLion Pharmaceutical)로 분사된 것까지 포함한다. 멀라이언 제약사는 2015년 미국 식품의약품관리국(FDA)으로부터 신약을 승인받은 최초의 국내 기업이 되었다.

보통의 시작점은 EDB의 직원과 회사 간부가 유지하고 있는 탄탄한 개인적인 관계에서 비롯된다. 많은 EDB 직원들은 고객의 수요를 맞춰주기 위해 남들보다 한층 더 노력했던 자신들만의 일화들을 간직하고 있다. 유명한 사례 중 하나는 어떻게 EDB 내 에너지 화학부서 팀원들이 다수의 정부 기관을 접촉해 세계적 에너지회사인 엑슨모빌사가 기존의 접촉분해공장 옆에 제2의 공장을 세울 수 있도록 주롱 섬 고속도로를 옮겨주었는지에 대한 이야기이다. 만일 싱가포르에 산이 있다면 EDB는 틀림없이 그것을 옮기려는 시도도 할 것이다.

아시아에는 다수의 산업이 성장하는 시장이 있어 매우 큰 기회가 있다. 그렇지만 오늘날은 국제적 공급 사슬이 무너지고 디지털 혁신이 불러일으키는 변화에 따라 불확실성이 높아진 시대인 것도 사실이다.

그러나 EDB의 약속과 도전은 똑같이 남아있다. 우리가 주장하며 제시할 수 있는 근거는 EDB가 투자를 귀중히 여겨왔고, 앞으로도 귀중히 여길 것이며, 그 투자가 많은 이득을 남겨서 고객들이 지금까지 해오던 투자 중 최고의 투자가 되도록 하겠다는 것이다.

그래서 만일 "누가 불경기에 싱가포르에 투자할 만큼 미쳤느냐?"라고 질문한다면, 1986년 월스트리트 저널에 실렸던 성과를 다시 듣게 될 것이다. 그것은 애플, 시게이트(Seagate), 유나이티드테크놀로지(United Technology)를 포함한 세계적인 다국적 기업의 아홉 명에 이르는 최고경영자들이 서명했던 EDB의 광고인데 "우리가", "우리 역시", "그래서 우리도"라는 답변이었다.

멜로디 홍(Melody Hong)은 총리실 내 전략그룹의 경제담당 팀장(2015~19)을 지낸 이후, 현재는 EDB의 전략 계획 팀장으로 일하고 있다. 그녀는 EDB의 생명의학 부문에서 2006년부터 업무를 시작했다.

탄 수완 스위(Tan Suan Swee)는 1992년 EDB에 재입사해 주롱 섬 프로젝트를 맡았으며 에너지/화학 부문과 생명의학 부문을 함께 관장하는 부 총괄경영인으로 일했다. 그에 앞서 1982년부터 1987년까지 EDB에서 일했으며, 2003년 이후부터 테마섹 인터내셔널(Temasek International)의 총괄경영인으로 일하고 있다.

필립 여(Philip Yeo)는 EDB의 회장(1986년 1월~2001년 1월)과 EDB의 생명의학부문 공동회장(2001년 2월~2006년 3월)을 역임했다. 과학기술연구소(A*Star)의 회장(2001년 2월~2007년 3월)과 표준·생산·혁신위원회인 스프링 싱가포르(Spring Singapore)의 회장(2007년 4월~2018년 3월)도 역임했다. 현재는 민간투자개발회사인 싱가포르 경제발전혁신(Economic Development Innovation Singapore)사와 국제적 엔지니어링 회사인 아쿠론 테크놀로지(Accuron Technology)의 회장이다.

9

노사정 삼자주의와 싱가포르 산업평화에의 기여

메리 류(*Mary Liew*)

노동 문제에 있어 싱가포르의 독특한 노사정 삼자주의는 그 연원이 낮은 실업률과 산업적 불안 그리고 비참한 노동 조건으로 특징되던 1960년대로 거슬러 올라간다. 기업인과 노동자 모두가 어려움을 겪었고 국가 역시 힘겹게 몸부림치던 시절이었다.

1967년 영국은 싱가포르에 주둔하던 병력을 철수시키겠다고 발표했는데 이는 싱가포르의 국방과 경제 모두에 심각한 어려움을 안겼다. 그 당시 거의 10개 가정 중 1개 가정은 영국 주둔군에 생계를 의지했다. 약 2만 1천 개의 일자리가 여기에 매달려 있었기에 노동자들은 불확실성 속으로 내팽개쳐졌다.

일 년 후, 영국군 철수로 인한 경제적 악영향에 대비하고자 고용법 (Employment Act)과 노사관계수정법{Industrial Relations(Amendment) Act}을 통과시켜 모든 노동자들의 고용 조건을 표준화하고 또 규제했으며, 노동자들에 대한 고용주의 경영권에 대해서도 분명하게 규정했다. 이로 인해 노조의 중요성이 하락하는 조짐을 보이면서 회원 수가 감소하게 된다.

이런 배경 하에 전국노동조합총협의회(National Trade Union Congress: 이하 NTUC)는 1969년 11월 16일부터 19일까지 나흘간 "노동운동의 현대화"를 주제로 한 노동조합 세미나를 개최했다. 회의의 목적은 분명했다. 노동운동도 현대화되어야 한다는 것이었다.

회의장에서 라자라트남(S. Rajaratnam) 당시 외교부 장관 겸 노동부 장관은 다음과 같이 연설했다. "희생과 불편 없이 싱가포르를 현대화하고 급속히 경제를 발전시키기 위해서는 정부, 고용주, 노동자가 공동의 노력으로 함께 일해야만 한다고 생각합니다. 이는 삼자가 현대화와 경제발전을 자신들의 공동의 목표이자 최우선적인 고려사항으로 삼아야만 한다는 겁니다."

1969년 11월, 전국노동조합총협의회(NTUC)는 쉔튼웨이에 있는 싱가포르 컨퍼런스 홀에서 "노동운동의 현대화"에 대한 획기적인 노조 세미나를 개최했다. 노조 지도자들은 대립적인 방식으로부터 협력적인 자세로 변화하고, 정부 및 사용자와 함께 싱가포르의 사회/경제적인 발전을 위한 공동 추진자로 일해 나갈 것임을 약속했다. ⓒ NTUC

흔히 노동 운동의 역사와 싱가포르의 역사에서 매우 중요한 순간으로 언급되는 것은 바로 이때 노조가 이런 호소를 지지한 것이다. 노조원들은 자신들도 싱가포르 경제 발전에 긍정적인 역할을 수행할 수 있다는 인식을 갖고 피켓과 평화를 맞바꾸면서 고용주 및 정부에 대해 대립이 아닌 협력을 해나가기로 결심했다.

그 결과, 1969년 NTUC 현대화 세미나의 첫 번째 권고와 결의는 싱가포르의 생존과 지속적인 경제 발전 및 현대화를 위해 노동 운동이 "정부 및 경영자와 공동으로 모든 책임을 진다는 것을 수용한다"는 것이었다.

이로써 싱가포르의 노사관계에 있어 노사정 삼자주의의 핵심적인 원칙, 즉 노조, 고용주, 정부는 보다 나은 내일을 위해 유사한 비전을 공유한 동등한 동반자라는 원칙이 탄생되었고 삼자주의에 대한 노동계의 약속을 공고화했으며, 그래서 오늘날까지도 협력이 잘 이어지게 된다.

수년간에 걸친 삼자주의의 성과

오늘날 많은 국가가 노동시장의 불안정성에 대해 맞서 싸우지만 이곳 싱가포르에서는 NTUC와 인력부(Ministry of Manpower) 및 싱가포르 전국경영자총협회(Singapore National Employers Federation)가 삼자주의의 정신을 유지하고 증진시키는 핵심 역할을 수행하고 있다. 삼자는 싱가포르라는 전체가 혜택을 받아야 한다는 공통의 목표를 잊지 않으면서 각자 자신이 소속한 집단의 이익을 위해 협상한다.

이런 접근법이 있었기에 싱가포르는 급성장하던 경제가 처음으로 경기 후퇴 국면을 맞이한 1985년도의 위기를 잘 넘길 수 있었다. 노조 지도자들은 부당하다고 외치는 대신 경쟁력을 유지하는 것이 중요함을 인식했으며, 2년간 임금을 제약하고 중앙적립기금 중 고용주의 기여분을 15% 삭감하자는 정부측 제안을 받아들였다. 대신, 노조 지도자들은 "고용주의 실적이 좋아지면 손실을 보충해주겠다는 약속"을 원했다. 2년 내에 싱가포르의 경기는 회복되었다.

싱가포르의 삼자주의 모델은 1997년 아시아 경제위기 당시에 싱가포르의 경제가 급격히 악화되자 다시 한 번 시험대에 올랐다. NTUC, 고용주, 정부의 삼자는 경기 후퇴 국면에 대처하기 위해 긴밀히 협력했다. 임금은 동결되고, 중앙적립기금 기여금은 삭감되었으며, 정부는 기술 향상을 위해 1억 달러의 예산을 편성했다. 이런 집합적인 노력이 있었기에 싱가포르의 경제는 1년 내에 회복될 수 있었다.

2008~09년의 세계 금융위기가 싱가포르를 최초로 강타하자 노동자들은 직장을 잃을까봐 두려워했고, 기업인들은 살아남을 수 있을지 걱정했으며, 정부는 높은 실업률과 대규모 감원, 그리고 그것이 가져올 악영향에 대해 우려했다. 삼자주의 정신은 다시 한번 뚜렷한 안도감을 주었다. 삼자는 일자리를 살리기 위해 사측이 비용을 줄일 수 있는 여러 방안을 함께 내놓았다. 고용주가 노동자의 고용을 계속 유지하면서 대신 훈련을 시킬 수 있도록 정부는 많은 보조금을 통해 훈련을 지원했다. 반면, 노조는 노동자들

이 비용 삭감 조치를 수용하고, 사측과 긴밀히 협력해 감원 대신 다른 대안을 모색하도록 적극 독려했다. 그 결과 NTUC와 산하 노동조합에 대해 군건한 믿음을 갖고 있던 노동자들은 사측과 손에 손을 맞잡고 협력하면서 어려운 시기를 극복할 수 있었다.

1989년 10월 "노동운동의 미래"를 주제로 한 NTUC의 워크숍에서 리콴유 총리는 다음과 같이 강조했다. "삼자주의를 당연한 것으로 여기면 안 됩니다. 이 관계는 길러지고, 개발되며, 유지되어야 합니다. 노사 양측 모두는 이 관계가 가져올 혜택을 눈으로 볼 수 있고 이해할 수 있어야 합니다."

수년간에 걸쳐 싱가포르의 삼자주의 모델은 기업하기 좋은 안정적이고 조화로운 환경을 조성하고 국민들에게는 좋은 일자리를 만들어 줌으로써 국가에 경제적 성공을 가져왔을 뿐만 아니라 사회적 진보도 이룩했다. 강력한 동반자 의식과 상호 신뢰 및 협력에 기반한 이 삼자주의 모델은 각 참여자들이 국가적 사안과 정책을 논의하기 위해 간여하는 여러 정책과 대화에서도 계속 분명하게 작동할 것이다.

오늘날의 삼자주의

오늘날에도 삼자주의는 싱가포르가 경쟁 우위를 갖게 하는 핵심적인 요소이며 기업인과 노동자 모두에게 요긴한 혜택을 주고 있다. 투자자들이 투자와 좋은 일자리를 들여오도록 안정적이고 긍정적인 환경을 조성했으며 그 결과 싱가포르의 경쟁력을 높이고 기업과 노동자에게 좋은 결과를 가져왔다. 삼자주의는 경제와 노동자 모두에게 도움이 되는 정책 및 계획을 통해 싱가포르가 전반적으로 진보해 나가는 데에도 기여했다. 그것이 경제 성장과 궤를 함께하는 지속가능한 임금 가이드라인을 만들어내기 위해 1972년 설립된 국가임금위원회(National Wages Council)와 같이 삼자주의 방식을 통해서든, 아니면 공정하고 진보적인 고용 관행, 고령근로자의 재고용, 훈련과 기능향상 등을 보살피기 위해 설립된 위원회를 통해서건 말이다. 삼자주의를 통해 싱가포르는 노동자들의 포부나 근심에 대해 계속되는 소통 또는 사회적 대화의 틀을 만들었는데 이것은 결국 국가의 생명선이라고 할 수 있다. 매년 5월 1일 노조 지도자, 고용주, 정부는 삼자주의의 정신으로 함께 모여 싱가포르 노동자들의 삶의 질을 높이겠다는 약속을 재확인한다.

삼자주의가 싱가포르에만 있는 것은 아니지만 싱가포르 유형의 삼자주의는 독특한 것이다. 노조원과 노동자들은 고용주 및 정부와 한 팀이 되어 모두에게 득이 되는 결과를 얻기 위해 함께 노력한다. 독립 이래 힘들게 공들여서 길러온 이런 믿음이 여러 세대에 걸친 노·사·정 지도자들로 하여금 함께 일하고, 상대방이 직면한 어려움을 이해하며, 경제를 성장·발전시키겠다는 공동의 목표를 공유하도록 해주었다.

2015년 5월, NTUC의 기관지인 NTUC투데이(NTUC Today)와의 인터뷰에서 국제노동기구(ILO)의 기 라이더(Guy Ryder) 사무총장은 다음과 같은 관전평을 이야기했다. "아시아에서뿐만 아니라 다른 지역에서도 싱가포르는 훌륭한 본보기로 존중받고 있으며, 여러 나라가 당신들의 성공적인 발전, 특히 사회적 대화 모델과 사회적 보호 체제에 관한 교훈에 대해 배우기를 희망합니다."

리센룽 총리는 2011년 NTUC 전국대표자 대회에서의 연설을 통해 다음과 같이 이를 재확인했다. "그것이 정부와 노조 간이든, 노조와 고용주 간이든 또는 고용주와 정부 간이든 우리는 동일한 음악 악보를 연주해야 합니다. 우리는 틀림없이 삼각형의 세 변 모두를 튼튼히 해서 싱가포르를 위한 튼튼한 기초를 만들어야 합니다." 격동의 시기에 형성된 독특한 유형의 삼자주의라는 튼튼한 기반은 싱가포르가 제3세계에서 제1세계로 변모하는 것을 가능하게 해주었다. 어떤 사람들은 이를 "싱가포르의 기적"이라고도 칭하지만, 알버트 빈세미우스(Albert Winsemius) 박사는 이에 대해 누구보다 잘 알고 있다. 1961년부터 1984년까지 싱가포르의 경제고문으로 일했던 이 네덜란드 출신 경제학자는 1984년에 싱가포르의 기적 같은 것은 없었다고 말했다. 그 대신 "한마디로 단호한 정책"이 싱가포르를 이끌어나간 것이라고 설명했다. 싱가포르 성공의 중심에는 진정으로 삼자주의가 정책 형성의 밑바탕에 있었으며 앞으로도 계속 그럴 것이 틀림없다. 리센룽 총리는 2018년 노동절 집회에서 이 점을 분명히 했다. "삼자주의는 싱가포르의 생존과 성공을 위한 핵심입니다. 우리에게 비밀 요소가 있다면 그것은 바로 삼자주의입니다."

독특한 특성의 싱가포르식 삼자주의는 오랜 세월에 걸친 각고의 노력과 사회적 대화를 바탕으로 세워졌다. 이 비밀 요소는 국가의 생존에 매우 중요했으며 앞으로도 계속 그러할 것이다. 성공이라고 하는 것은 만일 주의를 기울이지 않으면 하루 저녁에도 쉽게 무너져 내릴 수 있는 것이므로 우리는 절대 이를 당연하게 생각해서는 안 된다. 삼자주의는 우리가 보호해야 할 귀중한 유산일 뿐만 아니라 앞을 내다보면서 우리의 노동자, 기업인, 그리고 국가를 위해 의식적으로 계속 선택해야 할 대상이다.

2019년 5월, NTUC가 주최한 노동절 집회에 노조 지도자들과 노사정 파트너들이 함께 모여 노동자들의 삶을 고양하기 위한 집단적 공약을 재확인하고 있다. © NTUC

전직 국회의원인 메리 류(Mary Liew)는 2015년 이래 NTUC의 의장으로 재직해왔다. 그녀는 1999년 여성 최초의 싱가포르 해운노조 사무국장으로 임명되었으며, 2013년 서기장으로 선출되었다. 또한 남아시아 출신 여성으로서는 최초로 국제운수노조연합회(International Transport Worker's Federation)의 아태지역을 대표하는 집행위원으로 선출되었고, 2018년 10월에는 부회장으로 재선되었다. 그녀는 2012년 이래 제네바의 국제노동기구(ILO) 집행이사회에 싱가포르 대표로 일해 왔다.

10

국가임금위원회(National Wages Council): 싱가포르의 독특한 제도

림 총 야(*Lim Chong Yah*)

국가임금위원회는 싱가포르에서만 찾아볼 수 있는 독특한 임금협상 기관이다. 그렇기에 다른 곳에서는 이를 쉽게 잘 이해하지 못한다. 1972년 2월 국가임금위원회를 설립할 때에는 참고해야 할 모델이 없었다. 이 주제에 대한 책자나 신문기사 같은 것도 없었기에 말 그대로 어두움 속에서 발전시켜야 했다. 그래서 무엇을 해야 하고, 어떻게 해야 하는지를 찾고, 이에 대한 정당성을 부여하고 설명하는 일을 스스로 해결해야 했다.

새로운 조직은 그 본질이 노사정 삼자주의에 있었으며 NTUC, 정부, 경영자단체의 최고위급 대표로 구성되었다. 노조의 대표는 NTUC의 의장과 사무총장 및 고위 지도자로 구성되었다. 정부 측의 대표는 인력부, 재무부, 통상산업부의 각 사무차관과 EDB의 회장 및 전 공무원조직의 수장(Head of the Civil Service)으로 구성되었다. 경영자 측은 국내 4대 상공회의소 조직의 회장과 미국, 독일, 일본의 다국적 기업이 각각 두 명씩 보내는 대표로 구성되었다. 나는 동 위원회의 초대 회장으로 29년간(1972~2001)을 봉직하는 영광을 누렸는데 그것은 일종의 명예직이었다.

국가 임금 가이드라인

우리의 첫 번째 목표는 전국적인 연간 임금 인상 가이드라인을 만드는 것이었다. 처음 몇 가지의 지침들은 우리가 임명된 지 두세 달 만에 성공적으로 작성되었다. 가이드라인에 대한 호응도는 매우 높았는데 그 이유 중 하나는 내각으로부터 공개적인 지지를 받았기 때문이다. 가이드라인 자체의 타당성은 일반인들이 이를 수용하도록 하는 데에 도움을 주었다.

그런데 임금 인상 가이드라인 체제는 왜 사용되었을까? 가이드라인은 이행 시에 상당한 유연성을 제공해 주었다. 강제적인 계획은 쉽사리 많은 범법자들을 만들게 된다. 아울러 기업 차원에서는 임금 협상의 범위라는 것 자체가 있을 수 없었다.

가이드라인이 협상과정에서 기업들에게 논란의 소지가 되고 지침 자체를 거추장스럽게 만들지는 않았을까? 그런데 대부분의 경우 그렇지 않은 결과를 보여 주었다. 우리가 수용한 새로운 체제는 임금 인상의 규모나 여타 사안에 대해 심각한 의견 불일치가 있게 되면 어느 당사자든 인력부 내 공무원 상담역들에게 조정을 요구할 수 있는 권리를 부여했다. 이 상담역들은 조정하는 과정에서 국가임금위원회의 임금인상 가이드라인을 잘 알고 있었다.

비록 거의 드문 예시이지만, 만일 조정이 실패하게 되면 어느 당사자든 고등법원 판사에게 강제 중재를 요구할 수 있다. 이때 양 당사자는 법원의 심판을 준수해야 할 법적 의무를 갖는다. 이런 절차는 노사정 대표 전원이 만장일치로 합의해 국가임금위원회가 발전시킨 것이며 내각이 이를 최종 승인한 것이다.

1950년대와 1960년대, 특히 싱가포르가 1965년 8월 8일 독립하기 직전의 시점에는, 파업과 직장폐쇄가 매우 빈번했다. 국가임금위원회가 구성된 이후 이런 경우가 매우 드물어졌다. 국가임금위원회는 싱가포르의 노사관계 분위기를 서로 대립하는 것으로부터 협력하고 동반하는 관계로 변화시켰다. 이것이 국가임금위원회가 이룩한 커다란 성공사례이다.

예상하지 못한 위기

1973년과 1974년에 세계의 많은 시장 경제 국가들은 높은 물가상승률을 경험하게 된다. 이는 비용이 촉발시킨 인플레이션이었다. 세계적으로 연료가격과 식량가격이 급등했고 이는 다른 물가를 계속 끌어 올렸다. 싱가포르에서는 1973년 후반기부터 1974년 전반기에 이르는 몇 달 동안 소비자 물가지수(CPI)가 매달 20~30%씩 상승했다. 임금 자체가 급등하는 생활물가를 따라가지 못하게 되자 세계 도처의 산업 현장에서는 대규모의 파업이 벌어졌다.

싱가포르도 불안한 가운데 수입물가가 촉발한 인플레이션을 바라보아야 했다. 당시 전혀 시위가 발생할 것으로 예상되지 않던 서독과 홍콩에서 대규모 시위가 시작되었을 때 싱가포르 역시 노동자들이 똑같이 무력감을 표출할 가능성에 대비해야 했다.

국가임금위원회는 설립된 지 2년 밖에 안 된 신설 기관이었고, 1972년 초와 1973년 초에 각각 한 번씩 임금 인상 가이드라인을 발표한 경험만을 가지고 있었다. 리콴유 총리가 이끌던 정부는 국가임금위원회에 폭풍전야의 국가적 위기를 타개할 대책 마련을 요청했다. 나를 포함한 위원회는 특별 비상대책회의를 개최해 임금을 40달러＋6% 정도 인상하되, 상당 부분을 노사 양측이 중앙적립기금에 기부금을 증액하는 형식으로 추진할 것을 건의했다. 위원회의 처방은 놀라운 결과를 보여주었고 국가임금위원회 및 정부에 대한 일반인들의 신뢰를 강화해 주었다.

1975년 시점에서는 인플레이션이 더 이상 문제가 되지 않았다. 싱가포르 사회는 안정되었고 경제는 낮은 물가상승률과 높은 취업률을 유지하며 강한 경쟁력을 갖게 되었다. 이는 국가임금위원회가 이루어 낸 또 하나의 성과였다.

몇 가지의 추가적인 위기

1973~74년의 초인플레이션 위기가 지난 이후 싱가포르 경제는 연간 8%의 고속 실질 성장을 이루는 상태로 되돌아 왔다. 그러다 1985년에는 마이너스 경제 성장률을 기록한다. 이는 바로 이웃 국가인 말레이시아와 인도네시아의 심각한 마이너스 성장률과 맥을 함께 하는 것이었다. 당시 이들 국가의 주 수출품이던 화석 연료, 고무, 팜 오일, 주석 등의 가격이 급락했다. 싱가포르는 이 모든 산품들에 대해 큰 이해관계를 갖고 있었다. 석유만 하더라도 싱가포르는 수입함과 동시에 수출도 했다. 아울러 당시 싱가포르의 환율은 너무나 강했다.

다행히 싱가포르 정부는 높았던 법인세 및 개인 소득세와 같은 직접세를 상당 수준 삭감할 수 있었다. 기업 측이 부담하는 다른 종류의 세금도 줄일 기회가 있었는데 월급의 4% 정도를 부과하던 기술 개발 추가부담금을 1% 수준으로 삭감하고, 월급에 대한 2% 세금도 없앴다. 노사 모두에게 매우 높았던 중앙적립기금에 대한 기여금 비율도 낮췄다.

그런데 국가임금위원회는 강력한 임금 억제 건의를 통해 생산비용을 감소시킴으로써 정부가 추진하는 여러 정책을 지원하는 역할을 했다. 그렇게 함으로써 위원회는 필요가 있게 되면 반드시 그렇게 할 것이라고 사측에 반복해 약속한 사항들을 지킬 수 있었다.

산업 전반에 걸친 강력한 임금 동결 정책은 싱가포르 내의 상이한 수준 및 집단으로부터 잘 수용되었다. 노조는 자신들이 약속했던 대로 임금 동결을 전폭적으로 지지했다. 노조는 임금 동결이 싱가포르 경제의 수출 경쟁력을 높이고 실업을 방지할 것이라는 위원회의 설명을 지지했다. 충분히 진실성 있는 임금 통제 정책은 멋지게 작동했다. 실질 경제성장률은 1987년에 아주 긍정적인 지표를 보여주었고 그 이후에도 계속 그렇게 나타났다.

1985년의 위기 이후 예상하지 못했던 위기가 1998년에 다시 나타났다. 1997년 태국 바트화의 투매와 평가 절하가 발생했다. 바트화 환율의 위기는 인접 말레이시아와 인도네시아를 거쳐 싱가포르로도 확산되었다. 말레이시아는 자본 통제로 맞섰다. 인도네시아는 국제통화기금에 도움을 요청했지만 성과가 없었으며 결국 최종적으로 강력했던 수하르토 정권이 전복되었다.

싱가포르는 국가임금위원회가 건의한 대로 또 한 번의 전반적인 임금 삭감을(임금의 약 20%를 삭감) 실시했는데 이는 아주 큰 효과를 나타냈다. 일 년 만인 1999년 싱가포르는 완전한 경제 회복을 달성했다. 국가임금위원회는 상기 3가지의 위기를 성공적으로 처리한 것을 정말로 특기할 만한 사건으로 생각한다.

2009년 외부에서 비롯된 또 다른 위기가 싱가포르에 닥쳐왔다. 예상하지 못한 세계적인 경기 후퇴는 2008년 미국에서 시작된 비우량(서브프라임) 담보 대출의 위기에서 촉발되었다. 이때쯤에는 싱가포르 정부도 상쇄조치에 일부 활용할 수 있을 만큼의 충분한 재정보유고를 확보하고 있었다. 당시의 재무 장관은 타만 샨무가라트남(Tharman Shanmugaratnam)이었다. 상쇄 조치들은 매우 큰 효과를 보이며 경기후퇴 국면을 호황국면으로 전환시켰다. 오늘날의 싱가포르는 2008~09년 당시보다 훨씬 큰 규모의 재정보유고를 유지하고 있다. 그러면 싱가포르는 더 이상 외부에서 발생된 위기를 포함한 경제 위기를 다루는 데 있어 국가임금위원회를 필요로 하지 않는다는 이야기인가? 물론 각국 정부가 취하는 케인즈적인 상쇄조치는 국가임금위원회가 국제적인 관례와 달리 채택해 왔던 임금 조정 정책보다는 덜 고통스럽고 보다 통상적인 정책인 것은 사실이다.

경제 구조의 재조정

국가임금위원회에 대한 이야기로는 1979년부터 1981년까지의 3년 동안 경제의 구조조정 임무를 수행했던 내용을 뺄 수 없다. 목적은 당시 고도로 노동집약적이고 적은 부가가치를 생산했던 경제를 좀 더 지식집약적이고 기술에 기반한 경제로 변환시키는 것이었다. 경제를 한 차원 더 발전시키는 작업의 기초는 이 3년의 기간 동안 이루어져야 했다.

국가임금위원회는 이 3년 동안 저임금 노동자의 임금을 매년 20%씩 인상하는 방안을 지지했다. 위원회의 건의를 바탕으로 정부는 기술발전기금(Skills Development Fund)을 설립해 동 이행과정을 촉진했고, 노동자들을 새로운 경제에 적응시키기 위해 훈련과 재훈련에 지출할 엄청난 보조금을 만들었다. 기금은 전반적인 임금 인상의 일환으로 기업 측에서 자금을 조달했다.

당시의 고촉통 통상산업부 장관은 나를 동 기금을 자문하는 위원회의 의장에 임명했다. 나는 이 명예직을 수락할 수밖에 없었는데 그 이유는 구조조정을 위해 동 기금을 설립하자는 아이디어가 바로 나에게서 나왔기 때문이다.

나로서는 이 구조조정의 시기가 싱가포르에 있어 가장 도전적인 시기 중 하나였고 또한 매우 성공적인 시기였다고 생각한다. 경제의 성공적인 변혁을 위한 전제조건들이 바로 거기 있었던 것이다.

미완성의 임무

내가 국가임금위원회에서 해보고 싶었던 것 중의 하나는 국가적인 최저 임금을 설정하는 것이었다. 나로서는 최저 임금제도가 어느 때든 도입되어야 하지만 적절한 시점에 적절한 임금 수준으로 결정되어야 한다고 보았다.

대부분의 기간 동안, 국가임금위원회는 싱가포르의 경쟁력을 높이는 것뿐만 아니라 소득 배분이 공정하게 이루어지도록 하는 것에 초점을 맞추었다. 정부가 지난 10여 년 동안 재정적인 틀을 잘 활용해 형편이 훨씬 나은 사람들로부터 소득 보조가 필요한 사람들에게 많은 돈을 이전시켜 온 것은 칭찬받을 만하다. 나는 소득 분배문제는 기본적으로 국가임금위원회의 틀 내에서 소득 수준에 맞추어 다루어야 한다고 생각한다. 동 위원회가 설립된 후, 첫 30년간 그렇게 해왔던 것처럼 말이다. 그러나 항상 신중함이라는 것이 가장 중요한 지도원리가 되어야 하는 것도 사실이다. 무엇보다도 국제적인 경쟁력과 완전 고용의 유지가 국가 정책의 기본 목표가 되어야 할 것이다.

싱가포르의 노사정 삼자주의에 세 번의 박수를 보낸다. 전진하라 싱가포르여(마주라 싱가푸라)!

림 총 야(Lim Chong Yah) 교수는 싱가포르국립대 및 난양공과대학의 명예 경제학 교수로 재직하고 있다. 그는 1972년부터 1982년까지 국가임금위원회의 의장직과 1979년부터 1982년까지 기술발전기금의 자문위원장직을 맡았다. 그는 싱가포르 경제협회(Economic Society of Singapore)의 회장과 자신이 설립한 아세안 경제연합(Federation of ASEAN Economic Association)의 회장도 역임했다. 동 교수는 66권의 저서 및 공동저서를 발간했고 주요 학술 저널에 87건의 경제 논문도 기고했다.

II. 사회적인 성취

11

부패와의 전쟁

존 에스 콰(*Jon S. Quah*)

1995년 싱가포르는 국제투명성기구(Trnasparency International)가 41개국에 대해 최초로 조사한 부패인식지수(Corruption Perception Index) 부문에서 뉴질랜드, 덴마크에 이어 3위를 기록했다. 그 이후 23년간 싱가포르는 가장 부패가 적은 아시아 국가라는 지위를 유지했고 2018년에 실시된 부패인식지수 조사에서는 180개 국가 중 핀란드, 스웨덴, 스위스와 공동 3위를 기록했다.

영국 식민지 시절 싱가포르에 널리 퍼져 있었던 부패는 1871년 말라카, 페낭, 싱가포르의 해협식민지에서 채택한 형법에 따라 불법화되었다. 1960년 6월에 부패방지법(Prevention of Corruption Act)이 채택될 때까지 이에 대한 별다른 진척은 이루어지지 않았는데, 동 법이 도입됨으로써 부패관행조사국(Corrupt Practic Investigation Bureau)이 효과적으로 기능할 수 있는 권한이 부여되었다. 이 장에서는 지난 60년간 어떻게 싱가포르가 부패를 최소화하는 데 성공했는지 그 비결이 되는 5가지 요소를 식별해 설명한다.

강력한 정치적 의지

싱가포르가 효과적으로 부패를 척결한 비결 중 핵심 요소는 집권 인민행동당(People's Action Party)의 강력한 정치적 의지에 있다고 할 수 있다. 이는 깨끗한 정부를 만들겠다는 지도자의 공약과 솔선수범으로 나타났다.

국제 변호사협회 회장이던 데이비드 리프킨(David Rivkin)이 2015년 전 공직위원회(Public Service Commission) 의장이던 에디 테오(Eddie Teo)에게 어떻게 싱가포르는 부패에 대한 무관용 정책을 이행할 수 있었느냐고 질문하자, 테오 의장은 다음과 같이 답변했다. "공직자들은 우리의 정치 지도자들이 보여주는 모범적인 본보기를 주시하면서 따라했습니다. 정치 지도자들이 부패하지 않았으므로 우리도 부패할 수 없었습니다."

최고위층이 만드는 분위기는 부패와의 전쟁을 승리로 이끄는 데 결정적이다. 왜냐하면 정치 지도자들은 싱가포르의 반부패 전략의 방향과 우선순위를 정함으로써 모범을 보이기 때문이다. 정치적인 의지 역시 부패를 효과적으로 통제하는 데 핵심적이다. 왜냐하면 정치인들은 법을 제정하고 이러한 법을 집행하는 반부패 담당 기관에 자원을 할당해 부패 문화를 변화시킬 수 있기 때문이다. 부패와의 전쟁에는 비용이 많이 들기 때문에 반부패 담당기관은 정치적인 간섭을 받지 않고 불편부당하게 반부패법을 집행하기 위한 충분한 예산과 인력을 필요로 한다. 인민행동당의 강력한 정치적인 의지는 탐오조사국(貪汚調査局, Corrupt Practice Investigation Bureau)이 2014년 국민 1인당 미화 5.36달러를 지출하고, 직원 1인당 인구 2만 6,682명을 담당하는 비율을 유지하고 있는 데에 잘 반영되어 있다.

포괄적인 반부패 입법

두 번째 요소는 포괄적인 반부패법을 제정해 담당 기관이 효율적으로 기능하도록 법적인 권한을 준 것이다. 1937년 제정된 부패방지법령(Prevention of Corruption Ordinance)은 효율성이 떨어져, 1960년 부패방지법(Prevention of Corruption Act)이 이를 대체하면서 탐오조사국이 부패와의 전쟁을 수행하는 데 필요한 법적 권한을 부여했다. 법 제15조는 탐오조사국 관리에게 체포 및 체포된 사람을 압수수색할 권한을 부여했다. 법 제20조는 필요 시 동 관리들이 공무원과 그의 아내, 자녀, 대리인의 은행 장부를 조사할 수 있는 권한도 부여했다. 탐오조사국 관리들이 부패 고소사건을 조사하는 데 있어 가장 중요한 자산은 법 제24조의 규정인데, 이는 피의자가 알려진 수입원에 비해 과도한 자산을 가지고 있을 때 "그 금원과 부동산"을 스스로 설명하도록 하는 규정이다. 이처럼 부패방지법은 효율성을 높이기 위한 법적인 권한 부여를 통해 탐오조사국에 새로운 활력을 불어 넣었다.

부패방지법의 효율성을 유지하기 위해 정부는 필요 시마다 법을 개정해 예상치 못한 문제점을 해소하고 허술한 구멍을 틀어막았다. 1966년의 개정 입법 제37조는 싱가포르의 해외 공관과 해외 정부기관에서 일하는 싱가포르인들이 싱가포르 밖에서 저지른 부패 범죄에 대해 마치 동 부패 범죄가 국내에서 벌어진 것처럼 처벌할 수 있도록 했다. 1989년에는 부패방지법의 억제 효과를 높이기 위해 부패 범죄에 대한 벌금을 1만 싱가포르 달러에서 10만 싱가포르 달러로 증액했다.

경찰은 부패를 통제할 목적으로 활용하지 않는다

1937년 영국 식민지 정부는 부패 통제를 관장할 반부패부서(Anti-Corruption Branch)를 싱가포르 경찰청 내에 설치하는 심각한 실수를 저질렀다. 이미 1879년과 1886년의 조사위원회가 싱가포르 경찰의 조직적인 부패 문제에 대한 설득력 있는 근거들을 제시했음에도 말이다.

당시의 반부패부서는 부패와의 전쟁을 할 역량이 부족했는데 그 이유는 동 조직이 반부패업무 및 기타 전혀 관련 없는 업무를 동시에 담당하는 B 유형의 반부패부서였기 때문이었다. 부패 통제라는 어려운 업무를 수행하는 데 있어 단지 17명의 직원과 한정된 예산만이 배정되었으며 이와 함께 부패 문제와 상관없는 15가지의 업무를 함께 처리해야 했다. 범죄조사국 내의 일부 조직이던 반부패부서가 수행하는 반부패업무는 살인이나 유괴와 같은 중대 범죄를 감지하고 조사하는 업무에 비해 우선순위가 밀릴 수밖에 없었다.

경찰의 부패가 만연했던 시절이라 반부패부서의 치명적인 약점은 다른 경찰관에게 대한 부패고소 사건의 조사를 꺼려한다는 점과, 또 이를 불편부당하게 조사할 수도 없었다는 점이다. 영국 식민정부는 범죄학자인 모리스 펀치(Maurice Punch)가 강조한, 경찰은 자신들의 일탈과 범죄 행위를 조사할 책임을 갖게 되면 안 된다고 한 황금률(golden rule)을 무시했다. 식민 정부는 1951년 10월 납치작전(Operation Hijacking)의 추문을 통해 세 명의 형사를 포함한 여러 강도들이 40만 상가포르 달러 상당의 아편 1천 8백 파운드를 훔친 사실이 밝혀졌을 때야 자신들의 결정이 어리석었음을 깨달았다.

식민 정부는 1952년 9월 반부패부서를 탐오조사국으로 개편해 자신들의 잘못을 바로잡으려 했다. 그러나 첫 8년의 기간 동안 탐오조사국에 충분한 권한과 자원을 주지 않는 또 하나의 실수를 저질렀다.

한마디로 말하면 싱가포르의 반부패 비결 중 세 번째 요소는 부패와의 전쟁을 하는 데 있어 경찰을 활용하지 않았다는 점이다. 이는 사탕을 어린 이에게 주고 나서 그 아이가 이를 먹지 않도록 기대하는 상황과 다름없는 것이기 때문이다.

독립된 감시기관인 A 유형의 반부패기관 설립

각 국가가 설립하는 반부패기관은 세 가지의 역할을 보여준다.

위트리 로드에 있는 탐오조사국의 신고 및 유산 센터는 2017년 6월 6일 리센룽 총리에 의해 공식 개원되었다. ⓒ 싱가포르 프레스 홀딩스

첫째, 정부가 부패를 억제할 정치적 의지가 약할 때엔 종이호랑이 같은 반부패기관을 설립하기는 하나, 반부패법을 불편부당하게 집행하는 데 필요한 법적 권한, 예산, 인력, 업무자율성 등은 제공하지 않는 경우이다. 필리핀의 고충처리사무국(Office of the Ombudsman)은 종이호랑이였는데 2014년 기준으로 조직 전체의 45%에 달하는 980자리가 비어 있을 정도로 인력 부

족이 심각하고, 예산을 인구 1인당 0.39달러 정도밖에 지출하지 않으며, 직원 한 사람이 8만 1,631명을 담당해야 하는 불합리한 직원 – 인구 비율 등으로 제약을 받고 있다.

둘째, 정부의 싸움꾼으로서의 반부패기관의 역할인데, 정치적 경쟁자를 흠집 내고 정치적 득실을 처리하기 위해 부패 혐의를 씌우는 등 권한을 남용하는 형태로서 바람직하지 않고 피해야 할 방식이다. 중국 공산당은 반대파의 정치적인 기반을 공격하기 위해 중앙기율검사위원회를 전투견으로 활용해 왔다. 많은 국가가 반부패기관을 싸움꾼으로 활용하는 관행을 보여주고 있는데 이는 그들 정부가 부패 감축에는 열성적이지 않다는 것을 드러내어 정부에 대한 일반 대중의 신뢰 및 기관 자체에 대한 정당성을 약화시킨다.

반부패기관의 가장 바람직한 역할은 모든 부패 고소 건을 불편부당하게, 두려움을 갖거나 특혜를 주지 않고, 조사받는 사람의 직위·지위, 또는 정치적 소속과 상관없이 조사하는 독립 감시기관으로 기능하는 것이다. 싱가포르의 반부패부서나 탐오조사국은 모두 초기에는 효율적인 기능을 위해 필요한 권한과 자원이 부족했던 일종의 종이호랑이였다. 그러나 인민행동당 정부는 효율성을 높이기 위해 부패방지법을 입법해 탐오조사국에 필요한 예산, 인력, 자율성을 제공함으로써 이를 독립 감시기관으로 변혁시켰다.

근본적인 네 번째 요소는 전담기관으로서의 반부패기관의 존재 여부다. 정부가 부패를 최소화하고자 한다면 탐오조사국과 같이 반부패 업무만을 맡는 A 유형의 기관을 설립해야 하고 독립 감시기관으로 기능하기 위한 권한과 자원과 자율성을 주어야 한다. 아울러 반부패기관을 전투견이나 종이호랑이로 활용하고자 하는 유혹을 피해야 한다.

부패인사를 처벌하기

다섯 번째 요소는 적절한 법적인 처벌이다. 부패를 억제하기 위해서는 부패혐의가 확인된 사람을 반드시 법에 따라 처벌해야 한다. 부패는 그 행위자가 탐지되고 처벌될 가능성이 낮아, 위험은 낮고 보상은 큰 것으로 통상 인식하는 국가에서 만연한다. 반대로 부패행위자가 체포되고 엄하게 처벌받는 국가에서는 동 행위가 위험은 높고 보상은 낮은 것으로 인식되어 부패 문제가 심각한 사회문제로 되지 않는다.

싱가포르에서는 모든 부패 고소 건을 불편부당하게 조사하고, 범죄가 확인될 경우 그 사람의 지위나 직위나 정치적 소속에 상관없이 예외를 두지 않고 처벌하기에 부패가 고위험 저보상 행위로 인식된다. 리콴유 총리는 1979년에 식별한 여섯 개의 교훈 중 하나로 그가 20여 년간 정부에 있으면서 배운 것은 "청렴"하고 "부패를 떨쳐버리라"는 것이었음을 지적했다.

이에 따라, 탐오조사국은 1966년부터 2016년까지 다섯 명의 인민행동당 지도자와 여덟 명의 고위 공무원에 대한 부패 고소 건을 조사했다. NTUC의 의장이자 분 텍(Boon Teck) 선거구의 인민행동당 국회의원이던 페이 유 콕(Phey Yew Kok)은 1979년 5월, 10만 1천 싱가포르 달러가 개입된 신뢰위반 범죄혐의로 고소되었다. 그는 1980년 1월, 보석조건을 어기고 해외로 도망쳐 지내다 2015년 6월, 태국 방콕주재 싱가포르 대사관에 자수했다.

2016년 1월 페이는 징역 5년을 선고받았는데 당시 그의 나이는 81세였다. 그는 마지막 1년은 자가에서 구금 상태로 지낸 후 2018년 10월에 형을 마쳤다. 35년간의 도망자 생활을 했던 페이에 대한 처벌은 싱가포르 반부패 전략의 강인함과 일관성을 잘 보여 준다.

마지막으로 부패한 개인과 조직이 처벌되지 않거나 벌을 받지 않고 비행을 저지르도록 허용될 경우, 부패는 많은 국가에서 하나의 생활양식이 될 것이다. 싱가포르의 경험은 정치지도자들이 A 유형의 반부패기관을 설립하고, 거기에 필요한 법적 권한·자원·독립성을 부여해 반부패법을 불편부당하게 포괄적으로 집행하고, 부패 행위가 확인된 사람을 처벌하는 강력한 정치적 의지로 충만되어 있어야만 부패를 물리칠 수 있다는 것이다. 이에 추가로, 경찰은 부패 방지를 위한 목적으로 활용되지 않아야 하며, A 유형의 반부패기관은 독립적인 감시기관이 되어야지 전투견이나 종이호랑이가 되어서는 안 된다는 것이다.

존 에스 콰(Jon S. Quah) 교수는 싱가포르국립대 정치학과 교수에서 은퇴했으며 현재는 반부패 상담가로 활동하고 있다. 그의 최근 저술들은 『아시아 부패와의 전쟁: 반부패기관의 효율성 높이기(2017)』, 『중국 내 부패한 "호랑이"와 "파리" 사냥(2015)』, 『부패 억제를 위한 서로 다른 길(2013)』, 『중국의 부패를 최소화하기(2013)』, 『아시아국가에서의 부패 억제: 불가능한 꿈인가?(2011, 2013)』, 『대만의 반부패전략: 개혁을 위한 제안(2010)』 등이 있다.

12

싱가포르의 의료체제

푸아 카이 홍(*Phua kai Hong*)

싱가포르는 고품질의 치료를 적절한 가격에 제공하는 의료체제를 갖추고 있다. 세계보건기구(WHO)의 2000년도 세계건강보고서(World Health Report 2000-Health Systems: Improving Performance)는 싱가포르를 세계 6위로 등재하고 있다. 싱가포르는 미국의 건강척도 평가기관(Institute for Health Metrics and Evaluation in the US)이 싱가포르 보건부와 협업으로 작성한 2017년도 보고서에서 기대수명이 84.8세인 최고의 기대수명 국가라는 지위도 획득했다. 블룸버그 통신은 2019년의 경우 가장 건강한 국가 8위로, 2018년에는 비용효과 측면 2위로 각각 선정했다. 2018년의 경우 신생아 사망률은 신생아 1천 명당 1.3명, 유아사망률은 2.1명, 5세 이하 어린이 사망률은 2.7명으로 전 분야에서 세계 최고 수준이다. 치료 품질과 병에서 회복하는 비율 역시 세계 최고 의료 기관들과 동등한 수준이다.

통합된 균형을 향해

싱가포르는 공공 및 민간이 서비스를 공급하는 것을 포함해 정부가 전체적으로 규제하는 의료체제를 유지하고 있다. 즉, 보건부가 정책개발, 건강관리 시스템의 서비스 계획 및 자금조달, 품질관리까지 책임지는 중앙집중식 체제로 되어 있다. 정부는 많은 보조금을 준 공공병원과 종합외래진료소(policlinic)를 통해 모든 싱가포르인이 수준 높고 가격도 합리적인 기본 의료서비스를 향유할 수 있도록 보장한다. 보건부는 허가 및 규제 시스템을 통해 모든 민간 부문의 의사, 병원, 클리닉, 실험실, 양로원 등이 높은 수준의 의료서비스를 유지해 공공 부문을 보완하고 다양한 선택과 경쟁을 제공하도록 한다.

정부는 또한 비용 통제를 위해 시장에서의 경쟁을 직접 규제한다. 공공과 민간의 혼합 정책을 통해 민간 부문이 1차 의료의 80%를 담당하되, 공공부문은 급성환자의 80%를 담당하는 최적 분할을 통한 의료공급이 이루어진다. 모든 공공 병원은 구조를 조정해 일반 기업체처럼 운영된다. 건강관리에 자금을 지원하는 것은 책임을 분담하면서 모두에게 가격이 적절한 건강관리를 제공하겠다는 철학에 바탕을 두고 있다. 의료비용은 법률에 규정된 자금조달 제도에 따라 기본적으로 정부의 보조금으로 충당된다. 정부는 공공 의료기관에서 진료한 비용 중 최대 80%까지를 보조금으로 지급하는데 이는 엄격하게 자산수입조사를 거친 저소득 계층을 대상으로 한다. 자발적인 의료보험, 고용주의 지원, 호주머니에서 꺼내는 돈들이 소요 비용을 추가로 보충해준다.

다음과 같이 법률에 규정된 세 개의 핵심적인 의료금융 지원제도가 있다.

1. 메디세이브(MediSave): 1984년에 도입된 의무적 의료저축 제도로서 모든 근로자는 자신의 월급 중 6~8%를 개인 메디세이브 계좌에 불입해야 한다. 이 자금은 각 가정의 입원치료 비용, 간단한 수술, 값비싼 외래 환자 관련 절차, 의료보험료 등의 경비를 위해 사용된다.

2. 메디실드 라이프(MediShield Life): 이는 2015년에 도입된 메디실드 제도를 대체한 것으로서 일생동안 저비용으로 주요 장기화된 질환에 드는 비싼 치료비용을 충당할 수 있게 해준다.

3. 메디펀드(MediFund): 정부의 보조금이나 여타 보험을 통한 지원에도 불구하고 건강관리 비용을 부담할 수 없는 국민들을 지원하기 위해 1993년에 설립된 정부 출연금이다.

케어실드 라이프(CareShield Life)는 장기적 보살핌을 위한 사회 보험으로서 2002년에 도입된 엘더실드(ElderShield) 프로그램을 대체하게 되며 2020년에 실행될 예정이다. 추가적으로 최근에는, 2012년에 도입된 지역공동체 건강지원제도(Community Health Assist Scheme)를 포함하여, 자산수입조사를 거친 후에 저소득 가정에 보조금을 제공해 1차 진료 및 노인진료를 지원하자는 제안들도 있다.

책임 분담을 권장하기

비록 정부가 지출하는 의료비용이 국민총생산에서 차지하는 비중은 낮지만(2016년의 경우 GDP의 2.2%), 싱가포르는 교육, 공공주택, 물, 위생과 같이 건강을 결정하는 여러 사회적 요소를 개선하기 위한 엄청난 투자를 통해 국민 건강측면에서 실질적인 진보를 이루어냈다. 정부는 미래세대를 위한 활동적이고 생산적인 노령화의 모범사례를 포함해 건강한 생활과 공동체 기반의 돌봄에 대한 몇 가지 계획들을 시작했다. 2014년, 보건부와 건강증진위원회는 국가 건강생활 기본설계(Healthy Living Master Plan)와 매일 건강생활 비전 2020(Vision 2020 of Healthy Living Every Day)을 채택했다. 기본 설계를 통해 정부는 공동체 기반 돌봄을 확대하고 주민을 위해 자원을 효율적으로 사용하기로 약속하면서 정책 방향이 '건강관리'에서 '건강'으로, 그리고 '품질'에서 '가치'로 이동했음을 공표했다. 한편, 공공주택은 '살던 곳에서 노후보내기(Aging in Place)' 원칙을 반영하기 위한 디자인과 설계를 통해 공동체 생활의 여러 원칙들을 통합할 것이다. 고층아파트에 숙소, 건강관리, 푸드코트 등을 통합한 개념인 'vertical kampung' 또는 고층 마을 개념이 미래의 건강한 삶을 위한 모델이 될 것이다. 건강 유지와 질병을 찾아내는 활동을 통합하고, 예방과 재활 프로그램 그리고 다른 건강 서비스를 싱가포르 전역의 통상적인 주택공동체에서 제공하는 방식이다.

그리하여 의료문제에 관한 싱가포르 정부의 철학은 예방의료 프로그램과 건강한 삶을 촉진하는 방식을 통해 건강한 주민들을 형성하는 것에 중점을 두고 있다. 싱가포르 사람들은 공중 보건 교육을 통해 건강한 생활양식을 선택하고 자기 자신의 건강에 대해 스스로 책임감을 갖도록 독려된다. 또한, 개인적인 책임감을 높이고 국가 복지정책에 과도하게 의존하지 않도록 메디세이브 저축을 통해 자신의 의료비를 충당할 것을 요청받는다. 이 시스템은 각 개인이 건강을 유지하면서, 비용을 분담하고, 기본적으로 스스로 비용을 부담하는 건강관리 체제인데 의료 서비스에 자기 자신이나 집안의 재원을 우선적으로 사용하고 그러한 재원이 소진되었을 때에만 정부에 의존하도록 하자는 것이다.

공적인 의료 체제에서 불필요하게 과다한 이용을 하지 못하도록 진료에 대한 환자의 자기부담금제도(co-payment)도 도입되었다. 공공병원에서 진료받는 사람들은 동 진료비의 20~80%까지를 지원받는다. 고급 병동에서 보다 안락한 삶과 좀 더 호사스러운 서비스를 받고 싶어 하는 사람들에게는 낮은 보조금이 지급된다. 곤궁한 사람들은 공공 병원의 병원비 일부나 전체에 대한 감면을 신청할 수도 있다. 어떤 싱가포르인들도 국가 의료체제 내에서 보조금을 받거나 비상시 의료서비스에 접근하는 것을 거부당하지 않을 것이기에 정부는 기본 의료체제에 대한 보편적인 지원이 있다는 것을 선언했다.

지속가능한 자금 지원을 위한 의료저축

싱가포르의 의료분야 개혁에 있어 지역 주민들의 전통적인 가치인 자립과 절약이 중요한 요소로 기여했다. 이는 싱가포르의 높은 저축률로 나타난다. 싱가포르는 세계에서 처음이자 가장 발달된 국가 차원의 선불 의료저축 체제(MediSave)를 갖추고 있으며, 여기에 재앙 상황에 대비한 의료보험(MediShield Life) 제도가 통합되어 있다.

자금조달 방식의 조합은 공공과 민간 의료체제의 효율성을 높이고 소득에 관계없이 필요한 진료에 대한 공평한 접근을 보장하려는 다양한 정부 정책을 통해 뒷받침된다. 그 결과 싱가포르는 역사적으로 어느 나라와 비교해도 의료지출 비용의 증가율이 낮은 편이다. 비슷한 수준의 경제 및 보건 수준을 유지하고 있는 여타 국가와 비교해도 국민총생산 중 의료비에 대한 지출 비율이 낮다. 아울러 대상에 따라 달라지는 세금, 저축, 보험 간의 신중한 조합이 낭비적이고 불필요한 지출을 줄임으로써 보다 효율적인 보건 지출에 기여하고 있다.

메디세이브 기금은 이제 입원환자 비용의 80% 이상을 지원한다. 동 기금은 가족들의 의료비 지불에 사용될 수 있고, 사회 건강보험인 메디실드의 보험료로도 지불될 수 있기 때문이다. 메디실드는 재앙적 상황 시에 치료비 보충을 위한 제한적인 보험으로 1990년 도입되었는데 종국적으로 그 적용 범위를 의무화했다. 2005년부터는 통합보호계획 (Integrated Shield Plan)이라 불리는 보충적인 의료보험 제도가 도입되었다. 이는 기본 공공 의료보험에 자발적으로 민간 의료보험을 추가할 수 있는 제도이다. 2015년에는 새로 메디실드 라이프가 소개되었는데 이는 전체 주민들(특히 적당한 방식의 의료 저축이 없는 노인들)이 재앙적 상황에 놓일 때 일생 동안 보편적으로 사용할 수 있는 제도이다.

마지막으로, 세 번째의 자금 지원 요소인 메디펀드는 가난하고 궁핍한 사람들에게 의료 지원을 해줄 목적으로 1993년 출연금 형식으로 설립되었다. 정부 예산 잉여분도 메디펀드에 추가적인 기여금으로 사용되었다. 재정 지원을 요청할 경우, 자산수입에 대한 조사 및 사안의 성격 등을 고려해 결정했으며, 메디세이브 저축과 가족의 저축으로 의료비용을 충당하지 못하는 저임금과 고령의 환자에게 우선권을 주었다.

즉 엘더실드(ElderShield: 40세 이상 싱가포르 국민이나 영주권자로서 메디세이브 계좌가 있는 사람은 자동적으로 가입되며, 장애 등에 대한 장기적 치료 목적의 보험)는 2017년 평가위원회의 권고에 따라 기본적인 장기치료 관련 제도를 새로운 케어실드 라이프(CareShield Life) 제도로 개선했다. 새로운 제도를 통해 노년에 심각한 장애를 앓고 있는 싱가포르인의 장기적인 치료비용 문제를 시간 경과에 따라 지불액을 훨씬 늘리고 지불기간에 대한 제한도 없애는 방식으로 해소할 예정이다. 케어실드 라이프는 일생 동안 현금 지불 측면에서 보다 나은 보호 및 보장을 제공할 것인데 정부의 보조금을 통해 치료비 지불을 가능하게 하고, 환자를 배척하지 않고 재생가능하게 하며, 메디세이브를 통해 보험금도 완전히 지불되도록 하는 등 시간이 경과함에 따라 지불금이 늘어날 수 있도록 설계했다.

2018년 11월 11일 싱가포르의 건강한 생활양식 축제 기간 중. 할리마 야콥 대통령이 건 강증진위원회의 필립 리(왼편) 회장과 동 위원회의 지 륭 캉 최고경영자 맞 열광적인 시민들과 함께 싱가포르 스포츠 허브에서 운동하고 있다. ⓒ 싱가포르 프레스 홀딩스

싱가포르에서도 의료 관련 비용과 수요가 지속적으로 증가하고 있으나 입원 환자의 치료비용은 의사들의 소득과 새로운 기술 활용에 제약을 두지 않고도 그대로 수준이 유지되었다.

공공 의료에 대한 보편적인 접근은 대상을 특정해서 지원하는 보조금, 세금으로부터의 보조금, 차별화된 건강보험, 그리고 최후의 수단인 극빈자에 대한 메디펀드 등을 통해 보장된다. 그런데 업무관리대행사(Third Party Administrators) 및 민간 보험의 증가와 메디세이브의 보다 자유로운 활용이 의료제공 방식의 조합에 변화를 가져왔다.

의료라는 것은 상당 부분 공급측면에서 유도되는 것이기에 업무관리대행사와 민간 보험은 의사들의 진료를 치료의 효율성보다는 재정적 편의에 따라 통제하고, 비용대비 효과성보다는 단순 비용만을 강조함으로써 오히려 거래 비용을 증가시켰다. 이미 잘 알려진 보건 경제학에서의 결론은 이익을 추구하는 민간 의료보험은 시장 점유율을 높이고자 하는 유인은 크지만 정부의 입법과 통제 없이는 의료종사자들에 대한 가격을 잘 통제할 수 없다는 것이다.

싱가포르는 개방적이고 시장친화적인 경제 체제를 유지하고 있기에 의료 부문에 대한 자금 지원면에서도 공공과 민간 간의 균형을 유지할 필요가 있다. 메디세이브에 대한 접근성을 확대해 민간 보험을 구매함으로써 지출 한도는 낮추는 방향으로 메디실드를 보완할 수 있도록 한 결과, 민간 병원의 보험 청구로 인한 진료 관련 비용이 늘어났다. 생명보험사들은 의료보험 태스크포스의 보고서를 바탕으로 보건부가 가격 제한 조치를 실행해 줄 것을 호소했다. 이에 따라 2018년 설립된 보건부의 요금 기준 자문위원회(Fee Benchmark Advisory Committee)는 의료기관 진료비 지불(Provider Payment Method) 및 전문의 치료비(Professional Fee)에 대해 권고했으며 현재 동 제도가 시행중이다.

의료에 대한 수요 측면을 왜곡할 수 있는 새로운 유형의 민간자금 지불형태가 가진 영향력과, 공급 측면에서 의료 공급자에 대한 금전적인 유인을 억제하는 것 사이에 균형을 유지시킬 새로운 정책이 있어야 한다. 이는 시장의 힘과 경제 성장을 위한 유인책 간의 상호 균형을 유지하면서 고령화되어 가는 싱가포르인들이 적절한 수준에서 의료비용을 지출할 수 있도록 보장하는 데 긴요한 것이다.

푸아 카이 홍(Phua Kai Hong) 박사는 싱가포르국립대의 리콴유 공공정책대학원 및 사우 스위 혹 공공보건대학원의 초빙 교수이며, 카자흐스탄의 나자르바에프대학 공공정책대학원의 방문 교수이다. 싱가포르국립대 의대 내 의료서비스 연구팀의 팀장과 싱가포르 정책연구소(Institute of Policy Studies)의 선임 초빙연구원을 역임했다. 하버드대학에서 의학 전 연구과정을 마쳤고 하버드대학 공공보건대학원에서 석사, 런던 정경대에서 보건경제학 박사 학위를 각각 취득했다.

13

인종 및 종교 간의 화합

매튜 매튜스(*Mathew Mathews*)

오늘날의 싱가포르는 잘 발전된 다문화 국가이다. 그리고 인종/종교적으로 잘 화합을 이루고 있는 나라라는 국제적 평가를 받는다. 현대적 형태의 인종주의, 인종차별, 외국인혐오 및 이와 관련된 차별에 관한 유엔특별보고관은 2011년 유엔 인권이사회에 제출한 보고서에서 "싱가포르 내의 다양한 공동체가 평화적으로 공존하고 있는 것은 놀라운 성과이다"라고 지적했다.

싱가포르 거주자들도 이런 화합 상황에 대해 입증한다. 싱가포르 정책연구소와 One Singapore.sg가 2019년 공동 수행한 국내 여론조사에서, 4천 명의 응답자 대부분은 공동체 내의 화합 수준이 높다고 인정했다. 항상 이런 결과가 있는 것은 아니며 더구나 이러한 화합을 자연적으로 물려받은 것도 아니다. 어떻게 싱가포르는 인종/종교적으로 화합을 잘 유지했을까? 정부와 국민 모두가 중요한 역할을 했다.

독립 이전의 싱가포르 역사는 인종/종교적 폭동 형태의 수많은 충돌들로 점철되어 있었다. 영국 식민통치자들은 싱가포르인들의 통합에 우선순위를 두지 않았는데 이는 분할통치 전략이 자신들의 이해에 부합했기 때문이다. 독립 이후 제1세대 지도자들이 수행한 중요한 책무는 이질적인 국민들을 데리고 나라를 세우는 것이었으며 이후 다음 세대들은 동 책무를 더욱 미세 조정해나갔다.

다민족공존주의는 싱가포르가 사회적 화합을 유지하는 데 있어 핵심적인 성공 요인이었다. 싱가포르 건국의 아버지들은 이런 사상의 주도자들이었는데 대부분의 신생 독립국들은 택하지 않았던 길이었다. 당시 가장 인기 있었던 방식은 다수 민족의 문화를 바탕으로 국가정체성을 형성하는 것이었다. 싱가포르는 짧은 기간 말레이시아와 통합했는데 말레이 민족의 우월성이 만연한 말레이시아에서의 경험이 초기 지도자들에게 그런 방식은 싱가포르의 미래가 될 수 없다는 확신을 주었다.

싱가포르에서의 다민족공존주의는 국내에서 상당한 비율을 유지하고 있던 주요 4대 공동체를 인정하는 것이었다. 중국계, 말레이계, 인도계, 그리고 여타 민족(**포괄적인 용어로서 주로 유라시안계를 의미하나 소그룹으로서 유대계와 필리핀계 등을 포함**)이 그것이다. 이 모든 공동체의 문화, 역사, 그리고 기여가 싱가포르의 정체성을 구성했다. 각 공동체에는 문화적인 권리와 대표할 수 있는 권리가 주어졌다. 전자는 민족적인 축제를 기념하는 공휴일을 준수할 수 있게 한 것이고, 후자는 그룹대표선거구(Group Representation Constituency: **한 선거구에서 여러 명의 의원을 선출하는데 각 당은 후보자를 여러 인종별로 혼합해서 내도록 한 제도**) 방식을 통해 국회에서 여러 민족이 비례적으로 대표할 수 있게 한 제도이다. 이런 권리는 특히 소수민족 공동체에게 중요한데 그들은 중국계가 다수를 차지하는 사회 내에서 자신들의 관습과 전통을 실행하고 이익을 대변할 충분한 공간을 확보할 수 있기 때문이다.

현재 순다레시 메논(Sundaresh Menon) 대법원장이 주재하는 대통령 직속 소수민족권리위원회(Presidential Council of Minority Right)는 어떤 정책이라도 소수 민족을 불공정하게 대우하지 않도록 세심하게 점검한다.

각 민족별 자조그룹을 통해 소수민족이 다수민족에게 뒤떨어지지 않도록 하는 프로그램도 운영 중인데 대표적인 것은 학업성취와 관련된 것으로 이는 교육이 미래의 일자리 선택과 긴밀히 연계되어 있기 때문이다.

이 모든 노력은 인종적 갈등을 급격히 감소시켜 주었는데 사실 많은 사회에서는 인종적 소수가 다수의 문화에 동화되도록 강요받고 있으며 그들의 관심 사항은 의회에서 대표되지도 않는다. 싱가포르가 추구하는 다민족공존주의에서는 4개 공동체가 상대적인 규모의 차이에도 불구하고 동등하며 국가로부터 동일한 대우를 받는다. 앞서 언급한 여론조사에서 소수 민족 중 10% 이하만이 자신들이 경찰, 법원, 또는 사회적 서비스를 제공하는 국가 기관으로부터 차별적 대우를 받았다고 인식했다.

정책을 통해 다민족공존주의를 보호해 나가기

효과적인 다민족공존주의를 실천하기 위해서는 민족/종교간 화합을 보장해줄 정책이 필요하다. 싱가포르는 독립 이후 다양성 문제에 대해서는 선제적인 조치를 강조했는데 다문화적인 이상, 법률 제정, 정책이행, 통합 및 상호작용 육성 등 다각적인 접근 방법을 취했다. 여기에는 다른 사람을 역겹게 하는 과도한 민족/종교적 감정 표출을 통제하는 것도 포함된다. 본질적으로 정부의 입장은 민족적이거나 종교적인 차이는 무시할 수 없는 영원한 사회적 단층선일 수밖에 없으므로 잘 관리하지 않으면 엄청난 결과를 야기한다는 것이었다.

정부는 정치와 종교를 분리시키고 종교/인종적 광신주의가 조직화되거나 정상적인 것이 되지 않도록 일단의 관여 정책을 취했다. 소요법(Sedition Act), 국내보안법(Internal Security Act), 종교적인 화합유지법(Maintenance of Religious Harmony Act)과 같은 법적 수단을 통해 다른 종교나 민족 집단 구성원에게 직접적으로 구두 모욕을 하거나 증오 행위를 하는 것을 법으로 처벌할 수 있게 했다. 예를 들어 종교지도자가 정치적 대의명분을 추구하거나, 다른 종교지도자를 모욕하거나, 또는 공격적으로 전도할 경우 견책이나 주의를 받고 어떤 경우에는 법정에 기소되었다. 2017년 외국 출신 회교 성직자인 날라 모하메드 압둘 자멜(Nalla Mohamed Abdul Jameel)이 인터넷에 떠도는 비디오를 통해 신의 가호로 기독교 및 유대교에 대항하게 해달라는 아랍식 기도를 하는 것이 밝혀졌을 때 그는 4천 불의 벌금을 내고 싱가포르를 떠나야 했다.

공개적인 장소에서의 민족과 종교에 관한 담론은 그것이 언론이 되었건 포럼이 되었건 조심스럽게 관리된다. 국제적인 기관들이 싱가포르의 가혹한 접근법을 비판해 왔지만 정부는 사회적 충돌이 일어나지 않도록 반응적인 방식이 아닌 선제적인 방식으로 지나칠 정도로 조심하면서 현실화의 가능성에 대비해왔다. 고등 교육 및 주택개발청 아파트 입주 시 민족별로 할당을 두는 것과 같은 강압적인 통합 정책을 통해 민족적으로나 종교적으로 상이한 집단들이 지속적으로 상호작용을 하며 서로 섞이고 공존하게 한다. 정부는 또한 종교지도자나 공동체 지도자들과의 지속적인 대화를 통해 각 종교 간 그리고 민족 간을 통합시키는 프로그램을 유지 관리한다. 이러한 일들은 최고위 수준의 위원회 개최를 통해 이루어지는데, 최고위 종교 및 공동체 지도자들로 구성되고 내각의 각료가 이끄는 민족과 종교 간 조화를 위한 국가운영위원회(National Steering Committee on Racial and Religious Harmony)가 하나의 예다. 일반 주민들 수준에서는 이민족/이종교 간 신뢰집단(Inter-Racial and Religious Confidence Circles)의 활동을 통해 종교 및 공동체 내 풀뿌리 지도자들이 함께 연결된다. 일부 사람들은 이를 강한 정부가 할 수 있는 강압적인 조치라고 생각할 수 있겠지만 이와 같은 상호 작용은 종교 및 공동체 지도자들이 사회적인 화합을 해야 할 필요성을 더 잘 이해하게 하고 자신들의 공동체와 함께 여러 화합 활동에도 참여하도록 했다.

최근 싱가포르 내로 이민이 증가함에 따라 국가통합협의회(National Integration Council)는 다문화사회에서의 삶이 명확히 강조하는 점을 새 이민자들에게 분명히 전달하고 있다. 이는 다양한 교육 프로그램과 출판물을 통해서 이루어지고 있으며 인민협회(People's Association: 지역 풀뿌리 공동체를 감독하는 헌법상의 조직)가 후원하는 통합과 귀화의 챔피언 제도라는 것을 통해서도 수행된다.

가장 중요한 점은 정부가 사회적 갈등에 대해 단순히 반응만 하는 것이 아니라 문제 해결을 위한 선제적 조치를 취하는 것으로써 끊임없이 경계하면서, 기존의 정책과 법에 대해 시의적절하게 검토하고 개선하는 노력을 한다는 것이다. 최근, 종교적인 화합유지법은 새로운 사회적 도전에 대응하기 위해 개정되었는데 디지털 기술과 미디어를 활용해 종교 교리를 전파하고 그중 일부는 증오까지 부추기는 등의 행태에 대처하기 위해서였다.

2016년 정부는 대통령 선거에 제한적인 규정을 두기 위한 목적으로 헌법을 개정했다. 이는 소수민족 공동체에서도 때때로 국가원수가 선출되어 다민족공존주의에 기초한 싱가포르의 이미지를 더욱 북돋아 나가기 위함이었다. 이 헌법 개정은 초대 유소프 이샥(Yusof Ishak) 대통령 이래 단 한 차례도 말레이계가 대통령에 선출되지 못한 점을 감안하면 필요한 조치였다.

크지는 않지만 아직도 상당한 수준의 편견이 남아있는 사회에서 과거 개방적으로 진행했던 선거는 소수민족 공동체에 공정한 결과를 가져다 줄 가능성이 거의 없었기 때문이다.

다민족공존주의를 실행하기

다민족공존주의는 단순히 국가정책이나 그 집행과정을 통해서만 나타나지는 않는다. 그것은 각 개인과 공동체에게도 사회적 화합이라는 중요한 목적을 달성하기 위한 기본 지침으로서 매우 효과적으로 기능한다. 즉 종교적으로나 민족적으로 서로 다른 공동체 출신들이 함께하는 스포츠 활동이나, 서로 다른 종교의 경전에서 공통점을 공부하는 그룹 활동 등 다양한 밑바탕 계획으로 나타난다.

웨스트우드 초등학교 학생들이 2019년 7월 22일, 학교에서 인종 조화의 날을 기념하고 있다. 싱가포르는 매년 인종 조화의 날을 기념하는데 이는 1964년 7월 21일 발생한 최악의 인종 폭동을 기념하기 위함이며, 폭동 당시 23명이 사망하고 454명이 부상을 입었다. ⓒ 싱가포르 프레스 홀딩스

종교 공동체들은 분쟁 해결을 위한 공개적인 행보에도 적극적으로 나선다. 2015년 11월 13일, 파리에서 130명을 살해한 테러 공격이 있었을 때 싱가포르 무슬림 공동체 지도자들은 다른 공동체를 초청하는 행사를 조직해 동 테러공격을 함께 비난하고, 이슬람은 무고한 사람을 살해하는 행위를 용납하지 않는다는 점을 분명히 했다. 10대 종교 단체의 지도자들은 동 행사에 참석해 연대감을 표시해 주었다.

2019년에는 소셜 미디어에서 영향력을 발휘하고 있는 활동가가 터번을 쓰고 음악회 앞자리에 앉은 두 명의 남자를 "엄청난 방해물"이라고 지칭한 게시물이 널리 퍼져나갔다. 그녀의 한마디는 시크교 공동체 구성원들을 불편하게 만들었다. 이에 감정적으로 대응하는 대신, 청년 시크교도 단체는 그녀를 시크교 중앙교당으로 초청해 비공식 견학을 시키면서 자신들의 종교적 전통을 이해할 수 있도록 해주었다. 불신행위를 시인했고, 이에 대한 사과가 받아들여졌으며, 양측은 더 좋은 관계를 위해 노력해 가기로 약속했다.

차분하고, 성숙하며, 관용을 베푸는 정신이 여러 종교와 민족 간의 긍정적인 관계를 형성해 나가는 데 중요하다. 싱가포르에서 더 이상 인종 차별 문제가 없다는 환상을 말하려는 것은 아니다. 분열적인 성격을 갖는 인종/종교적인 차이점들이 다양한 사건들을 통해 때때로 부각된다. 다만, 인종/종교적 화합을 보장하기 위해 싱가포르가 취하고 있는 여러 다양한 접근법이 훌륭한 수준의 화합을 유지할 수 있게끔 해준다는 것이다. 인종과 종교 문제를 둘러싸고 주변 지역에서는 분열적인 양상이 날로 증대되고 있음에도 말이다.

매튜 매튜스(Mathew Mathews) 박사는 싱가포르국립대 리콴유 정책대학원의 사회실험실(Social Lab) 실장이자 정책연구소의 선임연구원이다. 그는 싱가포르내의 인종과 종교 문제를 연구하는 훌륭한 여러 연구 프로젝트를 이끌었다.

14

공공 주택: 첫 번째의 주택

청 쿤 힌(*Cheong Koon Hean*)

어린 소녀였던 치아 응 탁 헹 여사와 그녀의 형제들은 1960년대에 주택개발청(Housing & Development Board, 이하 HDB)이 자신들의 집 옆에 새로 발주한 아파트 건설 단지를 흥이 나서 쫓아 다녔다. 토아 파요(Toa Payoh) 지역의 오랜 거주자로서 타워크레인이 작동하고 화물차들이 현장으로 흙을 실어 나르던 광경을 지금도 기억한다. 그녀는 "아무 것도 없던 장소에 대단하게 들어서는 HDB 단지 건설을 보는 것은 정말 잊지 못할 경험이었다."고 회상한다. 그녀의 기억은 "무에서 유"를 창조하듯 싱가포르에 주택을 공급한 공공주택 이야기를 한마디로 요약하고 동조하는 것이다.

국가에 주택을 공급하기

HDB는 주택부족 문제를 해결하고 새롭고 훌륭한 주택을 건설하기 위해 1960년 창설되었다. 이 기관은 초기에 건설 산업의 수준을 향상시키는 것에서부터 사람들이 고층 생활에 적응토록 하는 것까지 여러 어려움을 겪었다. 그것이 정책이 되었건 추진 계획이 되었건 독창적인 실험을 하면서 앞으로 나아갔다.

5년 째 되던 해까지 HDB는 5만 4,430호의 주택을 완성했는데 이는 영국 식민지 기간 동안 건설된 2만 3,019호의 주택을 두 배 이상 넘어서는 것이었다. 이 소박한 승리는 깨끗하고 현대적인 주택을 공급하는 것뿐만 아니라 이 신생 기관이 계속적으로 발전하도록 촉진해 주었다. 1966년 8월 HDB는 토아 파요의 첫 번째 토지 구획 지구에 대한 건설을 완료했는데 거주자의 오락, 사회적 활동, 교육, 교통 등의 수요를 모두 충족할 생활 편의

시설이 갖추어진 첫 번째 위성 도시였다. 향후 몇십 년간 HDB는 수많은 위성 타운을 건설했다. 새로운 단지는 바로 전에 건설한 단지보다 건설 계획의 기준, 건축에 대한 이상, 공동체의 통합성이라는 측면에서 계속 개선되었다.

단 60년의 기간 동안 HDB는 23개 타운과 여러 개의 대단지를 건설했고, 싱가포르 거주자 중 약 80%를 수용할 수 있는 백만 호의 주택을 공급했다. 오늘날 HDB 타운은 질 높은 공공주택과 녹색 환경 내의 편리한 생활편의시설이라는 국제적인 명성을 얻고 있으며 잘 관리된 도시 성장의 대표적인 예로 인식된다. HDB의 노력은 국제적으로 인정을 받아 UN Habitat Scroll of Honor 등 수많은 상을 수상했다.

사랑스러운 주택단지

성공을 측정할 수 있는 좀 더 의미 있는 척도는 공공주택이 어떻게 싱가포르 사람들이 진정한 가정을 만들 수 있도록 기여했는가에 있을 것이다. 바로 자신들의 가정, 그리고 긍지를 갖게 하는 가정을 말이다. 건실한 계획, 관리 및 정책을 통해 우리는 HDB 아파트가 여러 면에서 사랑스러운 주택이 될 수 있도록 계속적으로 변화하는 요구에 부응해 나갔다. 오랫동안 싱가포르는 질 높은 환경을 창출하기 위해 거주적합성과 지속가능성에 중점을 둔 구체 계획들을 만들어 나갔다. 장기적이고 선견지명이 있었던 여러 계획들은 단지 720Km² 넓이 밖에 안 되는 국토에서 토지 사용과 인프라 개발에 대한 훌륭한 결정을 할 수 있게 해주었고 사회적으로나 환경적으로 서로 상이하고 다투는 이해관계 및 요구 사항에 균형을 유지시켜 주었다. 그렇게 함으로써 국민들이 요구하는 주택, 상업, 산업, 취미활동 시설 등에 대한 수요와 국가가 요구하는 항만, 공항, 군사지역, 용수공급 등의 수요 등 생각할 수 있는 모든 욕구들을 충족시켜 나갔다.

싱가포르는 고밀도 개발 정책 모델을 채택해 토지 이용을 극대화했다. 그 결과, 자원이 부족한 여건 하에서도 싱가포르는 아시아에서 가장 살기 좋은 도시 중 하나로 평가된다. 싱가포르의 '거주적합 밀도'라는 것은 높은 밀도가 경제성과 근접에 따른 편리성에서 제공하는 기회를 잘 활용하여 질 높은 생활환경을 만드는 것이다. 예를 들면 조밀하고 밀집한 타운이 이를 지원할 대중교통 시설을 건설 가능하게 해주는 경우라고 할 수 있다. 아울러 고밀도가 초래하는 부정적 영향을 최소화하기 위해 주택 유형 디자인에 창의성을 발휘해 시각적인 안도감과 함께 취미활동과 공동체 내 유대감을 높여주는 더 넓은 공간이 생겼다는 인식도 주는 등, 공공 공간과 녹색구역 등을 빈틈없이 융화시켰다.

평생을 위한 주택

우리 공공 주택은 광범위한 요구에 부응하기 위해 기본적인 것으로부터 많은 변화를 가져왔다. 그러나 적절한 가격에 주택을 공급한다는 기본원칙은 아직도 그대로이다. 안정적인 사회를 추구하는 도시들은 품위 있는 주택에 접근할 수 있는지 여부를 생활의 질을 판별하는 척도로 인용한다.

1964년 HDB는 주택소유계획(Home Ownership Program)을 도입했는데 이는 높은 보조금이 투입된 아파트를 일반인들이 99년간 임대하는 조건으로 판매한 것이다. 이 계획은 싱가포르 사람들의 용이한 주택 소유를 가능케 해주었다.

후한 정부보조금을 지원받을 수 있었기에 주택을 첫 구매하는 사람들은 평균적으로 자기 월급의 1/4 이하를 주택 융자금 상환에 사용한다. 이는 국제 사회에서 감당 가능한 기준척도로 인식되는 30내지 35%를 훨씬 밑도는 수준이다. 중앙적립기금에 대한 기여금을 주택 대출에 활용함으로써 일반적으로 돈을 아주 작게 또는 전혀 쓰지 않고서도 주택을 구매할 수 있다. 또한 노년에는 퇴직 후의 용처를 충족하기 위해 다양한 현금화 제도를 통해 주택에서 돈을 얻을 수 있다.

방 두 개짜리에서부터 다섯 개짜리 아파트, 그리고 다세대 아파트에 이르기까지 다양한 선택을 할 수 있어 인구 구성을 감안한 여러 수요자들의 다양한 욕구와 예산을 충족시킨다. 국민들이 주택을 소유하게 하는 다양한 수단들이 있으나, 아파트 구매를 감당할 수 없는 가정의 경우에는 공공 임차 제도를 통해 임차도 할 수 있다. 혁신적인 공공주택 정책을 통해 싱가포르 국민들의 주택보유율은 90% 이상이 되었으며 이는 세계 최고 수준이다.

아파트의 수준을 넘어서기

단순한 아파트 차원을 넘어 생활 편의시설이나 교통망에 대한 근접성 내지 접근성 역시 매우 중요하다. 나는 2010년 후반기에 HDB를 처음 맡았는데 당시 주택에 대한 엄청난 수요를 충족시키기 위해 제한된 시간 내에 공공주택의 공급을 3배로 늘려야 했다. 따라서 여러 개의 기본 계획을 만들고 인프라가 구축된 토지도 마련해야 하는 어려움이 있었지만, 반면에 새로운 아이디어를 갖고 새로운 세대의 공공주택을 개발할 기회가 생겼다. 나와 동료들은 2011년 잘 설계되고, 공동체 중심이자 지속 가능하며, 스마트한 타운을 건설하는 것을 목표로 하는 "나은 주거를 위한 로드맵"을 시작했다.

로드맵이 강조하는 살만하고 지속가능한 환경을 만들자는 생각은 각 지역의 유산과 특성을 반영한 독특한 성격의 설계로 타운을 디자인하게 했다. 이어지는 신규 개발지는 좀 더 많은 '녹색과 청색' 요소를 끼워 넣어 옥상 정원을 포함한 정원 같은 무대에서 취미활동도 하고 거주도 할 수 있는 기회를 더욱 많이 만들었다. 우리는 좋은 도시 설계에 많은 신경을 써서 비록 고밀도의 고층 건물이라 하더라도 여러 다른 건물들이 집결된 형태가 쾌적한 생활환경을 조성할 수 있도록 했다. 우리는 또한 효율적인 에너지, 용수, 폐기물 관리에 중점을 두어 정원 속에 도시를 건설하고자 하는 싱가포르의 노력에 보조를 맞추면서 거주자들에게는 깨끗하고 나은 생활환경을 제공하고자 했다. 풍골 타운(Punggol Town)은 생태 및 생명을 존중하는 설계 요소가 반영된 살아있는 실험실이고, 가장 최근 계획된 텡가(Tengah) 타운은 숲을 테마로 하고 있으며 마을 중심부를 차량이 없는 지역으로 만들 것이다.

이 로드맵을 가지고 우리는 명백한 결과를 내면서 환경/사회/경제적 측면을 모두 망라해 포괄적으로 지속가능한 틀을 발전시켰다. 우리는 또한 스마트 프레임워크를 만들어 보다 쾌적한 생활환경을 이끌어 내기 위한 디지털 기술 적용도 가능하게 했다. 여기에는 3차원의 타운 견본제작 소프트웨어, 계획 작성을 위한 환경 모의실험 도구, 단지에 필수 서비스를 제공하기 위한 최신 센서 기술 등이 포함된다. 아파트 내에서 스마트 기술을 완벽히 통합시키기 위한 인프라도 확장 중이다. HDB는 태양광 에너지 사용면에서도 선두주자이자 가장 큰 이해관계자인데 공동생활 공간에서 이산화탄소 배출이 전혀 없는 에너지를 사용할 수 있게 해준다.

이 모든 노력들은 창의적인 공공주택으로 귀결되어 한층 개선되고 기분 좋은 생활환경을 조성해 준다. 조경이 잘된 산책로, 수변 주거지, 옥상정원, 공동체 생활공간 등이 완벽히 통합되어 활기찬 공동체 공간으로 탈바꿈하면 이 주택은 소위 네 개의 벽면으로 둘러싸인 아파트의 개념을 뛰어 넘게 되는 것이다.

공동체를 일구어 나가기

우리는 HDB 주택을 설계할 때 공간과 위치라는 물리적 특성을 넘어 감성적이고 사회적인 측면도 함께 포함시킨다. 대부분의 사람에게 있어 주택은 쉼터이자 성역이다. 보다 넓은 주변까지 포함하여 생활하고, 웃고, 가족을 기르며, 친구, 그리고 기억이 서린 안전하고 사적인 공간이다.

이 생태계의 필수적인 부분은 사회적 화합이다. 다민족공존주의와 다문화주의로 표방되는 싱가포르에서 공공주택은 수용성과 포용성을 촉진시키는 핵심 역할을 한다. 소득 수준이 다른 사람 또는 인종이 다른 사람들을 사회적으로 서로 섞는 작업은 사려 깊은 아파트 배정 정책 및 같은 아파트 단지 내에 평형 수가 다른 주택을 함께 배치하는 방식을 통해 해결했다.

우리는 또한 공간뿐만 아니라 활성화 프로그램도 함께 설계해 주민들이 보다 능동적으로 공동체를 형성해 나가도록 했다. 물리적인 시설인 하드웨어와 함께 시민적 관여를 통해 마음을 움직이게 하는 하트웨어 (heartware)를 개발해 이웃이 친구가 되도록 하면 더 강한 소속감이 생기는 상황을 목표로 했다.

미래를 위한 계획

가장 큰 총괄계획자이자 주택 개발자인 HDB가 추진하는 계획은 삶의 다양한 차원에 중요한 영향을 미친다. 한 가지 중요한 측면은 그것이 토지가 되었건 에너지, 용수, 인력이 되었건 자원을 지속적으로 최적화하고 보전하는 일이다.

토지에 대한 우려가 가장 큰 도전요소이다. 계속 늘어나는 560만 인구에게 질 높은 생활환경을 제공하려면 해답의 중요부분은 공간을 보다 효율적이고 지능적으로 활용하는 데 있다. 기술의 발전은 더 높은 건물을 짓고, 지하를 개발하거나, 고속도로를 건너지르고, 광활한 바다로 나아갈 새로운 가능성을 실현시켜 줄 수 있다.

고령화되는 인구와 기후 변화 역시 대담하고 창의적인 대응을 필요로 한다. 지속가능성을 항상 염두에 두면서 토지를 창의적으로 재활용하고 주택의 유형과 이동성에 대해 다시 고려해나가면 새롭게 제기되는 여러 요구를 충족시킬 놀라운 전망들이 나올 수 있다.

우리 타운에서 행복을 창출해 나가는 것은 자연스럽게 지향할 다음 단계가 된다. 전반적인 행복을 도시 계획의 중심에 두고 거주적합성 및 인공환경에 대한 창의적인 해법을 관리해 나가야 한다. 우리는 싱가포르 사람들이 좋은 삶을 영위할 수 있도록 거주적합성이 매우 높은 환경을 만들었다. 심지어 급박한 수요를 충족시켜야 했던 HDB의 초창기 시절에도 건설계획은 단순히 천장과 쉼터를 만드는 것을 넘어 생활수준을 높이는 데에 맞추어졌다. HDB는 싱가포르 사람들에게 가정, 긍지, 소속감에 대해 강력한 느낌을 갖게 해줄 수준 높은 주택 공급을 위해 노력한다.

풍골 물길을 따라 조성된 새로운
HDB 아파트를 2018년 2월 촬영한
사진. 더 많은 '녹색과 푸른색' 요소
를 포함하고 있다. ⓒ 주택개발청

청 쿤 힌(Cheong Koon Hean) 박사는 현재 주택개발청(HDB)의 최고
경영자이며 그 이전에 싱가포르 도시재개발청(Urban Redevelopment
Authority)의 최고경영자를 역임했다. 2010년 HDB를 맡은 후 그녀는 공동
체중심, 지속가능성, 스마트 타운으로 대변되는 새로운 세대의 좋은 디자인
을 도입했다. 청 박사는 아시아인으로서는 최초로 2016년에 도시토지연구소
(Urban Land Institute)의 도시개발비전 상인 JC Nicholas상과 고층건물
및 도시주거지 위원회(Council on Tall Buildings and Urban Habitat)
의 Lynn S. Beedle 평생 성취상을 수상했다.

15

중앙 적립 기금(Central Provident Fund)

치아 니 춘(*Chia Ngee Choon*)

중앙적립기금(Central Provident Fund: 이하 CPF)은 1953년에 만들어진 CPF 법령에 따라 설립되었으며, 근로자의 퇴직 이후 수요를 제공하고자 1955년 7월 1일부터 운용을 시작했다. 그런데 운용 직후부터 이 제도는 공격의 대상이 되었는데 비판자들은 이 제도가 배타적이며 모든 이들에게 사회적 보호를 제공할 수 없다는 점을 지적했다. 식민지 정부에 의해 선임된 연금 전문가들은 퇴직을 지원할 새로운 연금제도를 도입하는 동시에 취약자들에게 공적 지원과 복지 혜택을 제공하는 사회적 연금 성격을 내장시킬 수 있기를 선호했다. 1959년 초까지 식민 정부는 CPF 체제를 대체해 새로운 체제를 만드는 법률안을 준비했다.

그런데 1959년 5월, 최초의 완전 선출제 의회를 구성하기 위한 첫 번째 총선이 실시되었는데, 인민행동당은 전체 투표의 53.4%를 획득하면서 총 51개 의석 중 43석을 차지했다. 1959년 6월, 싱가포르는 국방/국내 안보/대외 관계 분야를 제외하고는 내부적으로 완전한 자치정부 지위를 인정받았다. 인민행동당은 퇴직연금 수당 지급에 초점을 두는 대신 경제 성장, 일자리 창출, 교육 및 의료서비스 확대, 주거 환경 개선 등의 사안을 우선시했다. 싱가포르의 초대 총리였던 리콴유는 회고록을 통해 자신과 동료 지도자들은 "복지 사회가 아닌 공정한 사회"를 만드는 것에 초점을 두었다고 기술했다. 복지병과 "의존 사고방식"에 물든 서구 선진국의 경험을 거울삼아 새 지도자들은 다른 철학을 추구했고 이들 국가와는 다른 길을 택했다. 그래서 각 개인이 책임을 지는 성격의 CPF 퇴직 제도는 유지되었다.

오늘날 CPF 제도는 단순히 퇴직자를 위한 연금제도일 뿐만 아니라 싱가포르 사회 안전망의 기반이 되고 있다. CPF 제도하에서는 근로자와 고용주가 함께 근로자의 월급 중 일정 비율에 해당하는 기여금을 근로자의 개인 계좌에 납입한다. 기여금은 특정한 목적을 위해서만 인출될 수 있다. CPF 이사회는 회원들이 직장생활 기간 동안 저축/투자해나가도록 하는 정책을 만드는데 기금의 인출 원칙, 연령별 기여금 비율 및 각 개인의 저축을 그 사람의 일반, 특별 또는 메디세이브(MediSave) 계좌에 할당하는 비율 등을 정하는 작업을 한다. CPF는 주택소유 및 투자(**일반 계좌**), 퇴직 수요(**특별 계좌**), 의료 수요(**MediSave 계좌**) 등 회원들이 각 라이프 사이클별로 필요로 하는 것을 지원하는 데 필수적인 기능을 한다.

주택금융을 위한 기관

주택 소유를 원하는 사람에게 적절한 가격의 주택을 공급하는 것은 여러 국가와 대도시가 직면한 주요 정책적인 도전이다. 주택소유 정책에 있어 싱가포르는 큰 성공을 이루었고 주택을 소유하는 국가라는 칭찬을 받고 있다. 이런 성공은 CPF가 주택금융 기관으로 기능했기에 가능했다. 오랜 세월을 거치는 동안 CPF는 퇴직하거나 사망한 경우 이외에는 돈을 인출할 수 없었던 "우체국 저축기관"으로부터 자산 증식을 도와주는 틀로 변모해왔다. 1968년의 법 제정으로 회원들은 CPF 자금을 인출해 HDB 아파트를 구매할 수 있게 되었고, 1981년에는 CPF 자금으로 개인 부동산도 구매할 수 있게 되었다. 이런 정책 혁신은 CPF의 일반 계좌에 있는 자금으로 주택 계약금, 인지대, 매월 담보대출금을 지불할 수 있도록 해 주택 자산 구매에 드는 부담을 덜어주었다. 이제 80% 정도의 싱가포르 인구는 HDB 아파트에 거주한다. HDB 아파트 거주자 중 70% 이상은 주택 대출을 CPF 저축을 통해 조달하며 인구의 91%가 주택소유자가 되었다. 이는 CPF가 주택소유를 촉진하는 데 있어 필수적인 역할을 수행함을 증명한다.

CPF 회원들이 자산 증식을 하도록 취하는 조치가 결코 퇴직연금의 순축적을 감축시키지는 않았으며 오히려 회원들이 주택 자산을 퇴직 수입 증대에 활용하도록 현금화하는 기회도 창출했다. 아울러 주택을 소유한 퇴직자들 대부분은 집세를 낼 필요가 없기에 보통의 임차인들보다 퇴직 수입을 덜 필요로 한다. 그래서 퇴직 연금으로서 CPF의 적절성을 평가하는 데 있어서는 주택 정책과 연금 정책 간의 긴밀한 연결성을 고려하는 것이 중요하다.

지불금 프로세스의 개선

일반적으로 CPF 제도의 자금 축적 단계 설계에 대해서는 대부분의 싱가포르인들이 이를 흔쾌히 수용했다. 특히 CPF 체제는 주택 자산을 축적할 수 있게 해주었기에 자신들의 선호에 부합하는 것이었다. 반면 축적된 자산을 처리하거나 지불해주는 단계는 좀 더 복잡하고 도전적인 것이었다. CPF 회원들은 자신들의 이 강제 저축을 유일한 저축 또는 유일한 퇴직 저축으로 생각했다. 그래서 흔히 언제, 얼마만큼, 어떻게 자신의 저축을 처리할 것인가에 대해 자기 자신들이 제어할 수 있기를 원했고 기대했다. 처리과정에 대한 어떤 정책 변화도 회원들과의 의사소통이 있어야 했고 퇴직수요에 대한 회원들의 기대에 부합해야 했다. 아울러 회원들과 CPF 이사회와의 신뢰를 유지해줄 사회적 계약으로부터 벗어나서는 안 되었다.

CPF는 확정기여형 퇴직연금(Defined Contribution Pension)이었기에 회원들에 대한 지불금은 CPF에 기여한 금액과 직접 연결되었다. 따라서 세계 여러 나라의 연금들과는 달리 자금 조달이나 지속가능성에 대해 우려할 필요가 없었다. 그러나 확정기여형 제도가 됨으로써 여러 위험에 모두 대처할 수가 없었고 회원들 역시 다양한 유형의 퇴직 위험성에 노출되어 있었다. 앞날을 대비하는 적립기금의 관리자로서 CPF 이사회는 충분한 퇴직 소득을 갖지 못한 사람들이 자존심과 품위를 갖고 독립적으로 생활하게 하는 것과 관련된 적절성에 대한 위험을 관리해야 했다. 예를 들어, 퇴직을 위해 쓰도록 설정된 자원보다 더 오래 살게 되어 나타나는 장수의 위험 및 높은 생활비로 인해 퇴직 수입이 감소되는 인플레의 위험 등에 대처해야 했다.

이런 위험들은 점진적으로 그리고 개별적인 접근법을 통해 해소했다.

1987년 이전에는 회원들이 55세에 이르게 되면 자신이 적립한 모든 저축을 인출할 수 있었기에 적금 처리 문제에 대해 완전한 권한을 보유했다. 그러나 회원들의 평균 수명이 늘어남에 따라 CPF 저축이 장기적인 퇴직기간을 동 자금으로 지원해 주기에 적절하지 못하다는 우려가 나타났다. 1984년 보건 장관이던 호웨 윤 총(Howe Yoon Chong)은 자금 인출 시점을 55세에서 60세로 올리자고 제안했다. 그런데 퇴직 저축에 대한 접근 시기를 연기하는 방안은 회원들로부터 잘 받아들여지지 않았으며 결국 이행되지 못했다. 1987년 타협안으로 최소 금액(Minimum Sum) 방안이 도입되어 사회적 계약을 회복시켜 주었다. 이는 CPF 회원들이 55세에 퇴직 저축 전체를 현금으로 인출할 수 없도록 했으며 법령에 따른 최소한의 금액을 CPF 이사회에 떼어 놓도록 했다. 집단별(cohort-specific) 최소 금액제도는 최소한의 기본 퇴직 수준을 유지시켜주고 있으나 만일 사람들의 욕구가 커질 경우 이를 반영해 줄 수 있도록 각 다음 단계로 상향 조정할 수 있게 되어 있다.

비록 완전 일시불로 인출하는 것을 제한한 조치가 퇴직 적절성을 어느 정도 보장해주었지만, 부족한 연금지급액은 CPF가 장수 위험을 대처하지는 못한다는 것을 의미했고, 그래서 퇴직자들은 자신들이 가진 자원보다 더 오래 사는 위험을 감내해야 했다. 2009년에는 CPF가 노인을 위한 평생 소득(Lifelong Income for Elderly: 이하 CPF Life) 제도를 도입했다. 이 강제적인 연금제도는 평생 동안 매월 연금 급여를 제공하는 것이다. 이 제도는 최초로 CPF 정책이 모든 위험에 대처하고, 직장 생활 내내 적립한 기여금과 혜택 지불을 상호 연계시키지 않은 것이었다. 비록 CPF Life가 장수의 위험은 관리했지만 이 제도만으로 생활비나 인플레에 대한 조정은 할 수 없었기에 퇴직자들은 여전히 인플레이션 위험에 노출되어 있었다. 이에 따라 2018년 1월 증강 계획(Escalating Plan)이 도입되었는데 이는 초기에는 작은 액수의 CPF 지불금을 주는 것으로부터 시작하되, 싱가포르의 장기 평균 인플레 비율을 감안해 매년 2%씩 지불금이 증가되도록 했다. 물론 소비자 물가 지수에 연동시킨 인플레 반영 지불금 방안 역시 직접적으로 인플레 위험을 해소시킬 수는 있다. 그러나 이 방안의 경우 보험금이 30% 정도 상승하게 된다.

부단한 진화의 필요성

지난 몇십 년간 CPF는 지불금 단계에 대해 여러 차례 조정 작업을 진행했고 다양한 은퇴 위험에 대처하는 유연성을 갖추었다. 이런 변화는 성과를 나타내어 CPF 연금제도는 2018년, 머서스 글로벌 펜션(Mercer's Global Pension) 지수의 인적자원 자문부문에서 아시아 지역 내 선두를 차지했다. CPF 제도는 비록 적절성 부분에서 아직도 개선할 여지는 있지만 지속가능성과 완전성이라는 측면에서 높은 점수를 기록했다. 종합점수 B 등급은 핀란드, 호주, 노르웨이와 같은 국가와 같은 등급이다. 나티시스 인베스트먼트 매니저스(Natixis Investment Managers)가 출간한 2019년도 세계 은퇴지수(Global Retirement Index)에 따르면 싱가포르는 3년 연속 은퇴 자금지급 하부지수라는 범주에서 선두를 차지했다. 이 하부지수는 해당 국가 금융 시스템의 지속가능성을 반영한 것으로서 세금 압박, 정부의 부채, 저축의 구매력에 영향을 미치는 여타 금융적 위험성(예를 들어 인플레율이나 이자율의 위험성)들이 모두 고려된 것이다. 싱가포르는 CPF 제도라는 확정기여형 연금을 도입해 잠정적인 세금 압박이나 높은 정부 부채 문제가 없이도 지속가능성을 보장함으로써 소속 지역 내에서 아주 좋은 점수를 얻었다.

여타 연금정책 설계자들과 마찬가지로 CPF 이사회는 인구구성, 경제 및 환경 측면에서의 변화에 따른 심각한 위험에 직면해 있다. CPF 제도는 특히 취약 계층의 은퇴 수요에 대응하면서 싱가포르인들에게 그 중요성을 계속 유지시키기 위해 끊임없이 진화되어야 한다. 지금 현재까지 CPF 저축은 원금을 보장하면서 최소 2.5%의 수익을 벌어주었다. 그러나 현재와 같은 낮은 이자율 환경이 지속되면 회원들에게 자본 축적단계에서 보다 매력 있는 수익을 보장해주지 못하고, 지불 단계에서는 낮은 이자율의 연금 지불을 하지 못하는 어려움을 겪게 된다. 더욱이 지구온난화와 기후 변화는 노인들에 대한 높은 의료비용과 높은 생활비용으로 이어지고, 결국 은퇴 적절성에 영향을 미치게 된다. 싱가포르는 CPF 정책을 여타 사회 보장방안들로 보완해 점차 고령화되는 인구에 대한 의료비용 지원 및 여타 은퇴 수요에 대처해 나가야 한다.

치아 니 춘(Chia Ngee Choon) 박사는 싱가포르국립대 경제학과 부교수 겸 교습담당 부학과장이다. 그녀는 동 대학 내 다음시대 연구소(Next Age Institute)의 공동 소장이며 싱가포르 경제 리뷰의 공동 편집장이다. 치아 박사는 아시아개발은행, 아시아개발은행 연구소, 세계은행과 같은 주요 국제기관을 자문했고, 싱가포르 여러 정부 기관들과 사회안전망에 대한 공동 연구를 수행했다.

16

호커 센터(Hawker Centers)

릴리 콩(*Lily Kong*)

싱가포르 내 어느 관찰자도 이 서적이 다루는 주제들에 대해 의문을 갖지는 않을 것이다. 싱가포르의 성공을 이해하려면 경제, 사회, 문화, 교육, 인프라, 환경, 법률, 보안, 대외관계 등 다양한 측면에서 국가와 국민들을 이해해야 하기 때문이다. 사람들은 싱가포르 항공, 국부펀드인 GIC, 의료체계 및 공동체간의 관계, 공공 주택, 법의 원칙, 그리고 더 많은 것에 대해 기대할 것이다. 이런 글들과 함께하면서 호커 센터에 대한 글은 우선 부끄러우면서도 모든 사람들이 관련되고, 너무 평범하며, 심지어 굉장히 사소한 것으로 보일지 모른다. 많은 사람들은 변변치 않은 호커 센터가 나라를 만들어 가는 데 중요했다고 생각하지 않을 것 같다.

그러나 호커 센터가 기여한 사항은 매우 많다. 일상적인 호커 센터는 국가의 사회적 하부구조를 튼튼하게 해준다. 호커 센터가 만들어주는 활기찬 사회적 그리고 공동체적인 삶은 매일의 생활을 통해 공동체 상호 간을 엮어주는 역할을 한다. 이와 동시에 경제적 측면에서 생계를 유지할 수단을 제공하고, 가격을 유지시켜 결과적으로 생활비를 낮춰주는 호커 센터의 기여는 매우 중요하다. 비록 무형적인 것이지만 국가의 상징, 정체성의 원천, 유산이자 긍지를 나타내는 상징적인 역할 또한 매우 중요하다.

공동체의 식당

싱가포르에서 호커 센터에 대한 이야기는 많은 경우 그들의 일상생활에 대한 이야기이다. 이는 지나간 과거에서뿐만 아니라 현재에도 맞는 이야기다. 이는 조리하는 불 뒤쪽에서 일하는 호커뿐만 아니라 탁자를 청소하는 아주머니와 아저씨, 그리고 방과 후 음식을 사먹으려 줄을 서는 학생들에게도 모두 해당된다. 일상생활이 서로 다른 사람들이 모두 함께 모이기에 호커 매대나 호커 센터는 싱가포르의 사회적 관계망이 되었다. 옛날 가두 행상 옆에서 옹기종기 모여 앉을 때부터 오늘날 호커 센터에서 집단으로 모이는 것까지 전혀 모르는 사람들이 서로 어깨를 맞부딪히며 같은 탁자에 앉고, 주변 사람들과 인사를 나누며, 가족들끼리는 음식을 함께 나누고, 친구들끼리는 서로에 대한 현황을 챙겨왔다.

2008년 국립환경청(National Environment Agency)과 그 당시의 공동체 개발, 청년, 스포츠부(MCYS)가 공동으로 실시한 설문조사에 따르면 81%의 응답자가 호커 센터가 공동체를 결합시키는 데 중요한 역할을 했다고 답변했다. 호커 센터에는 사회 각계각층의 사람들이 음식 찾기라는 공동의 목적으로 단결되어 있다. 그들이 최고 경영자이건, 공장 노동자이건, 할아버지이건, 손자이든 그리고 중국계, 말레이계, 인도계, 유라시안계, 페라나칸, 그리고 백인들이건 간에 말이다. 생전 처음 보는 사람들이 같은 탁자를 함께 사용하고, 좋아하는 호커 음식을 입에 집어넣고, 때때로 어디에서 최고 수준의 차퀘이테오우(Char Kway Teow: 해산물, 소세지, 콩나물, 계란 등을 함께 넣고 볶은 넓적한 쌀국수 요리)나 굴 오믈렛 요리를 찾을 수 있는지 정보를 교환한다. 동네 사람들은 서로 만나 인사를 나누고 소문을 교환한다. 가족들은 어린이를 끌고 나오는데, 특히 주말에 밖에서 먹기를 선호할 때, 음식을 함께 먹으면서 가족들만의 시간을 갖는다. 은퇴자들은 아침 운동 후에 차를 마시고, 친구들과 담소를 즐기거나 그날의 신문을 읽는다. 앞서 언급한 설문조사에서 응답자들은 호커 센터가 공동체를 형성하는 장소라고 답변했는데 그 이유는 서로 다른 인종들이 운영하는 가게가 가깝게 붙어 있어 다민족적인 싱가포르의 특성을 보여주며, 모든 연령대와 모든 인종들이 자주 방문하고, 사람들이 느긋이 쉬면서 교제하는 좋은 만남의 장소이자, 고객과 가게 주인 간의 상호 작용이 이루어지는 곳이기 때문이라고 했다.

호커 센터는 즉흥적인 상호 작용도 촉진하며, 공동체를 함께 불러 모으는 조직 활동도 한다.

1984년 4월 촬영된 텔록 아이어 호커 센터(위쪽)는 시장으로 개조되었다. 1991년, 이는 다시 라우 파 샛(호키엔 언어로 옛 시장이라는 뜻) 축제 시장(아래쪽)으로 개명되었다. 2010년 4월 촬영되었다. © 싱가포르 프레스 홀딩스

이웃과 음식나누기 프로그램(Neighborhood Meal Program)을 통해 주변의 어려운 사람에게 공짜 음식과 바꿀 수 있는 쿠폰을 배포하는 활동도 조직한다. 공동체를 위한 자신들의 역할을 통해 호커들은 자신들도 공동체의 일원이며 남들을 보살핀다는 점을 보여준다. 더 나아가, 지역 내 풀뿌리 조직들은 호커 센터에서 자선 활동과 모금 활동을 개최한다. 가게 주인들은 돈과 음식을 기부할 뿐만 아니라 가게 앞에 모금통을 설치해 모금 활동도 돕는다. 국립환경청은 지역 풀뿌리 조직 및 호커 협회와 공동으로 일부 선정된 호커 센터에서 길거리 연주, 벼룩시장 개장, 어린이용 탈 것 시범, 주방용품 판촉 등 여러 실험적인 활동도 소개했다.

일반 호커 센터만큼 일상생활의 기초가 더 잘 나타나는 곳은 없다. 국가의 사회적 뼈대는 호커 센터에서의 다양한 활동 및 호커 센터에 의해 가능해진 상호작용을 통해 형성된다.

생계를 위한 음식판매

호커 센터는 사회적 역할을 넘어 매우 중요한 경제적 기능도 수행한다. 호커 센터에서 음식을 판매하는 일을 통해 품위 있는 생활이 가능하게 되었는데 이는 싱가포르의 초기 시절 이래 쭉 그래왔다. 독립 이전 시절에는 호커 음식 판매업이 여러 사람들에게 매력적이었는데 새 사업에 들어가는 비용이 낮았고, 전반적인 경비도 감당 가능했으며, 판매하는 품목이나 영업시간에 대한 제한도 없었다. 호커(동 음식을 판매하는 사람)들은 대체로 자기 스스로가 사장이었기에 독자적인 결정이 가능했다. 과거 이곳저곳을 돌아다니며 판매하던 호커들은 전 가족을 먹여 살렸고 일부는 자녀들까지 음식 사업에 참여시켰다. 이는 그 당시 매우 중요한 기능을 수행한 것인데 대다수 사람들이 교육을 받을 기회가 없었던 그 시절에 어쨌거나 음식을 판매하는 것이 생활을 유지시켜 주었기 때문이다.

독립 이후에도 호커 음식 판매는 많은 사람들의 생계유지에 중요했다. 다만 그 성격은 이전처럼 이곳저곳을 돌아다니며 판매하는 것으로부터 특별한 목적을 위해 건립된 호커 센터라는 고정 장소에서 판매하는 것으로 변화했다. 호커 음식판매가 생계유지의 중요 수단임을 인식했기에 싱가포르 정부는 호커들의 성공을 위한 여러 조치들을 취했다. 예를 들면, 고객을 맞아 영업을 하는 건물 내에서 좋은 서비스를 제공하는 것이 중요한 점에 착안해 환경청과 싱가포르 노동청(Workforce Singapore Agency)은 호커들을 위한 교육 과정을 개설해 고객관계와 서비스 제공 등을 가르쳤다. 근래에는 현지 음식 조리법을 포함해 호커가 되기 위한 방법과 사업관리의 기초 등에 대한 교육과정도 도입되었다.

아울러, 호커 매대의 임차 비용에 대해서도 오랫동안 높은 보조금이 주어졌다. 1970년대에 길거리로부터 호커 센터로 이전한 "1세대 호커"들은 모두 아주 싼 임차료만 지불했다. 임차료에 높은 보조금을 지불하는 중요한 이유는 호커 센터가 음식 가격이 불합리하게 상승하는 것을 억제하여 결과적으로 중요한 사회적 서비스를 수행하기 때문이다. 호커들은 자기들이 사용하는 전기/수도세만 부담하고, 공용 식사구역에 대한 관리비용은 환경청이 부담한다. 호커 센터 시설을 개선해 임차료를 올릴 때에도 실제적 총액은 매우 적은 편인데 이는 최초 임차 비용이 낮았기 때문이다. 예를 들어 아담로드 푸드센터가 2002년 시설 개선 사업을 마쳤을 때, 보조금이 지원된 임차료는 월 160싱가포르 달러에서 192싱가포르 달러로 증액되었다.

또 다른 사례는 1975년도에 수행했던 고난해소 방안(Hardship Scheme)이 있다. 이는 고난을 겪는 것으로 인정된 사람들을 지원하기 위한 제도인데 나이가 40 이상이고, 가족 수입은 500달러 이하이며, 지원해야 할 부양가족이 있는 사람에게는 호커 가게를 임차할 때 매우 높은 보조금을 지원하는 것이다.

한편, 가게 입주 방식이 입찰형식으로 바뀌고 임차료가 월 200달러 이하에서 1,000달러 내지 1,500달러로 슬슬 올라가게 되자, 이행하는 과정상의 어려움을 해소하고자 향상된 안배방안(Enhanced Assignment Scheme)이 도입되었다. 원 가게주인으로부터 가게를 임차했을 경우 가게를 배정받은 사람은 즉시 시장 가격으로 임차료를 낼 필요가 없으며 3년간의 기간에 걸쳐 서서히 이를 이행하게 했다.

이런 다양한 방식을 통해 호커 음식 판매가 많은 싱가포르 사람들의 생계를 보장하도록 해주었는데 특히 국가 건설이 이루어지던 초창기 시절에 그랬다. 일부 호커들은 사업을 크게 키워 가맹점을 만들거나 해외 진출도 했는데 여러 정부 기관들이 이런 노력을 지원했다. 대표적인 사례로 지역 상표인 야쿤 카야 토스트(Ya Kun Kaya Toast: 카야 토스트 전문점)와 주메인 사태 스팩션(Jumain Sataysfaction: 꼬치구이 전문점)이 있다. 이들은 각각 1960년대와 1940년대에 미약하게 시작되었다.

상징적 자산으로서의 호커 센터: 정체성, 유산, 그리고 긍지

싱가포르의 호커 센터는 영국의 레이크 디스트릭트, 이집트의 피라미드, 중국의 만리장성과 같은 반열에 있는 것으로 이야기되어왔다. 이는 미국의 작가 겸 언론인인 패트리샤 슐츠(Patricia Schultz)의 저서인 "죽기 전에 가보아야 할 1,001곳"(1,001 Places To See Before You Die)에 비추어볼 때 전혀 억지 주장은 아니다. 그녀는 "음식에 목을 매는 싱가포르는 놀랄 정도로 다양한 아시아 요리를 맛볼 수 있는 지구상 최고의 장소"라고 했다. "격조 있는 식당들도 풍성하지만 당신이 찾아야 할 곳은 방문 고위 인사가 택시 운전사와 어느 시간대이든 함께 어울릴 수 있는 다양한 길거리 음식의 보고"라고도 기술했다.

아울러 호커 문화를 유네스코 인류무형문화유산으로 등재하고자 하는 2018년 국가유산위원회, 환경청, 상인연합회 등 관련 기관들의 노력에 대해 싱가포르인들은 압도적인 지지를 보내주었다. 이것은 호커 문화가 싱가포르인들에게 얼마나 중요한 것인지 방증한다. 호커 문화를 선정하는 과정에서 싱가포르인들에 대해 여러 차례의 공식 협의 절차가 있었다. 국가유산위원회는 2018년 여론조사도 실시했다. 3,000명 이상이 "음식 유산"을 싱가포르의 가장 중요한 무형문화유산으로 지적했다. 또한, 2016년에 환경청이 실시한 설문조사에서는 10명 중 9명이 호커 문화가 싱가포르의 정체성에 중요한 요소라는 점에 대해 강력한 동의 또는 동의를 한다는 반응을 보였다.

유네스코의 목록 등재 여부와 상관없이 싱가포르는 이미 승리를 거두었다. 이런 절차들을 통해 공동으로 추구하는 것에 대해 싱가포르 사람들을 하나로 묶고, 당연한 것으로 여겨지던 호커 센터의 중요성을 전면에 내세우며, 그와 연관된 문화를 싱가포르의 정체성과 긍지의 핵심 요소로 설정했기 때문이다.

릴리 콩(Lily Kong) 교수는 싱가포르경영대(SMU)의 총장 겸 리콩치안 석좌교수이다. 그녀는 아시아 도시들의 사회/문화적 변화에 대해 광범위한 저술을 남겼으며 싱가포르의 사회/문화적 기반이 변화하는 것에 대해 오랜 기간 동안 날카롭게 관찰해왔다.

17

여성들의 권한 강화

칸왈지트 소인(*Kanwaljit Soin*)과 마가렛 토마스(*Margaret Thomas*)

싱가포르에서의 양성 평등 문제는 여성 헌장(Women's Charter)이 제정된 1961년에 엄청난 도약을 이루었는데, 결혼 생활에서 남편과 아내에게 동등한 지위를 부여해 주고 일부다처제를 불법화했다. 이는 굉장히 혁신적인 법이었는데 당시 싱가포르 경제를 설계하던 선구자 고켕스위 박사는 동 법이 싱가포르에서뿐만 아니라 동남아시아의 사회적 법 제정에 있어 중요한 진전을 달성한 것이라고 묘사했다.

이 법 이전에 여성은 싱가포르에서의 지위가 미약했다. 여성들은 남성들보다 교육받을 기회가 적었고 특히 사회 경제적으로 낮은 계층에서 더욱 심했다. 1960년에 여성들이 글을 읽고 쓸 줄 아는 능력은 32.8%로서 남성들의 70.3%에 비해 그 절반에도 못 미쳤다. 여성들에게는 아직도 아내, 엄마, 그리고 주부로서의 역할이 기대되었고 일부다처제가 만연했다.

1952년 여성권리운동가인 쉬린 포즈다(Shirin Fozdar)가 각 공동체의 지도적 여성들을 함께 모아 싱가포르 여성위원회(Singapore Council of Women)를 창설했다. 이들은 일부일처제와 보다 나은 여성보호 문제를 열성적으로 홍보했다. 이들은 당시 야당이던 인민행동당의 지지를 받았는데 당내 찬 초이 시옹(Chan Choy Siong)과 같은 남녀평등주의자는 당 지도자들이 여성의 권리를 당 강령의 핵심 중 하나로 채택하도록 밀어 붙였다. "남편 한 명, 아내 한 명"이 당 선거 운동의 구호가 되었다. 싱가포르가 자치 정부를 구성하는 방향으로 나아가자, 보통 선거 및 의무투표제하에서는 여성들의 투표가 선거 승리를 위해 매우 중요하게 되었다. 1959년 인민행동당이 정권을 잡게 되자, 당은 싱가포르 여성들에 대한 공약을 실천했다. 1961년 9월, 앞서 설명한 것처럼 여성 헌장이 법률화되었다.

보편적 교육은 인민행동당 선거 운동의 또 다른 축이었는데 곧 여러 학교가 설립되어 모든 아동들의 교육에 대한 접근이 가능해졌다. 1960년대와 70년대에 싱가포르의 경제가 급속히 성장하게 되자 여성들은 매우 중요한 경제적 자원이 되었다. 국가는 여성 노동력을 필요로 했다.

여성들의 삶과 선택에 영향을 미친 또 다른 요소는 정부의 출산정책이었다. 제2차 세계대전 이후 싱가포르는 아이들로 넘쳐났다. 1947~57년 기간 동안 총 출산율은 약 6.5%였고 절정을 기록할 때는 매 11분마다 아이가 태어났다. 1949년 가족계획 주창자인 콘스탄스 고와 그의 동료들은 부모가 많은 아이들을 돌볼 수 없는 현실을 우려하면서 싱가포르 가족계획협회(Singapore Family Planning Association)를 시작했다.

1960년 정부는 최초로 국가차원의 가족계획 캠페인을 시작하면서 국민들에게 가족 수가 많은 경우의 불리한 점을 홍보했다. 1965년 정부는 가족계획 5개년 계획의 개요를 설명하는 백서를 발간하고 싱가포르 가족계획 및 인구 위원회(Singapore Family Planning & Population Board)를 설립했다. 1970년에는 낙태법(Abortion Act)을 제정해 낙태를 합법화했다. 이 법의 목적은 인구 성장을 통제하는 것이었지만 동시에 여성들의 생식건강을 보호하려는 측면도 있었다. 왜냐하면 뒷거리에서 빈번히 이루어지는 낙태를 억제하고 여성들에게 자기 몸에 대해 어느 정도의 자기가 결정하는 자율성을 주는 일환이 되기 때문이다.

1972년 정부는 두 아이 갖기 정책을 도입하면서 가족 수가 작은 가정에는 혜택을, 가족 수가 많은 가정에는 불이익을 주었다. 이 정책을 한마디로 요약했던 구호는 "딸이건 아들이건 둘이면 충분하다"였다. 이 정책은 의도하지 않게 어느 정도의 양성평등을 시현한 성과도 거두었다. 전통적이고 가부장적인 믿음이었던, 남자 아이가 여자 아이보다 낫다는 생각은 강력히 도전받고 사회적인 인식 역시 변화하기 시작했다.

경제적 이익과 양성 평등 간의 갈등

그러나, 정치학자인 찬 헹치(Chan Heng Chee) 여사가 1975년에 지적한 것처럼 여성들의 교육 및 경제활동 참여 기회는 정부의 경제적 실용주의에 의해 촉발된 것이지 양성 평등을 촉진하고자 하는 목적에 의해 실현된 것은 아니었다.

사실 지도자들의 가부장적인 접근은 다음과 같은 리콴유 총리의 1975년 성명에 잘 나타나 있다. "우리의 우선적인 관심 사항은 모든 여성들이 교육, 고용, 승진에 있어 남성들과 동등해져야 하지만 가정의 틀이 높은 이혼율로 인해 어려움을 겪거나, 부모가 모두 일을 나가 아이를 등한시함으로써 악영향을 주면 안 된다는 것을 확실히 하는 것입니다."

교육에 대한 동등한 접근을 추구하던 정부의 정책은 1979년에 유턴을 하게 된다. 즉 싱가포르 국립대의 의과대학 입학에 있어 여성들에게 1/3의 쿼터를 할당한 것이다. 당시 보건장관이던 토 친 치에(Toh Chin Chie)는 의회에서 이 정책을 정당화하면서 다음과 같이 설명했다. "여성들은 좋은 의사가 되기가 매우 어렵습니다. 왜냐하면 정부 병원에서 야간 근무를 서야 할 뿐만 아니라 좋은 아내와 좋은 엄마가 되어야 하기 때문입니다."

매우 공격적인 출산 억제 정책뿐만 아니라 높은 교육 수준, 광범위한 고용 및 능력개발 기회, 풍요로움의 증가에 따른 자연적 결과로서 1970년대 중반에는 싱가포르의 출산율이 인구보충 출생률에도 미치지 못하고 오히려 그 이하로 내려갔다. 그렇지만 가족계획에 관한 메시지는 경제적 이익과 양성 평등 간의 갈등이 최고 수위에 오른 1983년까지 계속되었다.

당시 리콴유 총리는 1983년 국경일 연설에서 출생률 감소 문제, 특히 교육 수준이 높은 여성들의 출생률 감소 문제에 초점을 맞추었다. 그는 한쪽으로 치우친 출산 유형이 의도하지 않은 교육의 결과임을 지적했다. "우리는 정책을 추가로 수정해야 합니다. 우리의 인구 구조를 개편해 고등 교육을 받은 여성들이 더 많은 아이를 갖고 이들이 미래 세대에서 합당하게 대표될 수 있도록 해야 합니다 … 동등한 고용 기회는 좋습니다. 그러나 우리는 여성들을 엄마가 될 수 없는 일자리로 밀어 넣어서는 안 됩니다."

이 연설 이후 정부 정책의 기조에 변화가 있었다. 초점은 싱가포르인들, 특히 젊은 대학 졸업생들이 결혼하고 가정을 이루는 것에 맞추어졌다. 일부 정책 변화는 조건 반사적이고 성차별적인 반응처럼 보였는데, 예를 들면 여학생은 가정경제학을 공부해야 하며 더 이상 기술 교육은 받을 수 없다고 한 1984년 결정이 그것이다. 여타 정책들로는 소셜디벨롭먼트 유닛(Social Development Unit)이라는 정부 조직을 만들어 정부의 자금으로 대학 졸업자의 데이트 및 결혼 중매를 지원하거나, 대학을 졸업한 엄마를 둔 아이들에게 가장 좋은 학교의 입학 우선권을 주는 정책들이 있다. 이는 모두 엘리트주의라는 인상을 준다.

많은 사람들이 이 새 정책을 좋아하지 않았는데 이는 여성을 아이 낳는 개체로 자리매김했기 때문이었다. 언론이 "결혼에 대한 대(大)논쟁"(The Great Marriage Debate)이라고 별칭을 붙였듯 일단의 여성들은 이에 자극 받아 1985년 행동과 연구를 위한 여성 연합(Association of Women for Action and Research)을 결성하고 가부장적인 추정 및 접근법에 반발하면서 양성평등을 밀어 붙였다.

그렇지만 정책결정자들은 가부장적인 시각에 계속 매달렸다. 1993년 당시 고촉통 총리는 "모든 분야에서 양성 평등은 가능하지도 않고 현명하지도 않습니다."라고 언급했다. 이는 남자공무원의 배우자와 아이들에게만 의료보험 혜택을 주고 여성 공무원의 배우자와 아이들에게는 혜택을 주지 않는 정책과 관련해 나온 말이다. 당시 리차드 후(Richard Hu) 재무장관은 의회에서 이 정책을 변호하면서 "아시아 사회에서 각 가정의 대표는 남편이라는 원칙"에 기반한 것이라고 설명했다. 이런 입장은 여성 헌장에 새겨진 동등 권리의 원칙과 배치되는 것이었는데, 동 헌장은 결혼을 "양 배우자의 행복을 위해 서로 다른 종류의 노력을 경주하는 동등하고 협력적인 동반자 관계"라고 명기하고 있다.

간극을 메꾸기

그러나 변화는 진행되었다. 1995년 싱가포르는 유엔의 여성에 관한 모든 형태의 차별철폐에 관한 협약(CEDAW)을 비준했다. 물론 몇몇 조항에 대해서는 유보 조치를 취한 후에 내린 결정이었다. 동 협약은 회원국들에게 모든 분야에서 여성의 완전한 참여를 제약할 수 있는 장애물을 점진적으로 해소하도록 요구했다.

2000년에 정부는 공동체발전 및 청년스포츠부 산하에 여성 데스크

(Women's Desk)를 설치해 양성평등 문제와 여성에 관한 국제 협력문제에 있어 중심점 역할을 담당하게 했다. 2002년 싱가포르는 국제노동기구의 동일 보수에 관한 협약(Convention on Equal Renumeration)에 비준해 동일 업무에 대한 동일 보수 원칙을 수용했다.

2003년에는 여성 의과대학생에 대한 쿼터제도가 종료되었다. 2004년에는 해외에서 싱가포르 국적 엄마가 낳은 아이도 싱가포르의 시민권을 획득할 수 있도록 싱가포르의 헌법이 개정되었다. 이전에는 싱가포르 남자만이 시민권을 아이들에게 넘겨줄 수 있었다. 2005년에는 공무원에 대한 의료 혜택 제공에 있어서도 양성 평등이 이루어졌다.

2013년에는 여성 단체 등이 남편과 아내의 동등한 육아책임을 지지해 달라고 호소해 온 요청이 최종적으로 받아들여졌다. 아빠들은 일주일간의 출산휴가와 남편과 아내가 함께 쓸 수 있는 또 다른 일주일간의 육아휴가를 보장받았다. 2017년에는 아빠들에게 2주일간의 유급 출산 휴가를 보장했으며, 일하는 엄마에게는 16주간의 유급 출산휴가를 보장했다.

비록 이런 모든 진전에도 불구하고, 싱가포르에서는 아직도 여러 분야에서 여성들이 남성들에게 뒤쳐져 있다. 몇 가지 예를 들자면,

1. 여성들은 100대 상장 기업의 이사회 내에서 15.7%밖에 차지하지 못하고 있다. 이는 말레이시아의 19%, 프랑스의 42%와 비교가 된다.
2. 싱가포르 기업 중 1/3은 고위 관리팀에 여성을 포함하고 있다. 그러나 9%만이 최고경영자의 지위를 갖고 있는데, 아세안 국가 전체로 보면 21%의 회사에서 여성이 최고경영자이다.
3. 여성은 국회의원의 24%, 내각의 16%를 차지한다. 여성 국회의원이 24%인 것은 세계 평균 수준은 되지만 많은 나라에 비해 뒤쳐져 있다.
4. 여성들은 남성들에 비해 평균 9%에서 13% 적게 번다.

이런 격차의 해소가 왜 싱가포르에 중요한가? 물론 단순히 정의라는 측면에서 양성 평등이 중요하다는 강력한 논거가 있을 수 있다. 그러나 경제/재정적 측면에서도 강력한 논거가 있다. 영향력 있는 컨설팅 회사인 맥

킨지사(McKinsey & Company)의 연구조사에 따르면 다양한 성별로 구성된 최상위 사분위의 회사는 성별 구성에서 최하위 사분위에 있는 회사들에 비해 평균수익률을 넘는 성과를 달성할 가능성이 21% 이상 높았다. 맥킨지의 경영경제연구소인 맥킨지 글로벌 인스티튜트(McKinsey Global Institute)는 양성평등을 증대시킬 경우 싱가포르는 2025년까지 연간 GDP에 5% 증가를 의미하는 200억 미 달러를 추가하게 될 것이라고 평가했다.

여성 헌장이 통과된 지 근 60년이 지났지만 집과 가정은 여성들이 보전해야 한다는 가부장적인 시각이 여성들의 완전한 권한 강화 및 국가가 여성들의 재능, 기술, 창의성을 완전히 활용하는 것을 계속적으로 방해하고 있다.

1960년대에 싱가포르 여성들에게 동등한 교육 기회를 부여한 것이 경제 확장에 긴요한 여성노동력의 확대를 가져왔고, 결국 싱가포르 성공스토리의 핵심 요소가 되었다.

우리가 점차 증대되는 21세기의 복합적 도전에 대처해 나가기 위해서는 모든 면에서 여성들의 완전하고 동등한 참여가 있어야 한다. 양성 평등과 여성의 권한강화는 경제적으로도 긴요한 사안이며 조금도 거리낌 없이 수용해야 할 핵심적인 원칙이다.

칸왈지트 소인(Kanwaljit Soin) 박사는 개인영업을 하는 정형외과의사이며 1992년부터 1996년까지 임명직 국회의원을 역임했다. 고령 여성의 활동적인 노화를 지원하는 조직인 WINGS의 창설 회장을 맡았고 21세기의 성공적인 노화를 위한 메모인 『Silver Shade of Grey』의 저자이다.

마가렛 토마스(Margaret Thomas)는 25년 이상 언론에 몸담았으며 『더 비즈니스 타임즈(The Business Times)』, 『더 싱가포르 모니터(The Singapore Monitor)』, 『투데이(Today)』 등지에서 고위직을 맡았다.

두 여성은 행동과 연구를 위한 여성 연합(AWARE)이 1985년 창설되었을 때의 창설 회원이었다. 소인 박사는 1991년부터 1993년까지 회장을 역임했고, 토마스 여사는 2018년 이래 회장을 맡고 있다. 2015년 두 사람은 『Our Lives to Live: Putting a Woman's Face to Change in Singapore』라는 책을 공동으로 편집했다.

18

낮은 아동 및 산모 사망률

제레미 림(*Jeremy Lim*)

경제적 기적을 이룬 싱가포르 이야기는 잘 알려져 있다. 스카이라인을 이루는 빛나는 고층 건물들은 1인당 GDP가 독립 당시인 1965년 기준 517미 달러에서 2018년 기준 6만 4,582미 달러로 125배나 증가한 사실을 잘 증거해준다.

더욱 주목되는 이야기는 건강 상황의 개선이다. 1900년대 초반만 해도 싱가포르 아이들은 여러 전염병 중에서도 파상풍, 소아마비, 결핵으로 인해 유아기의 사망률이 높았다. 1965년경 상황은 개선되었지만 산모와 유아들의 사망률은 여전히 심각해서 10만 건 중 39건이 정상 출산이나 사산하는 과정에서 사망하고 유아들의 경우 1천 명당 26.3명이 정상출산 이후 사망했다.

지난 50여 년간을 거쳐 오면서 싱가포르는 출산과정에서의 사망을 10만 건당 10.2건으로 줄이는 성과를 보여주었고, 2018년의 경우 이를 4건으로까지 줄였다. 유아사망률도 2018년의 경우 정상 출산유아 1천 명 당 2.1명으로 줄여 세계에서 가장 낮은 수준을 기록했다. 세계은행의 통계에 따르면 고소득 국가의 평균적인 산모 사망 위험성은 2017년의 경우 10만 건당 11건이었고, 평균 유아사망률은 2018년의 경우 정상 출산유아 1천 명당 4명이었다. 핀란드가 1천 명의 유아 당 1명의 사망률로 가장 낮았다.

이런 극적인 개선을 어떻게 설명할 수 있을까? 싱가포르 "소아과의 대부"라 할 수 있는 옹 혹 분(Wong Hock Boon) 교수는 이에 대한 해답으로 건강에 대한 사회적 결정요소를 해결한 점을 지적했다. 즉, 유아 및 아동들의 영양개선, 모유 수유의 권장, 국가 면역프로그램의 도입 등이다.

공중 보건과 사회적 조건의 개선

정부는 이런 일을 성취한 것으로 충분히 칭찬받을 만하다. 싱가포르 정부는 1963년 당당하게 가부장적인 태도로 디프테리아 강제 예방접종 조치를 도입했는데 다른 국가도 이를 뒤따랐다.

1975년 싱가포르 국립대 소아과 과장이던 옹 교수는 "싱가포르 모유수유 산모클럽"(1991년 모유수유 산모를 위한 지원 그룹으로 개편)을 조직해 29%에 불과하던 모유수유 상황을 개선하고자 했다. 이 결과 오늘날 사실상 모든 산모가 최소한 병원을 떠날 때까지는 모유를 수유한다.

1970년대에 아동으로 성장하던 나는 거의 강제적인 우유 보충 프로그램을 직접 경험했는데 오늘날에도 바나나 맛 우유에 대한 기억이 새롭다.

개선된 의료 및 공중 보건 프로그램 이외에도 국가적 가족계획과 개선된 교육이 산모와 유아들의 사망률을 감소시키는 데 중요했다. 1966년에는 싱가포르 가족계획 및 인구위원회가 설립되어 가족계획을 적극 추진했으며, 특히 산모나 유아의 합병증이라는 측면에서 가장 취약계층으로 여겨지던 저소득 여성들을 대상으로 한 가족계획을 진행했다.

교육 역시 핵심적인 요소였다. 초등학교 및 중등학교에 대한 등록은 1959년 31만 5천 건에서 1968년 52만 2,611건으로 치솟았다. 교육 수준이 높은 부모는 더 많은 자원을 자녀에게 투입했고 통상적으로 '두 명에서 멈추기'라는 인구정책에도 가입했다.

아동의 수가 적어질수록 각 가정에서는 더욱 많은 자원을 아이들에게 투입할 수 있었다. 이는 보다 범위를 넓혀 임신 초기에 산모의 건강을 개선하는 것에서부터 출산 전의 돌봄에 이르기까지, 그리고 병원에서의 출산, 아동 예방접종 및 영양 문제에 이르기까지 산모와 아이의 건강 상태를 개선해 주었다.

위생 문제를 개선한 것도 중요한 요소였는데 성공적인 주택 정책과 의학의 발전으로 인해 감염병은 극적으로 줄어들었다. 1950년대 후반에는 대략적으로 결핵 발생 건수가 인구 10만 명당 300건이었는데 1980년대의 경우 그 수준이 1/5 이하로 급감했다.

주택개발청이 설립되기 이전인 1927년부터 1959년까지에는 2만 3천 호의 주택이 건립되었는데, 주택개발청은 설립 이후 5년 내에 5만 4,430호 의 주택을 공급하면서 많은 저소득 가구를 비위생적인 생활환경으로부터 이주시켰다. 결핵을 치료하는 화학요법제도 개발되어 1960년대에 싱가포르에 소개되었다.

무엇을 했는가를 설명하면서, 싱가포르가 무엇을 하지 않았는가를 강조하는 것도 의미가 있을 것이다. 1960년대와 1970년대처럼 1차 의료 및 산모와 아동의 건강에만 초점을 두는 외골수적인 접근을 하게 되면 한정된 정부의 자금이 값비싼 3차 치료 병원으로 전달되지 못한다. 의사이자 공무 원위원회 의장을 역임한 앤드루 츄(Andrew Chew) 박사는 당시 병원들이 너무 돈에 쪼들려 수술용 봉합사를 끝부분까지 사용하는 등 할 수 있는 모든 일을 다 했다고 설명한다. 1981년에야 신 싱가포르 종합병원(New Singapore General Hospital)이 문을 열고 산모와 어린이들에게 20여 년간 많은 배려와 진료를 해주었다.

1974년 4월 리버 밸리 중학교 학생들이 우유를 마시고 있다. 교육부는 34개 정부 학교 의 학생 2만 7천 명에게 보조금을 통해 매일 1파인트의 우유를 마시도록 했다. ⓒ 싱가 포르 프레스 홀딩스

그 이후 유아 사망률은 더욱 떨어져 1983년에 출생아 1천 명당 8.8명이 되었고 현재에는 1천 명당 2.1명이 되었다. 이렇게 개선이 이루어진 것은 잘 알려진 산모와 아동에 대한 치료법을 광범위하게 활용했고, 조산에 대한 관리가 나아졌으며, 보다 정교한 신생아 중환자실(**특히 조산에서 비롯되는 호흡기 질병을 치료하는**)이 도입되었기 때문이다.

다음에는 무엇을 해야 하나?

이제는 싱가포르가 어느 정도 재정 면에서의 안정성과 부의 축적을 이루었고 산모 및 아동의 건강과 직결되는 사회적 요인도 대부분 해소한 만큼 다음 단계를 생각해 볼 시점이 되었다.

KK 여성 및 아동 병원(KK Women's and Children's Hospital) 내에 동남아에서 제일 큰 신생아 중환자실과 같은 훌륭한 시설을 운영하는 것 이외에도, 싱가포르는 임신과 출산을 최적화하는 방안에 대한 연구를 열정적으로 진행하고 있다. 싱가포르에서 성장하면서 건강한 결과를 얻는 연구(Growing Up in Singapore Towards Healthy Outcomes study: 이하 GUSTO)는 2009년에 시작된 가장 광범위하고 포괄적인 출생 집단 연구로서 "싱가포르인들에게 출생 시부터 건강과 잠재력을 증진시킬 수 있는 많은 중요한 사실"들을 알아내는 대규모 작업이다.

10년 전에 연구원들은 자발적으로 참여한 1,200여 명의 싱가포르 여성들을 모집해 그들의 임신과 그 이후를 연구했다. 어떤 요소가 산모와 아동의 건강을 증진시키는가를 이해하기 위해 연구원들은 생후 첫 18개월 동안 엄마와 아이를 면밀히 관찰했다.

GUSTO 연구 결과로 인한 중요한 한 가지의 정책 변화는 작년도부터 모든 여성에게 임신성 당뇨병 검사를 받도록 한 것이다. GUSTO 연구 결과는 과거 고위험 여성들만 검사했던 방식은 오류가 있고, 실제로 모든 임신 여성들이 위험에 노출되어 있다는 것이었다. 연구 결과가 확인된 후 18개월 이내에 국가 정책을 바꾼다는 사실 자체가 모든 엄마와 아동에게 최선의 결과를 제공하겠다는 싱가포르 정부의 강력한 공약을 나타내 주는 것이다.

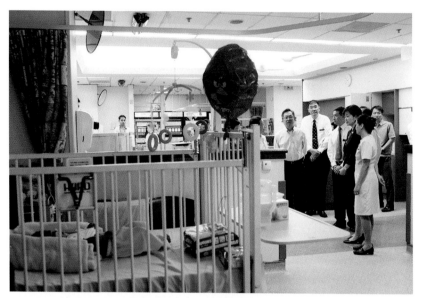

간 킴용 보건부 장관(핑크색 셔츠)이 2013년 1월 22일 KK 여성 및 아동 병원의 신생아 집중치료 병동을 방문하고 있다. ⓒ 싱가포르 프레스 홀딩스

싱가포르는 산모와 아동 건강 문제에 있어 "제3세계에서 제1세계"로 변모한 것 때문에 국제 사회로부터 찬사를 받고 있다. 우리는 많은 감염병의 위험을 해소했지만 다음 전선은 모든 아동이 최선의 인생 출발을 하고 어른이 되어서까지도 건강을 유지할 수 있도록 보장하는 것이다.

왜 이렇게 끈질긴 의지를 보이는 것일까? 아마도 초대 리콴유 총리가 설명했듯이 사람이야말로 싱가포르의 "유일한 천연 자원"이며, 이에 성공하는 것 말고는 우리에게 다른 선택의 여지가 없기 때문이다.

제레미 림(Jeremy Lim) 박사는 싱가포르국립대 사우 스위 혹 보건대학원의 부교수 겸 국제보건변혁 지도력연구소의 공동 소장이다. 그는 역내에서 광범위한 보건 자문 활동을 하고 있으며 주 관심 분야는 보편적인 의료보장과 정밀한 공공보건개입 문제이다.

19

싱가포르의 공공서비스 제도(The Singapore Public Service)

옹 툰 후이와 버니 올리베이로(*Ong Toon Hui and Vernie Oliveiro*)

싱가포르의 공공서비스 제도는 국가 건설에 핵심적인 역할을 수행했다. 오랜 세월 동안 공공서비스는 통치 방식이 되었건, 정책 개발, 서비스 전달, 또는 의사소통이 되었건 그 작동 방식에 적응하면서 계속 혁신해왔다. 공무원들은 싱가포르 사람들의 삶을 향상시키기 위해 헌신과 열정을 가지고 일한다. 그들은 지금까지 탁월하게 봉사해 왔지만 싱가포르의 공공서비스 제도를 끊임없이 개선시킬 능력을 배양할 필요도 있다. 공공서비스의 기풍은 세 가지 핵심 가치에 기반하고 있는데 바로 청렴성, 봉사성, 탁월성이다. 이 가치들은 현재뿐만 아니라 미래의 공무원 세대들에게도 길을 밝히는 등불의 역할을 할 것이며 변화하는 시대에도 공무원들이 자신의 임무에 충실할 것을 보장해 주는 것이다.

청렴성

청렴성은 책임감, 도덕적인 용기, 공정함, 불편부당함을 의미한다. 청렴성을 갖춘 공공서비스 체제는 철저한 조사에도 당당하고, 임무를 수행함에 있어 정부와 시민들 간의 신뢰를 조성한다.

싱가포르의 공공서비스는 부패에 대해 무관용 정책을 취한다. 강력한 반부패법, 엄격한 벌칙, 그리고 규칙과 절차가 도덕적인 행태를 강화시킨다. 효율적이고 공정한 관리는 뇌물을 수수할 기회나 유인을 제거한다.

청렴성은 현 정부에 대해서도 불편부당한 방식으로 봉사하는 것을 포함한다. 공복들은 국가적 자원이나 권한을 편파적인 목적으로 오용해서는 안 된다. 또한 인종, 종교, 성별, 재산, 연령, 정치적 소속 등과 무관하게 모두에게 공정해야 한다. 이는 특별히 중요한데 싱가포르가 더욱 더 다원적인 사회로 변모하고 있기 때문이다.

마지막으로 청렴성을 갖춘 공공서비스라는 것은 지적인 정직성을 유지하고 있는 체제이다. 어떤 사안에 대한 정확한 평가, 현실 상황에 대한 제대로 된 인식, 다른 시각과 해법에 대해 개방적인 자세 등을 갖춰야 한다. 문제 해결을 위해 이와 같이 실용적이고 비이념적인 접근을 함으로써 정직한 정부를 수립하고자 하는 노력을 지원할 수 있다.

봉사성

두 번째 가치인 봉사성은 싱가포르의 공공서비스가 전문성, 국민과의 공감, 국익에 대한 헌신이라는 특성을 유지하며 어떻게 국민에게 봉사하는가이다.

1995년도에 국민에 대한 서비스 전달을 개선하기 위한 공직사회 개혁 노력의 일환으로 21세기의 공무원 체제 또는 PS21이라는 것이 착수되었다. 좋은 봉사에 관한 요소들이 CARE라는 4개의 원칙으로 성문화되었다.

1. Courtesy (공손함, 전문성, 공감능력)
2. Accessibility (봉사의 편리성과 쉬운 접근성)
3. Responsiveness (적시성 있고 적절한 방식으로 봉사)
4. Effectiveness (욕구에 부응하며 문제점을 해결)

이 네 가지 원칙들을 염두에 두고 싱가포르의 공공서비스는 서비스의 전달과 탁월함을 지속적으로 향상시키기 위한 노력을 진행하고 있다. 한 가지 중요한 강조점은 시민들을 중심에 두고 그들의 고통 감소와 공공 서비스에의 접근을 용이하게 만드는 것이다.

싱가포르 공공서비스는 시민들이 어떤 정부기관이 자신들의 욕구를 가장 잘 해결할 것인지 일일이 찾아보아야 하는 수고를 점차적으로 해소해주었다. 최근에는 시민들에게 더 큰 편의성을 제공하고자 여러 서비스들을 통합했다. 예를 들면, 시민들은 원서비스(OneService) 앱을 통해 시정(市政)과 관련한 다양한 서비스를 요구할 수 있다. 마찬가지로 더 모멘츠 오브 라이프(The Moments of Life) 앱은 단일 플랫폼으로 부모가 아이 출생을 등록하고, 아이의 도서관 회원권을 얻고, 유치원을 찾아보고, 예방 접종을 예약할 수 있게 한다. 생의 매 주요 단계별로 시민들의 욕구 및 정부와의 상호작용을 더 잘 이해하기 위해 행정 서비스는 서비스 여행 접근법을 채택했다.

싱가포르의 공공서비스는 다양한 통로를 통해 시민들의 욕구를 이해하고자, 보다 관계지향적인 접근법도 택했다. 즉 집단 토론, 대화, 온라인 포럼 등을 통해 피드백을 받고 정책에 대한 토론을 고무했다.

몇 년간에 걸쳐 싱가포르의 공공서비스는 미래에 대한 시민들의 희망과 꿈을 이해할 목적으로 국가 차원의 활동도 조직했다. 최근에는 시민들의 견해를 간청하는 대신 그들이 공유하고 있는 열망에 대해 토론할 수 있는 장을 만들었다. 이런 노력은 아우어 싱가포르 컨벤션(Our Singapore Conversation, 2012~13)과 SG퓨처(SGFuture, 2014~15) 등을 포함한다. 2019년 6월 시작한 싱가포르 투게더(Singapore Together)는 함께 직면한 도전을 해결하기 위한 정책을 설계하고 이행함에 있어 시민들이 협력할 수 있는 방안을 찾아봄으로써 시민들과의 연계를 더욱 심화시켜 나가고자 한다.

싱가포르의 공공서비스는 열정과 전문지식을 갖추며 공적인 결과를 창출하기 위해 더 열심히 시민들과 함께 일해나갈 것이다. 헹 스위 킷(Heng Swee Keat) 부총리는 2019년 6월 "미래 싱가포르를 함께 건설하기 위한 토론"에서 다음과 같이 언급했다. "모든 싱가포르인이 강한 소속감을 갖고 있고 공통의 미래를 함께 건설하는 데 일정한 역할을 하는, 그런 사회를 건설해야 합니다."

탁월성

세 번째 핵심 가치인 탁월성은 함께 일하는 데 있어 최선을 다하고 시민들에게 보다 나은 결과를 전달하고자 하는 공무원들의 기풍을 의미한다. 변화하는 환경과 보조를 맞추기 위해 공무원들은 일반적인 상식에 도전하고, 혁신적인 발상을 시도하며, 신기술을 연마하고, 디지털화로의 변신을 채택한다.

옹 예 쿵(왼쪽에서 두 번째) 교육장관 대행(고등교육 및 기능담당)이 80명의 기술교육학교 및 폴리테크닉 학생들과 평생학습에 관한 SG퓨처(SGfuture) 토론에서 소통하고 있다. 동 행사는 2016년 3월 4일 가든스 바이 더 베이 옆의 우리의 미래 전시회장에서 개최되었다. ⓒ 싱가포르 프레스 홀딩스

변혁의 한 측면은 경제 성장을 촉진하기 위해 좀 더 똑똑하게 규제하는 것이다. 스마트 규제의 중요한 특성 중 하나는 새로 등장하는 기술을 규제함에 있어 적응형 반복 접근법을 취하는 것이다. 본보기 중의 하나는 통화청의 규제 샌드박스 제도이다. 이는 금융기관이 현재의 규제 범주 하에서는 허용되지 않는 상품을 통제된 환경에서 실험해 볼 수 있도록 허용하는 것이다. 이를 통해 규제 당국은 이 상품을 더 잘 이해하고, 신제품 출시 시간을 줄여 주며, 위험도 관리할 수 있다.

스마트 규제는 규제받는 대상이 경험하는 것에 대해 민감성을 유지하는 것도 포함한다. 예를 들어 정부는 인가신청 절차 과정에서 숨겨진 갈등이 있는지 여부를 파악하기 위해 식품부문 사업주와 동행하는 봉사 출장도 한다. 이는 다양한 정부 부처의 자료를 자동적으로 취합하고 분석하는 고비즈니스 라이센싱 포털(GoBusiness Licensing Portal)로 이어졌다. 이 포털은 신청서 서식에서 기재해야 하는 란 중 거의 90%를 감소시켜 신청자의 시간과 노력을 실질적으로 단축해 주었다.

스마트 규제는 규제의 부담을 혁신적으로 줄여주는 것도 포함된다. 예를 들면 물 관리기관인 PUB는 공공 배수관로의 틈새로 물이 새는 것을 감지하기 위해 영상분석법을 활용한다. 이는 하청업자가 CCTV 카메라와 노동집약적인 검사를 통해 물이 새는 것을 끊임없이 감시해야 하는 수고를 대체해 주었다. 이는 인력을 적게 쓰면서도 실시간 감지 및 정보 자료를 수집하는 성과를 개선했다.

이는 변혁의 두 번째 측면으로서 일을 더 잘 하기 위해 새로운 기술을 활용하는 것이다. 이러한 측면은 싱가포르의 공공서비스 체제가 어떻게 기술을 점진적으로 활용했는지를 통해 알 수 있다.

중앙적립기금 위원회는 1963년 최초로 공공서비스에 중앙 컴퓨터를 도입했다. 1980년대에 들어 싱가포르는 공공서비스의 효율성을 높이기 위해 업무 절차를 점차 전산화했다. 이는 전자정부(e-govenment)로 발전되었는데 정보 공유를 공공기관 상호 간만 하는 것이 아니라 민간부문과도 할 수 있도록 플랫폼을 만들었다. 예를 들어 1989년 시행된 트레이드넷(TradeNet)은 교역허가 승인 절차에 소요되는 시간을 이틀에서 15분으로 줄여 주었고 나중에는 1분 이내로까지 줄여주었다. 1990년대 후반부터 현재까지 국민들에 대한 서비스는 점차 온라인으로 이루어져 왔으며, 국민들과 기업들에게 보다 편리함을 더해 주었다.

현재 진행 중인 스마트네이션(Smart Nation) 계획 하에서 싱가포르의 공공 서비스는 디지털 정부를 지향하며 이는 속속들이 디지털화해나가되 마음을 실어 성심성의껏 봉사하겠다는 것을 의미한다. 여기에는 디지털 기술과 정보자료를 갖추어 정부와의 업무를 보다 쉽고, 매끄럽고, 안전하게 하는 것까지 포함한다. 싱가포르의 공공 서비스는 2023년까지 모든 서비스에 대해 전자지불(e-payment) 방안을 제시하고, 잉크로 서명하는 대신 디지털 대안을 제시하며, 정부가 확인한 정보가 서식에 미리 기입되도록 하는 것을 목표하고 있다.

국민과 기업을 보다 잘 섬기기 위해 싱가포르의 공공서비스 담당인력들은 높은 자질을 갖추어야 하며 전문적이고 잘 훈련되어야 한다. 공공서비스 체제는 구성원들에게 의미 있는 경력 경로와 경쟁력 있는 조건 및 마음을 끌 수 있는 발전 기회를 제공해야 한다.

공공서비스의 체제와 그 구성원들은 급격히 변화하는 속도와 새로운 욕구에 보조를 맞추기 위해 계속적으로 공부해야 한다. 공무원 대학(Civil Service College)은 경력의 각 단계마다 공무원들을 훈련시키고 개발한다. 이 곳에 개설된 강좌는 지도력 개발, 관리 방식, 서비스 전달, 공적 의사소통 및 관여방안 등이 있다. 동 대학은 새로운 방법론(모의실험과 봉사학습 등)과 새 로운 의사소통 방식(디지털 플랫폼이나 온라인과 오프라인을 결합한 블렌디드 러닝 등)을 통해 교습에 보다 큰 효과를 거양한다. 공무원 대학은 다양한 정부기관 상 호 간의 협력을 이끌어 내거나 공공서비스의 기풍과 가치를 더욱 강화하도 록 유도하는 역할도 수행한다.

항상 미래에 대비하기

비록 공공서비스는 싱가포르의 성공에 기여했으나 그것이 성취한 영예 에만 매달려서는 안 된다. 변화하는 시대에 맞추어 목표 달성에 적합하도 록 계속적으로 변모해야 한다. 몇십 년 후 싱가포르의 공공 서비스는 더욱 광범위하고 다양한 능력과 상이한 관점을 필요로 할 것이며 이를 통해 싱 가포르를 위한 보다 나은 해법을 발견할 수 있을 것이다.

청렴성, 봉사성, 탁월성이라는 핵심 가치는 싱가포르가 다가오는 미래 에 미지의 대양을 항해할 때 공공서비스의 나침판으로서의 역할을 계속 수 행할 것이다. 이 가치는 일하는 방식뿐만 아니라 싱가포르인의 나은 미래 라는 목표까지 이끌어 나갈 것이다. 격동적이고 놀라왔던 싱가포르의 역사 속에서 담금질되어 왔던 이 세 가지의 가치는 싱가포르가 공공서비스를 정 말 가치 있는 것으로 느끼게 해주었다.

옹 툰 후이(Ong Toon Hui) 여사는 공무원대학(Civil Service College)의 학장이자 최고경영자이다. 그녀는 동시에 총리실의 공공서비스부문 리더십 담당 차관보이다.

버니 올리베이로(Vernie Oliveiro) 박사는 공무원 대학 통치 및 정책연구소 의 선임 연구원이다. 그녀는 동 연구소의 디지털 정부 연구를 총괄한다.

20

싱가포르의 종교 간 조직: 출토된 보석

케이 케사바파니(*K. Kesavapany*)

1949년 1월 15일, 잘 알려지지는 않았으나 매우 중요한 사교 모임이 범 말라야 무슬림 선교사 협회(Jamiyah)의 회장인 시에드 이브라힘 빈 오마르 알사고프(Syed Ibrahim bin Omar Alsagoff)의 집에서 개최되었다. 점심을 함께 하면서 다양한 민족과 종교를 대표하는 지도급 인사들은 싱가포르 내의 평화와 사회/종교적 화합 문제를 다룰 포럼을 설립하자는 데 합의했다. 이것이 싱가포르의 종교 간 조직(Inter-Religious Organisation, Singapore: 이하 IRO)이 되었다.

이는 제1, 2차 세계대전 이후 싱가포르 내의 사회/종교적 불안이 지속되고 있는 배경 속에서 인도 출신 방문 선교사인 마우라나 모하메드 압둘 알림 시디퀴(Maulana Mohammed Abdul Aleem Siddiqui)가 제안한 것이었다. 영국의 동남아 총독인 말콤 맥도날드 경(Sir Malcolm McDonald)을 포함한 25명의 유력 인사들은 만장일치로 동 제안을 지지했다. 이날의 분위기를 반영해 초대 IRO 회장으로 선출된 웨슬리 감리교회의 암스투쯔(H. B. Amstutz) 목사는 다음과 같이 이야기했다. "적극적인 평화는 사람들이 자신들을 결속시켜줄 방법을 찾기 위해 함께 노력할 때에만 이루어질 수 있습니다. 이견이 있는 부분이 아니라 합의할 수 있는 부분에 대해서 말입니다." 콩 멩 산 포르 카르크 씨 수도원의 섹 홍 춘(Sek Hong Choon) 수도원장도 다음과 같이 언급했다. "모든 종교는 동일한 결론에 도달합니다. 마치 집안의 모든 문들이 동일한 거실로 이어지는 것과 같이요. 종교의 임무는 사람들이 조화롭게 살도록 가르치는 겁니다."

이외에도 여러 좋은 이야기들이 동 모임에서 언급되었으며 이는 아래와 같은 IRO 헌장으로 이어졌다.

1. 지도자 및 신도들 간의 우정과 협력의 정신을 포함시키고,
2. 일반적으로 수용되는 도덕적 원칙을 바탕으로 상이한 종교를 지지하는 사람들의 상황을 개선하며,
3. 사람들 사이에 퍼져 있는 공동의 악을 제거하기 위해 합법적이고 평화적인 방식의 운동을 전개하고,
4. 사람들 간에 평화와 친선을 성취하기 위해 일하기.

1949년 3월 18일 빅토리아 메모리얼 홀에서 개최된 IRO의 최초 공식 모임에서 말콤 경은(1949년부터 1955년간 IRO 회장 역임) "상호 간 이해를 위한 싱가포르 종교지도자들의 이 대담한 움직임"을 환영했다. IRO의 성공을 기원하며 마우라나 선교사도 다음과 같이 희망을 피력했다. "이 조직에 대한 기록이 다른 나라에도 회람되면, 비록 우리의 변변치 않은 제안으로 만들어졌지만 세상의 도덕적 상황을 개선해 보자는 이 조직의 이상을 그들 나라도 수용할 겁니다."

뒤이은 IRO 지도자들도 창립자들의 이상에 대한 믿음을 유지하면서 이 운동을 한 단계 더 고양시키기 위해 최선을 다했다. 그들은 기부금 또는 제한된 수의 회원들이 내는 회비 등 어떤 자금이 되었건 IRO가 활동할 수 있도록 노력했는데, 아쉽게도 창립 초기의 목표는 거의 달성하지 못했다. 1980년대에 이르자 IRO는 2008년 동남아연구소와 정책연구소가 공동으로 출간한 '싱가포르에서의 종교적 다양성'이라는 책자가 묘사했듯이 "사실상 소멸 직전의" 상태에 놓였다. 아울러 세계 대전에 대한 기억이 사라져감에 따라 IRO도 점차 그 중요성을 상실해 갔다.

타당성 및 중요성의 증대

1990년대 들어 종교 간 대화 문제에 헌신하던 일단의 종교 지도자 및 평신도 지도자들은 정기적인 모임과 잘 짜여진 프로그램을 통해 IRO를 재활성화시켰으며 일반인들 사이에 그 인지도를 높였다. IRO는 자신들의 회합과 활동 시에 모든 신앙을 포괄하는 공통의 기도문을 채택했다. 그 포괄

적 특성은 이를 처음 들어본 사람들을 계속적으로 놀라게 했다.

IRO의 기도

주여(신이시여), 우리의 이해와 지식을 키워주시고 우리를 탐욕과 증오와 무지의 속박에서 해방시켜주소서. 그래서 목표에 도달할 때까지 우리가 깨어있고, 일어서서 나아가도록 우리 몸을 일하게 하고 마음은 주를 향하게 해주소서.

영적인 규율을 유지하면서 우리 마음속에, 가족에게, 도시에, 그리고 세계 속에 평화를 가져오도록 왕성히 일하게 해주소서.

우리 스스로를 숙달케 하시고 우리의 호전적인 에너지를 창조적인 수단으로 승화시키며 우리를 동료와 당신을 위한 봉사에 활용하소서.

주여(신이시여), 지구상의 평화와 사람 간의 친선을 증진하기 위해 이런 입장을 계속 유지할 수 있도록 도와주소서.

당신의 은총으로 우리 모두가 번성케 하소서.

또 다른 대표 활동은 IRO 내의 한 그룹이 이끄는 "축복" 서비스이다. 이 활동은 2019년에 나이가 90에 이른 하르반스 싱(Harbans Singh)이 시작했던 것으로서 싱가포르의 건국 초기 국방장관이던 고켕스위 박사가 기본군사훈련을 마친 신병들의 행진(National Service Passing Out Parade) 시에 처음 도입했다. 수많은 신병들이 이 독특한 기도를 경험했는데 이것이 IRO의 후원으로 진행된다는 것은 알지 못했다. 이후 다양한 정부 및 민간 기관이 자신들이 주관하는 행사를 축복하고자 할 때 이를 요청하게 되었다.

2001년 9월 11일 뉴욕에 대한 공격으로 정점에 달한 종교적 극단주의가 크게 발호하자 싱가포르를 포함한 국제사회는 평화와 화합에 대한 위협을 해소할 필요성을 더욱 절실히 느끼게 되었다. 싱가포르 정부도 이런 종교적 극단주의 현상을 해소하는 데 필요한 사회/정치적 힘을 결집하기 위한 노력을 강화했다. 2002년 싱가포르 정부는 각 선거구마다 인종/종교 간 신뢰 서클(Inter-racial and Religious Confidence Circles: IRCCs)로 알려진 종파 초월 그룹을 만들고 이를 지원했다.

종교 간 조직 대표들이 2013년 2월 15일 전쟁기념 공원에서 개최된 일본군 점령시기 피살 인사들을 위한 제 46회 추도식에서 1분간의 묵도를 이끌고 있다. ⓒ 싱가포르 프레스 홀딩스

　　IRO가 범종파적 이해와 종교적 화합을 전파하는 중요한 수단이라는 인식하에 정부는 이 비정부기관에 더 많은 지원을 하고 있다. 국가개발부 건물에 위치한 IRO 상설 사무국은 그들의 활동을 좀 더 체계적이고 지속가능한 방식으로 할 수 있게 한다. 동일 건물에 2016년에 설치한 화합과 다양성을 주제로 한 회랑에는 싱가포르의 역사적 유산과 함께 종교 간 활동이 왜 현대적으로 타당한지를 잘 소개하고 있다. 이 회랑은 지역 공동체, 특히 젊은이들을 교육시키는 플랫폼으로 기능하고 있다. 이 회랑을 방문하는 해외 방문객 수도 계속적으로 늘고 있으며 회랑을 떠날 때엔 싱가포르의 종교간 화합 노력을 높이 평가한다.

　　시간이 지남에 따라 IRO의 명성도 해외로까지 퍼져 나갔다. 영국의 찰스 황태자 등 유명 인사들은 싱가포르를 방문할 때 IRO 지도자들과 만남의 기회를 갖는다. 인도의 나렌드라 모디 총리가 2018년 6월 싱가포르를 방문했을 때 IRO는 자웨드 아쉬라프 싱가포르주재 인도대사의 초청을 받아 인도의 독립운동가 마하트마 간디의 유골이 클리포드 피어(Clifford Pier)에 뿌려진 것을 기념하는 명판 설치식에도 참석했다. 아쉬라프 대사는 다음과 같이 자신의 관찰을 이야기한다. "IRO는 분열이 심화되는 세계에서 화합의 횃불과 같은 존재입니다. 싱가포르의 10대 주요 종교 대표들은 하나로 서서 각자 자기 신앙으로 조용히 기도하지만 인류를 위한 공통의 희망을 염원합니다. 이것은 '모든 이에게 평화'라는 모든 종교의 공동 목표를 추구하기 위해 정체성의 한계를 넘어 일어서라는 영감을 주고 있습니다." 동 대사는 이어 다음과 같이 부연했다. "IRO는 풍부하게 다양한 싱가포르 사회에서 화합을 조성하는 데 중요한 기여를 했으며 이는 결국 국가적 성공을 이루는 한 축이 됐습니다. 그런 과정에서 이 독특한 기관은 싱가포르 국민들 마음속의 특별한 자리를 차지했고 싱가포르 이외의 지역에서도 큰 존경을 받았습니다."

구성원들이 이렇게 기여한 결과로 IRO는 다른 여타 기관들과 어깨를 나란히 하면서 국가의 평화, 안보, 그리고 안정을 보호하는 고귀한 임무를 수행할 수 있었다. IRO와 회원 단체들에 의해 "종교의 사회화"가 이루어진 결과로 싱가포르인과 여타 사람들은 어느 종교를 믿는 집이든 자유롭게 방문할 수 있다. 정말로 모든 종교가 행하는 축제는 싱가포르인 모두가 함께 축하하는 행사가 되었다.

미래를 위한 성장

전략/지정학적 정세가 변화함에 따라 IRO는 2018년 연례 총회에서 조직의 현황과 성과를 파악해 보기로 했다. 이 자리에서 세 종류의 계획을 채택했는데 동 계획의 핵심 목표인 적절성, 다가가기, 회복이라는 세 가지 요소는 IRO를 좀 더 널리 알릴 수 있었고 조직 활동에 대한 일반인들의 참여도 확대시켰다. 특히 여성과 밀레니얼 세대의 참여가 늘었는데 이는 우먼 페이스 윙(Woman Faith Wing)과 영 윙(Youth Wing)이라는 모임을 통해 가능했다.

전·현직 정부 지도자들도 IRO 및 조직의 대의명분에 대한 일반인들의 인식 향상에 도움을 주었다. 제6대 대통령이었던 나탄(S.R. Nathan)은 IRO의 제3대 후원자(홍보대사)였고, 제8대 대통령인 현 할리마 야콥(Halimah Yacob)

대통령도 지지를 보내주었다. 2018년 IRO 데이(IRO Day)를 맞아 할리마 대통령은 다음과 같은 메시지를 전달했다. "인종과 종교 간에 주기적이고, 긍정적이며, 사회적인 교류를 하는 것이 사회적 통합의 기초가 됩니다. 질 좋은 태피스트리 벽걸이 융단처럼, 우리의 싱가포르 이야기는 가늘게 서로 잘 짜여진 사회적 상호작용이 있기 때문에 살아 숨 쉬는 것입니다."

2018년 11월 30일, 고촉통 명예선임장관은 IRO의 제4대 후원자가 되어 달라는 요청을 수락했다. 그는 다음과 같이 말했다. "이 기관이 그동안 해온 일들에 대해 많은 사람들이 과소 평가해 왔습니다. 그래서 내가 당신들의 인지도를 높이고 그에 따라 당신들이 하는 일을 좀 더 용이하게 해주고 싶습니다." 그의 위상과 현명한 자문은 IRO가 미래 성장의 길을 가는 데 소중한 자산이 될 것이다.

가장 최근에도 IRO의 업무가 주목을 받았는데, 조직의 오랜 회원이며 무슬림 공동체의 지도자로서 마지드 바알위(Masjid Ba'alwie) 교당을 책임진 이맘 시에드 하산 모하메드 알-아타스가 자신의 종교 간 활동을 평가받아 베리타 하리안 아누게라 자우하리 2019 상을 받은 것이다.

앞으로 나아가기 위한 IRO의 전략적 목표는 다음과 같다.

1. 종교 간 화합을 지지하는 IRO에 대한 인식을 온라인 공간에서 확대하기
2. 생각이 비슷한 개인 및 단체와의 동업과 협력을 통해 풀뿌리 차원에서 IRO의 접근을 넓혀 나가기
3. 젊은이의 지도력을 촉진시키고 세대 간에도 종교적 관여를 확대해 나가기

2019년 8월 26일 IRO의 70주년을 기념하는 연례 만찬 행사에서 리센룽 총리는 다음과 같이 연설했다. "하나의 국민, 하나의 나라, 하나의 싱가포르가 되기 위해서는 우리와 다른 믿음을 가진 사람들을 존중해야 하고, 서로를 인정해야 하며, 종교적 관행들을 조정해야 합니다. 그것만이 우리가 관용의 문화를 유지하고 밀집한 도시 환경에서 함께 평화로운 삶을 살

수 있는 유일한 방법입니다." 더 이상 싱가포르의 비밀이 아닌 IRO는 싱가 포르의 사회/문화적 그리고 종교적 화합을 더욱 강화시키기 위한 좋은 입 지를 차지하고 있다.

케이 사바파니(K. Kesavapany)는 IRO 위원회의 위원이며 2017~18년간 동 기관의 회장을 역임했고, 힌두 인다우먼트 보드(Hindu Endowment Board)의 위원과 싱가포르 인도개발협회(SINDA)의 신탁관리자를 맡고 있다. 그는 또한 싱가포르국립대 리콴유 공공정책대학원의 초빙교수이며 2002~12년간 남아시아 연구소의 소장을 역임했다. 1997~2002년간 말레이 시아 주재 싱가포르 대사를 역임했고, 2003~15년간 비상주 요르단 대사를 역임했다. 아울러 1991~97년간 주 제네바 대사를 역임하면서 이태리 및 터 키 대사도 겸임했다. WTO가 1995년 1월 설립되었을 때 그는 일반이사회 (General Council)의 초대 의장으로 선출되었다.

III. 교육적인 성취

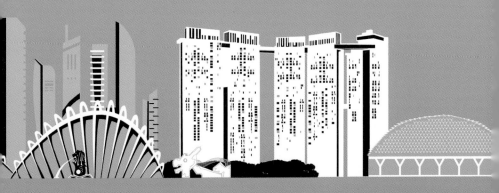

21

좋은 학교

에스 고피나싼과 비그네쉬 나이두(*S. Gopinathan and Vignesh Naidu*)

교육에는 두 가지의 기본적인 기능이 있다. 즉, 젊은이들이 돈벌이가 되는 일자리를 얻을 수 있도록 해주는 것과 사회적인 통합을 이루는 것이다. 독립한 직후의 싱가포르의 교육 시스템은 이 두 가지 욕구를 해소하기에는 힘에 부쳤으나 54년이 지난 오늘날에는 세계에서 가장 좋은 시스템으로 칭찬받고 있다. 높은 교육의 질은 초등학교 1학년 때부터 시작해 기술과 직업 교육, 그리고 훈련기관과 대학에 이르기까지 시스템 내의 모든 단계에서 주목된다. 싱가포르 학생들은 국제적 시험에서 좋은 성적을 거두어 왔다. 예를 들어, OECD의 2015년도 국제 학생평가(Program for International Student Assessment: PISA)에 따르면 싱가포르의 15세 학생은 수학, 과학, 독서 부문에서 72개의 경제 주체 중 최고 수준을 기록했다.

싱가포르는 한때 경제를 주로 중계무역에 의존했으나 이제는 세계를 선도하는 도시이자 국제 금융의 중심지로 변모했다. 다민족 국가이면서도 인종/종교적 화합도 성공적으로 이루어 냈다. 어떻게 이런 성과를 이루게 되었을까?

오늘날 모든 공립학교는 영어로 수업하는 학교이며 싱가포르 교육부가 개발한 공통의 커리큘럼으로 가르친다. 그런데 독립 당시에는 그렇지 않았다. 말레이시아처럼 당시 싱가포르도 분리된 교육 체계를 유지했는데 영어, 중국어, 말레이어, 타밀어 학교가 각기 다른 커리큘럼을 유지하면서 때로는 맹목적인 자기들 중심의 교육을 했다. 민족 간 통합과 사회적 통합에 최우선 가치를 둔 싱가포르는 자연스레 국가가 운영하는 국가 교육체제를 창설하게 된다. 공동으로 학교 교육을 받은 경험은 사회적 통합을 달성하는 데 크게 기여했다.

싱가포르 건국 지도자들의 전략은 초대 리콴유 총리의 말속에 함축되어 있다. "싱가포르가 유일하게 가진 천연자원인 사람을 개발해야 합니다." 1960년대 후반부터 1990년대까지 동남아 인근 국가들의 발전은 기본적으로 그들이 가진 풍부한 천연자원의 수출을 통해 이루어졌다. 그러나 수심이 깊은 항구와 적은 인구 이외에는 변변한 천연자원이 없던 싱가포르는 경제성장률에서 이들과 필적하거나 많은 경우 이들을 훨씬 능가하는 성공적인 결과를 보여주었다. 주장컨대 싱가포르의 교육 시스템, 특히 공립학교 시스템이 이러한 성공을 이끈 핵심 요소였다.

올바른 방향을 정하기

싱가포르의 건국 지도자들은 당시 많은 아시아 국가에서 공통적으로 횡행했고, 기존 엘리트들이 단단히 틀어쥐고 있었던 정실인사 타파에 큰 관심을 가졌다. 능력본위가 재빨리 핵심적인 정부 원칙으로 명시되었고 교육을 비롯한 사회의 모든 분야에 적용되었다.

능력본위 원칙은 싱가포르 교육 시스템이 유명해진(또는 악명을 떨친) 이유인 엄격함, 경쟁력, 아주 중요한 국가시험과 같은 것들의 밑바탕이 되었다. 학생들은 통상적으로 초등학교 6학년, 중학교 4학년, 고등학교 2학년 때 국가시험을 치루며 동료들 가운데 등급이 매겨지고 분류된다. 잘 따라진 커피와 같이 크림(최고로 꼽는 사람)은 항상 위쪽으로 올라온다.

싱가포르가 교육에 부여한 중요성은 교육정책에 대한 지도자들의 역량 속에 잘 반영되어 왔다. 초대 리콴유 총리와 고켕스위 부총리(때로는 재무장관, 때로는 국방장관 역임)는 정책 방향 설정에 적극 관여했고 영어를 사용해 교육하기로 하는 것과 같은, 힘든 정책 결정 사안에 대해서도 찬성을 이끌어 냈다. 뒤를 이은 테오 치 힌(Teo Chee Hean) 국가안보문제 조정 선임장관과 타만 샨무가라트남(Tharman Shanmugaratnam) 사회 정책조정 선임장관 및 헹 스위 키앗(Heng Swee Kiat) 재무장관도 능력 있게 이를 떠받쳤다.

정치/행정적 지도자들도 교육 분야에서 어떤 제도를 형성하려면 전략적이고 지속가능한 시야를 가져야 함을 인식했다. 정치지도자들은 싱가포르의 작은 규모 및 인민행동당의 정치적 우세를 활용해 '연결된 정부 (joined-up government)'를 만들었다.

예를 들면 산업화에 필요한 인력소요에 대처하기 위해 기술을 함양하는 정책을 펼치려면 '연결된 정부'를 필요로 한다는 것을 인식한 것이다. 그래서 교육부, 인력부, 경제개발청 등 여러 국가기관이 정책의 형성과 이행과정에서 긴밀히 협력하는 것이 전혀 이상하지 않았다. 결과는 초등학교, 중등학교, 고등학교 과정 및 대학교 등 서로 연결된 기관이 학습과 기술 향상을 위한 다양한 경로를 제공하면서 강력한 생태계를 형성하는 것으로 나타났다.

일관성 유지

정책 자체에 충실하고 효율적인 이행에 전념한 것이 싱가포르 교육시스템을 성공하게 만든 또 다른 요소들이다. 독립 이래 단일 정당이 지배해온 안정성은 장기적으로 설계된 교육정책이 원숙한 경지에 이를 때까지의 시간상의 여유를 갖게 해주었다. 아울러 효율적으로 이행함으로써 시스템에 대한 신뢰를 증진시켜 주었다. 장관들은 시스템의 안정성을 저해하지 않도록 전임자들의 정책을 급격히 무효화시키는 경우가 없었으며 나중에 깨달음이 있으면 이를 미세 조정해 나갔다. 싱가포르는 대규모의 교육 개혁은 하지 않았으며 시기에 맞게 점진적으로 변화시키는 것을 규범으로 삼았다.

싱가포르의 교육이 성공한 또 다른 이유는 학교 지도자와 선생님들을 선발하고, 준비시키고, 배치하고, 인센티브를 주고, 유지하는 데 엄청난 신경을 쓰고 있는 점이다. 선생님들에 대한 초기 교육, 전문성 개발, 경력 개발 및 성과 관리는 매우 중요하게 여겨졌다.

통치 용어상에서 보면 싱가포르는 '집중화된 분권화(centralized decentralization)'라는 것을 실행한다고 할 수 있다. 각 구역, 집단, 학교는 또래 집단에게 더 잘 적용될 수 있도록 정책을 미세 조정할 자율성을 갖는다. 그러나 교육부가 통제력을 유지하면서 전략적인 방향과 교육의 질을 보장한다.

변화의 바람에 적응하기

최근 십 년 기간 동안 채택한 세 가지의 정책은 교육 시스템에 새로이 등장한 핵심 사안들을 국가가 어떻게 처리하는지 잘 보여준다.

세계화에 따른 결과와 이에 대한 정부의 반응으로 싱가포르는 번영하는 국가들이 겪는 매우 복합적이며 공통적인 도전에 직면했는데, 바로 불평등의 심화 문제이다. 싱가포르의 지니계수는(소득 불평등의 척도로서 1에 가까울수록 가장 불평등한 상태를 의미) 2017년 세금부과 및 소득이전이 있기 전의 재무부 통계로 0.417을 기록했다. 불평등 문제가 싱가포르 교육시스템의 능력본위 원칙에 강력한 도전요인이 되기 시작했으며 엘리트를 위한 교육이라는 비판을 불러왔다. 중산층과 상류층 부모들은 재정적 자원과 사회적 네트워크를 활용해 갈수록 경쟁이 심화되는 체제 내에서 자녀들에게 유리한 도움을 주었다. 예를 들면 싱가포르에는 거대한 사설 강습 산업이 존재한다. 950개에 이르는 강의 및 보습센터가 있고 2018년 기준 14억 달러 규모의 시장 가치를 유지하고 있는데 싱가포르 전체에서 대학 교육 전 과정에 등록된 학생 수가 백만 명에 미치지 못하는 현실을 감안하면 엄청난 규모이다. 2019년 8월 7일자 스트레이츠 타임즈(Straits Times)지의 보도에 따르면 상위 20%의 가정은 하위 20% 가정에 비해 교습비를 거의 4배 이상 지출한다고 한다.

엘리트식 교육 체제를 영구화하면 재앙적인 결과를 초래할 수도 있다. 그와 같은 체제는 싱가포르 어린이 중 일부에게만 급속히 변화하는 국제 환경에서 경제적인 경쟁력을 유지하게 하는 기술을 제공하기 때문이다. 더욱 우려되는 것은 엘리트 교육 시스템이 다문화적이고 국제적인 성격의 사회적 기본 구조를 균열시킬 수 있다는 점이다.

이런 이해하에 헹 스위 키앗 부총리는 교육부 장관 시절 "모든 학교는 좋은 학교"라는 구호를 내걸었다. 높은 능력을 가진 학생들에게 더 많은 도전 기회를 제공하는 좋은 학교들이 있겠지만, 교육부의 공약은 혜택을 덜 받은 사람들이 다른 학교에 입학하더라도 불리한 입장에 처하지 않도록 하겠다는 것이다.

퀸즈웨이 중학교 학생들이 2017년 10월 학교 응용학습 프로그램에서 PVC 파이프, 발포고무, 케이블 결속체를 활용해 자신들이 만든 원격 조정장치를 실험하고 있다. © 싱가포르 프레스 홀딩스

이를 위해 정부는 학문적인 능력만이 아닌 스포츠와 음악적 재능 및 리더십 능력을 키우고 인정해주기 위한 노력을 경주하고 있다.

정부는 또한 좋은 성과를 내지 못하는 학교에 대해 혁신적인 교습법 및 교육 공학 등에 접근할 수 있도록 하는 등 교육의 질을 개선하기 위해 엄청난 노력을 경주한다. 한 가지 예가 응용학습 프로그램(Applied Learning Program)이다. 교육부는 법령상 기구인 싱가포르 과학센터(Science Center Singapore)에 응용학습 프로그램을 개발하도록 해 이를 통해 각 학교가 과학, 기술, 공학, 수학(STEM) 등을 더 많이 다룰 수 있도록 했다. 응용학습 프로그램은 초기에는 성과가 좋지 못한 학교에 제공되었으며 정부가 3D 프린터 등 필요한 하드웨어를 제공하고 과학센터는 교육자들에 대한 훈련을 지원했다. 응용학습 프로그램은 좋은 성과를 내지 못하는 학교가 학생들에게 21세기에 필요한 핵심 능력을 갖추도록 하는 특별 기회를 제공한다. 교육부는 2013년부터 각 학교마다 자신들의 응용프로그램을 개발하도록 고무하고 있다. 2018년 3월 기준으로 155개 전 중등학교와 80여 개 초등학교가 응용 프로그램을 갖추고 있으며 2023년까지 모든 초등학교에까지 동 프로그램이 확대될 예정이다.

2019년 정부는 수준 높은 유치원 교육 기회를 제공하기 위한 계획도 발표했다. 오늘날 약 50%의 유치원이 정부의 지원을 받고 있으며 앞으로 80% 수준으로까지 확대될 예정이다. 조기 아동 교육을 위한 교사들의 수준을 지속적으로 개선하기 위해 국립 아동조기개발연구소(National Institute of Early Childhood Development)도 설립했다.

한편, 정부는 탈공업화시대에는 노동자들이 더욱 선진화된 기술을 갖추어야 함을 인식하고 2014년에 주요 노동자 기능개발 계획이자 성인학습 계획인 스킬스퓨처(SkillsFuture)에 착수했다. 기술 및 직업 교육 훈련 기관과 대학교 등에 주요 역할이 맡겨졌다.

2019년 옹 예쿵 교육부 장관은 보다 쉽고 적절한 비용으로 대학교육을 받을 수 있게 하는 새 정책을 발표했다. 저소득층 출신 학생들이 낮은 수업료의 혜택을 통해 학위를 받을 수 있는 기회를 확대하고, 의학 및 치의학과 같은 값비싼 프로그램도 공부할 수 있게 했다. 옹 장관은 대학이 보다 큰 사회적 이동성을 가능하게 하는 방식으로 사회적 통합에 중요한 역할을 수행하기에 이런 정책을 선택했다고 설명했다.

건국의 지도자들은 싱가포르를 세계적 도시로 육성하겠다는 의지를 다졌는데, 특히 고등 교육을 받고 규율이 서있으며 전문성을 갖춘 근로자들이 고품질의 전문적 서비스 제공을 선도하는 그런 도시를 마음속에 그렸다. 오늘날 싱가포르는 그런 세계적인 도시가 되었지만 교육만큼은 아직도 매우 지역적인 특성을 벗어나지 못하고 있는 것도 사실이다. 교육은 지난 반세기 동안 다민족 국가인 싱가포르가 높은 수준의 인종적 화합을 유지하도록, 아울러 강력한 시민 정신을 창출하도록 했다. 그리고 엄격하고 수준 높은 교육이 싱가포르 사람들로 하여금 기회와 도전으로 가득 찬 미래를 보다 잘 준비하도록 하는 데 핵심적인 역할을 해왔다.

에스 고피나싼(S. Gopinathan) 교수는 헤드재단(Head Foundation)의 교무자문관이자 싱가포르국립대 리콴유 공공정책대학원 초빙 교수이다. 그는 난양공대소속 국립교육대학(National Institute of Education)의 학장을 역임했으며(1994년 3월~2000년 6월) 이때 교육과 실행에 관한 연구센터(Center for Research in Pedagogy and Practice)를 설치해 싱가포르의 교육발전 문제에 관한 국제적 전문가로 인정받았다. 그의 최근 두 가지 저서는 교육과 국가(Routledge 출판사)와 싱가포르 커리큘럼(Springer 출판사)이다.

비그네쉬 나이두(Vignesh Naidu) 씨는 헤드재단의 운영담당 국장으로서 싱가포르의 교육 모범 사례를 다른 동남아 국가들에 전파하는 노력을 수행하고 있다. 민간/학술/비영리 부문에서 각각 일한 경험을 바탕으로 그는 지속가능하고 바람직한 개발은 접근이 쉽고 포괄적인 고품질의 교육을 통해서만 가능하다고 믿고 있다.

22

기술 교육 학교(Institute of Technical Education: 工藝敎育學院)

라우 송 셍(*Law Song Seng*)

정부와 정치지도자 및 교육자들은 흔히 직업교육과 기술교육이 사회경제적 발전에 있어 중요함을 강조한다. 그러나 그 가치를 높이고자 하는 노력에도 불구하고 품질, 수준 그리고 결과는 모호하다.

이와 관련된 역학관계는 복잡하고 어렵다. 기술교육 학교에 내재되어 있는 한 가지의 난점은 이 교육 기관은 대학교에 자연스럽게 따라붙는 것과 같은 명성을 갖지 못한다는 것이다. 학문 연구를 존중하는 문화에서는 기술교육 학교에 대한 일반인들의 인식과 편견이 뿌리 깊게 박혀있으며, 많은 이들이 학교 성적이 좋지 않은 사람들이 최후의 수단으로 가는 곳이라는 생각을 한다. 독립 이후의 싱가포르도 동일한 상황이었다. 그런데 1992년 기술교육학교인 공예교육학원(Institute of Technical Education: 이하 ITE)이 설립됨으로써 직업 교육에 대한 일반인의 인식과 태도가 점진적으로 변화되는 돌파구가 마련되었다.

성공은 주어진 것이 아니며 새로운 이미지는 어렵게 얻어진 것이다. 이는 전략적인 계획, 조직적인 탁월성, 혁신, 독창성 등을 갖고 끊임없이 달려온 결과이다. ITE는 2005년 싱가포르 품질 대상(Singapore Quality Award)을 수상했고 2007년에는 하버드-IBM(Havard-IBM) 정부변혁혁신 상을 수상했다. 오늘날 ITE라는 상표는 세계적 수준의 교육 기관 또는 기술 교육에 있어 세계적 선도학교라는 것과 동일한 의미를 갖고 있다. 비록 ITE가 대학은 아닐지라도 학생들은 잘 꾸며진 캠퍼스에서 전인교육을 받고 있고 역량에 기반한 커리큘럼을 유지하며 높은 취업률을 자랑한다. 이 학교는 대통령이나 장관이 이끄는 고위 대표단들을 포함해 매년 2천 명 내지 3천 명의 방문객을 맞이하고 있다. 자문 사업을 수행하는 소속 부서인 ITE 교육서비스(ITE Educational Service)를 통해 아시아, 아프리카, 중동, 남미의 여러 국가들과 경험 및 전문지식을 공유하는 많은 프로젝트도 수행중이다.

ITE의 변혁과 관련된 생생한 이야기는 2015년 내가 출간한 책자인 'A Breakthrough in Vocational and Technical Education-The Singapore Story'에 잘 나와 있다. 이 글에서는 ITE적 직업교육 모델의 밑바탕을 이루는 기본 정책들에 대한 나의 생각을 함께 나누고자 한다.

ITE 모델

싱가포르는 1973년 이래 대체로 전일제 기관 기반의 직업교육 제도를 운영해 왔다. 직업 훈련교육은 중등교육이수 이후 시점에 학교 교육 시스템 바깥에서 이루어져 왔다. ITE는 전통적인 정부 내 기술교육부서가 아닌 교육부 산하의 법정위원회로 설립되었으며 전문적이고 높은 기술을 지닌 인력을 길러내고자 정부/고용주/노조의 대표들로 구성된 위원회를 통해 운영된다.

위원회는 변화하는 사회/경제적 수요에 대응하기 위해 자율성과 유연성을 부여받았다. ITE의 훈련 시스템은 능력에 기반하고 있고(competency-based) 산업주도(industry-driven)의 교육과정에 의해 도움받고 있다. 교수진은 산업 현장에서 일한 경험을 가진 사람들로 충원되었다. 학생들은 경험을 바탕으로 한 가르침과 배움의 환경 속에서 "직접 실천하고, 정신을 집중하며, 마음을 쏟는" 교육을 받는다. 잘하고 있는 학생은 과학기술전문학교인 폴리테크닉이나 그 이상으로 진출할 수 있겠지만 이는 ITE가 추구하는 근본 목적은 아니다. ITE의 근본 임무는 학생과 성인교습생에게 취업에 필요한 기술, 지식, 가치의 획득과 평생학습을 할 기회를 창출하는 데에 있다. ITE는 공학에서 경영학까지, 그리고 정보통신 기술, 디자인, 창의적 미디어, 보건의료 등 주요 산업 전반과 국가적인 숙련 노동력의 수요에 맞추어 다양한 강좌를 개설한다. 정부는 완전한 재정 지원을 약속하고 있다.

ITE 모델은 국제적인 시각에서 보더라도 독특하다. 이는 필요에 대한 반응으로 발전되어 온 것이며 싱가포르의 사회/경제적 개발 수요에 잘 맞추어진 것이다. 어느 두 개의 직업 교육 모델도 동일할 수는 없다. 가능할 수 있는 모델들의 연속선상에서, 독일과 노르딕 국가에서 오래전에 확립된 기업체에서 일하며 직업학교에서 학습을 병행하는 "이중 도제시스템"은 훈련 스펙트럼의 한쪽 끝단을 대표한다. 싱가포르의 전일제 학습 기반의 교육 훈련제도는 아마 그 반대편 쪽 끝단에 위치해 있을 것이다. 그 중간 위치에는 미국식의 직업고등학교와 커뮤니티 칼리지(지역전문대학)가 있을 것이다. 사내훈련(on the job training and in company practices)에 기반한 일본식 모델은 도제 제도에 좀 더 가깝다고 생각된다. 실제에 있어 대부분 국가의 직업훈련교육제도는 전일제 학습, 도제식 훈련, 산업기반 훈련 센터, 파트타임 보수교육 및 훈련 프로그램이 혼합된 형태로 운영된다.

ITE라는 돌파구를 만든 저변에는 4가지의 핵심 정책이 있다.

1. 교육 정책의 변화
2. 학교와 ITE 간의 연계
3. 직업훈련을 경제개발과 연계
4. 직업훈련에 대한 재정의

교육 정책의 변화

1991년 교육부가 실시한 초등교육 및 직업교육에 대한 검토는 모든 학생들이 학교의 일반 교육 프로그램에서 최소 10년간은 받아야 할 새로운 정책으로 연결되었다. 중등학교 교육과정에 기술 교육 과정을 가미한 세컨더리 노멀(Secondary Normal, Technical) 과정이 새로 설치되었으며 학문적으로 뒤처지는 학생들은 ITE에서 직업훈련을 받도록 했다. ITE는 종전의 직업/산업 훈련 위원회(Vocational and Industrial Training Board)를 대체하는 것이었다. {싱가포르 중등학교는 뛰어난 능력을 보이는 학생을 위한 Express Stream과 통상적인 학습을 하는 Normal(Academy) 및 기술과정이 포함된 Normal(Technical)로 구분되어 있으나, 2024년부터는 full subject based Banding으로 통합될 예정}

직업 훈련을 중등교육 이후 단계에 재배치하는 이 정책 변화야말로 싱가포르의 직업훈련교육 변혁 여정의 시작이었다. 이는 1991년 채택된 싱가포르의 전략 경제계획과 새로 설립된 ITE를 상호 동조시키는 전략적인 대응이었다. 생산 비용은 시간이 지남에 따라 증가했다. 제한된 인력문제에 직면해 기업들은 구조조정과 부가가치가 높은 제조업 및 서비스 부문으로 이동했다. 학생과 학부형들 사이에서는 교육에 대한 열망과 사회적인 기대가 점차 증대되었다. 점차 경쟁이 심화되는 국제 환경에서 경제를 추동시키기 위해서는 더 잘 교육되고 기술을 갖춘 노동력이 필요했다. ITE의 주요 임무는 학교를 막 마친 사람들에게 중등교육 이후 단계에서 기술을 습득하게 해, 보다 매력 있는 통로를 만들어주는 것이었다.

학교와 ITE간의 연계

다음 단계는 학교와 ITE 상호 간을 일관되게 연동시키는 것이었다. 학생들은 학교에서의 학문적 성과에 따라 체계적으로 따라가야 할 경로가 주어졌다. 그런데 학업 성과가 약한 경로에 있는 학생들은 핵심 교과목(영어, 수학, 과학)에서 기초를 계속 다져야 했다.

비록 정치적으로는 인기 있는 정책이 아니었으나, 결과적으로 보면 학생들이 따라가야 할 경로를 달리한 것이 학교를 일찍 중퇴하는 비율을 낮추는 데 도움이 되었다. 차별화된 교과과정을 통해 학생들은 공부에 더 잘 적응할 수 있었고 자신의 적성과 관심에 따라 공부하는 속도를 조절할 수 있었다. 정말 필요한 것은 잘 도와줄 수 있는 교장선생님과 헌신적인 선생님들이었다.

ITE에서 잘 적응하며 능력을 발휘하기 위해서는 충분한 수준의 읽고 쓰는 능력과 산술 능력이 필수적이었는데 이는 산업에서 요구하는 기능 수준과 맞춰야 했기 때문이다.

경로를 달리하는 방식이 아니었으면 많은 학생들이 교육 시스템에서 뒤떨어져 낙오되었을 것이다. 학교는 학생들을 도와 바람직한 기반을 구축해야 한다. 직업교육 기관이 학교에서 낙오된 사람들을 위한 장소로 인식되어서는 안 된다.

직업훈련을 경제개발과 연동시키기

다음 정책은 직업훈련을 경제개발과 연동시키는 것이었다. 이 정책은 매우 중요했고 지금도 그 중요성은 동일하다. 필수조건은 능력기반 교과과정과 훈련 시스템의 확보이다. 엄격한 방법론을 활용할 경우, 예를 들면 교육과정 개발 방식인 데이컴 기법(Developing a Curriculum: DACUM) 등을 활용하면, 기술능력과 직업표준이 산업과의 긴밀한 협력을 통해 도출되고 또 산업과 협력하면서 발전하는 것을 보장해준다. 국가적인 노동인력 계획이 입력되면 교육기관은 수요가 요구하는 분야 및 새로운 직업이 창출되는 신흥 분야에 우선순위를 정해 자원을 배분할 수 있다.

경제적인 목표와 전략에 연동시킬 경우 취업가능성이 높아질 뿐만 아니라 개인/경제/사회적인 혜택들도 보장해준다. 반면에, 학문 연구만을 과도하게 강조할 경우, 대학 졸업생만 과도하게 공급하게 되며 기능 인력의 부족 현상을 겪게 된다.

직업교육에 대한 재정의

마지막으로 직업교육에 대한 정의를 다시 내리는 문제이다. 전통적인 개념은 소규모의 직업훈련 기관 또는 직업학교였다. 이런 개념은 도전받았고 다시 정의되었다. 혁신적인 접근은 ITE의 10개 소규모 "직업기관"을 현대적인 3개의 대규모 "지역 캠퍼스"로 변혁시킨 것이었다. 이런 물리적 기반 정비는 ITE가 급속한 발전의 돌파구를 마련하게 된 주요 요인 중 하나였는데, 특히 직업 교육에 대한 일반인들의 인식과 태도를 변화시켰다는 점에서 그러했다.

각각 학생수가 1만 명에서 1만 2천 명에 이르는 메가 캠퍼스로 거듭난 ITE는 실생활에 바로 적용될 장비와 시설들을 보다 잘 활용할 수 있게 해주었다. 학생 수가 많아질수록 그리고 공동 사용 구역이 커질수록 여러 학문분야가 관련되고, 경험에 기반하며, 생기 넘치는 가르침과 배움의 환경도 조성된다. "하나의 ITE, 세 개의 분원(college)" 체계로 운영하는 방식은 각 분원에 큰 자율성을 부여해 지도력, 관리 방식, 직원 개발 및 학생관련 활동 등에 각자 책임감을 갖게 했다. ITE 모델은 또한 건전한 경쟁, 협력, 그리고 팀워크 문화를 고무했다. ITE에서는 "ITE 케어(ITE Care)"라는 문화가 있는데 특히 학교 교직원들이 학생들을 돌보고 관심을 갖는 문화로서 무엇보다도 중요한 부분이다. 이것이 기술교육 기관으로서 ITE 브랜드의 품질보증서가 되었다.

미래를 향해

정부는 직업기술교육에 대해 일차적인 책무를 가져야 한다. 이는 매우 중요한 약속이며 값싼 선택이 아니다. 아울러 이는 학교교육과 동일한 것도 아니다. 노동의 세계로 전환하는 학교 내 직업교육의 "전통적 모델"로는 현대 사회와 국제 경제의 수요에 더 이상 맞춰나갈 수가 없다.

도전은 특이한 성격을 갖지만 기본 원칙은 불변이다. ITE 모델은 싱가포르의 반응이었다. ITE의 새로운 변신은 다른 사람들로부터 배울 수 있는 튼튼한 기반, 조직 자체의 우수성, 혁신, 그리고 현지 조건들에 대한 적응이 바탕이 되어 이루어졌다. 직업훈련교육을 변화시키고 다시 정의하게 하는 힘을 예측함으로써 결국 ITE를 변화시키는 새로운 돌파구를 마련한 것이다. 시스템은 끊임없이 변화해 나간다. 최근 새로운 방안들이 정부에 의해 스킬스퓨처(SkillsFuture)라는 이름으로 소개되었다. 이는 ITE 졸업생과 취업 성인들이 자신의 초기 취업 당시의 자격 이상으로 기능을 더욱 향상시키고 새로운 기술을 습득할 수 있게 하는 기회를 늘려줄 것이다. 여러 상이한 접근에도 불구하고, 결국 초점은 기능을 가진 노동 인력에 대한 국가적 수요를 맞추어나가는 데 있어 품질, 수준, 그리고 지속가능성의 확보에 있다.

2015년 2월 촬영된 앙 모 키오 소재 기술 교육 학교의 본부 및 중앙 캠퍼스로서 세 개의 메가 지역 캠퍼스 중 가장 최근에 완공되었다. 2013년 첫 신입생을 받아들였다.
© 싱가포르 프레스 홀딩스

라우 송 셍(Law Song Seng) 박사는 1992년부터 2007년까지 ITE의 창설 책임자 겸 최고 경영인을 역임했다. "미스터 ITE"라고 불리는 그는 싱가포르 직업훈련교육의 품질과 수준, 그리고 대중으로부터의 수용성을 높이는 데 핵심 역할을 했다. 공식적으로 퇴직한 이후에도 이 놀라운 싱가포르 이야기를 국제사회에 전파하는 노력을 계속하고 있다.

23

폴리테크닉의 비밀

엔 바라프라사드(*N. Varaprasad*)

많은 외국인과 심지어 싱가포르의 학부형들 역시 아이들이 10년간의 학교 교육을 마치고 나면, 즉 통상적으로 중등학교 과정을 마치는 GCE O레벨 시험까지 마치고 나면, 졸업생 중 가장 큰 비율이 주니어 칼리지를 거쳐 대학으로 진학하기 보다는 폴리테크닉 경로를 택해 학업을 지속한다는 사실을 알고 무척 놀란다. 더 많은 학생들이 취업 지향의 3년짜리 학위 프로그램을 운영하는 폴리테크닉에 진학하고 있으며, 주니어 칼리지에서 학문 지향적인 공부를 하면서 GCE A레벨 시험이나 인터내셔널 바깔로레아(IB) 시험을 치르는 학생은 상대적으로 적다.

각 학년 집단의 40%가 싱가포르 내 5개 폴리테크닉 중 한 군데에 등록하며, 30%는 주니어 칼리지에, 그리고 25%는 ITE에 등록한다. 외국인이나 학부형에게 더 놀라운 것은 이 40%의 학생 중 절반 정도는 주니어 칼리지를 갈 자격이 있었음에도 폴리테크닉에서 공부하기로 한 것이다.

5개의 폴리테크닉으로는 싱가포르 폴리테크닉(Singapore Polytechnic, SP: 1954년 설립되었으나 1957년부터 운영), 니 안 폴리테크닉(Ngee Ann Polytechnic, NP: 1963), 테마섹 폴리테크닉(Temasek Polytechnic, TP: 1990), 난양 폴리테크닉(Nanyang Polytechnic, NYP: 1992), 리퍼블릭 폴리테크닉(Republic Polytechnic, RP: 2002)이 있다. 이 학교들의 캠퍼스는 싱가포르 전역에 흩어져 있기에 5만 명에 이르는 학생들은 편리하게 접근할 수 있다.

첫 번째 폴리테크닉이 세워진 후 두 번째 학교가 설립되기까지에는 9년이 걸렸고, 세 번째 학교는 이로부터 27년이 더 소요되었다. 추가적인 3개의 폴리테크닉은 새로운 천 년이 시작되는 시점을 전후한 12년의 기간 동안 설립되었는데 학교의 역량을 키우는 동시에 폴리테크닉 교육에 대한 일반인들의 인식도 바꾸었다. 학교가 이렇게 급속히 성장한 이유는 폴리테크닉이 중등학교 교육 이후의 인적자본 개발에 있어 최고의 가치를 가지고 있다는 정부의 믿음이 반영된 것인데, 특히 경제성장을 지원하면서도 대학에 자리를 차지하기 위한 압력을 넣지 않는다는 점에 주목했다. 이 정책은 최근에 폴리테크닉 졸업생들을 위한 대학 학위 취득 통로가 크게 확대되었기 때문에 바뀌었다.

폴리테크닉 졸업장은 일종의 전문직보조 자격증이며 전문직 엔지니어, 건축가, 또는 연구원 등을 지원하는 기능사에 가까운 일을 하게 된다. 인력계획 시나리오에 따르면 한 명의 전문가를 지원하는 데에는 두 명에서 네 명 정도의 보조원이 필요하다. 잘 훈련된 전문직보조는 전문직 인사가 진행되는 일처리에 대해 만족하고 안심하면서 보다 높은 수준의 업무에 집중할 수 있도록 해준다.

점차적으로 보다 많은 폴리테크닉 졸업생들이 독립적인 일을 할 수 있게 되었는데, 예를 들면 제조업 및 건설현장에서의 기술 감독, 운영 팀장, 앱 개발자, 시설관리자, 특히 필름이나 미디어의 디자이너 및 행사기획자들이 있으며 이들은 단순한 지원 요원이 아니다. 싱가포르 제일의 영화제작자인 로이스톤 탄(Royston Tan) 씨와 같이 많은 폴리테크닉 졸업생들은 대학졸업장을 갖지 않고도 사회에 큰 영향을 미쳐왔다. 정부의 고용 관행도 폴리테크닉 졸업장 소지자와 대학 학위 소지자 간의 구분을 흐릿하게 만들었으며 경력 사다리를 타고 오르는 데에도 폴리테크닉 졸업장 소지자에게 보다 많은 개방을 했다.

좋은 토대를 쌓기

싱가포르 폴리테크닉이 주는 매력은 무엇인가? 우선 폴리테크닉은 사업과 산업에서 투입된 것을 기초로 설계한 여러 매력적인 강좌를 개설하고 있다. 이런 강좌는 혁신적인 학습법을 활용해 전달되므로 젊은이들의 몸과 마음을 끌어당긴다. 이 모든 것은 젊은 학생들의 마음을 사로잡고 있는 학교 캠퍼스 안에서 진행되고 있다.

각 폴리테크닉은 다양한 훈련 분야에서 40개 이상의 학위 프로그램을 가지고 있다. 싱가포르의 폴리테크닉은 전통적으로 공학 지향적이며 기술 지향적이라는 인상을 주었는데 지난 30년 동안 다른 모습을 보이면서 이러한 인식을 초월했다. 이제는 설계, 미디어, 보건의료, 조기 유아교육, 물류 및 공급사슬 관리, 요리법, 소매경영관리, 법률, 스포츠와 오락, 예술, 은행과 금융, 회계, 호텔 관광업 등 다양한 분야가 포함된다. 이런 프로그램을 통해 학생들은 어린 나이에 여러 학문분야에 걸친 각양각색의 쟁점에 노출되고, 다양한 팀들과 연구를 수행하면서 어떤 사안을 기술, 마케팅, 인간적 시각 등 여러 측면에서 살펴보도록 훈련받는다. 이런 프로그램 혼합은 전체 학생의 성별균형도 이루어지게 하는 등 많은 긍정적 결과를 가져왔다.

폴리테크닉의 매력을 한마디로 요약하면 그것은 자유라고 할 수 있다. 학생들의 관심과 도전을 촉발하는 것에 대해 배우고자 하는 자유, 실험의 자유, 자신이 선택한 방식을 통해 문제를 풀어가는 자유, 인턴쉽과 서비스 교습을 위해 해외로 나갈 수 있는 자유, 사업가가 될 수 있는 자유 등등이다. 그리고 무엇보다도 학교 교복과 배지와 타이를 입거나, 달거나, 매지 않아도 될 자유와 엄격한 시간일정표로부터의 자유이다. 어느 학교가 되었든지 폴리테크닉 교육을 대표하는 특징은 지도력 개발, 강력한 가치 기반의 교육과정, 그리고 해외 노출이라고 할 수 있다.

3년간의 교육 기간을 통해 폴리테크닉이 배출해 내는 졸업생은 독립적으로 문제를 해결하도록 연마된 사람들이다. 어떠한 어려움도 그들을 당황하게 만들지 않는다. 그들은 두뇌의 힘과 팀워크와 기술만 적용할 수 있다면 어떤 것도 다 고칠 수 있고 어떤 문제도 다 해결할 수 있다는 용맹한 태도를 갖고 있다. 그들은 아찔한 속도로 시장에 계속 나오는 새로운 기술들을 가장 앞서 적용해 본다. 이런 기본자세는 혼란과 급속한 변화로 특징되는 새로운 세계에서 단순히 적응하는 것만이 아니라 실제로 번창하는 데 매우 적합하다.

학생들의 동기 및 관련 분야에 대한 관심과는 별도로 다른 두 가지의 핵심 요소가 폴리테크닉의 성공에 기여했다. 첫째는 사업계 및 산업계가 자문하고 협력하는 역할을 통해 교과과정의 적합성을 유지하고 시설을 최

우드랜드에 있는 20헥타르 규모의 리퍼블릭 폴리테크닉은 2007년 7월에 공식 개교했으며 문화센터, 3층의 스포츠 콤플렉스, 기숙사, 강의동 등을 자랑한다. ⓒ 싱가포르 프레스 홀딩스

신화한 점이다. 둘째는 산업계에서 충원된 후 교과과정 설계, 교육학, 평가라는 틀을 통해 잘 훈련된 교수진이다. 이와 같이 산업계와 교육기관 간의 결합은 학생들이 가장 최근의 방법론과 모범 사례를 통해 배울 수 있도록 보장해주는 강력한 방식이라 할 수 있다.

그렇지만 폴리테크닉은 너무 과도하게 주문에만 이끌리거나 산업계가 즉시 당면한 기능적 요구에만 초점을 맞추지는 않았다. 대신, 봉사 학습, 공동체와의 연계, 의사소통, 비판적 사고, 문제를 해결하는 기술 등을 통해 삶에 필요한 능력과 인성 발달이라는 중요한 구성 요소를 함양했다.

이에 더해 추가적인 장점은 모든 폴리테크닉이 갖춘 최상의 캠퍼스 환경과 시설로서 많은 외국 대학들도 이를 부러워하고 있다. 각 학교마다 1만 3천 명씩을 수용할 수 있도록 지어진 폴리테크닉은 학생들이 좋아하는 예술, 스포츠, 문화적 측면도 개발할 수 있도록 엄청난 기회를 제공하는 제대로 된 캠퍼스이다. 베독 저수지(Bedok Reservoir)에 면해 있는 테마섹 폴리테크닉은 보트 부두와 크로스컨트리 경주로를 학교 바로 앞에 두고 있다. 국내와 해외에서의 인턴십 및 상호 경쟁은 폴리테크닉 졸업생들 사이에 높은 신뢰와 성취감을 자아낸다.

고급화를 촉진하기

무엇보다도 졸업생들은 싱가포르 내에서나 외국에서 학위과정을 계속하고자 할 때 상당한 정도로 이수학점을 면제받는다. 이는 폴리테크닉 졸업장이 산업계에서나 고등교육기관에서 높이 평가받고 있기 때문이다. 대학 학위로 연결된다는 것은 과자를 먹으면서 동시에 가지고도 있을 수 있다는 속담과 같이 모든 것을 다 함께 성취할 수 있다는 뜻이다. 폴리테크닉 졸업생들은 이제 어느 싱가포르 내 대학이나 해외 대학에서도 추가적으로 공부할 수 있다. 심지어 졸업생들은 천장을 깨고 국내 의과대학이나 법과대학에도 진학하는데 이는 전통적으로 학문지향적인 A-레벨 수료자들이나 들어가던 학교였다. 오늘날의 대학입학 정책은 교육학자 하워드 가드너(Howard Gardner) 교수의 다중지능 및 능력(multiple intelligence and ability) 이론, 다시 말해서 성공에는 여러 경로가 있다는 이론을 받아들여 좀 더 전향적인 방향으로 변화되었다.

회사는 3차 교육기관인 대학이 학교 공부와 현장실습을 결합시켜 제공하는 스킬스퓨처 워크-스터디 디그리 프로그램(SkillsFuture Work-Study Degree Program)을 통해 직원들이 일을 하면서도 능력을 증진시킬 수 있도록 지원해준다. 이를 통해 회사는 필요한 기술을 확인하고 유지하면서 노동력 경색에서 오는 위험을 줄이고, 노동자들은 학위를 획득하고자 하는 열망을 충족함으로써 서로가 만족하는 상황이 만들어진다. 이 모델은 노동자들이 돈을 버는 가운데 자기들이 배운 내용을 즉각적으로 현장에 적용할 수 있게 하는 장점이 있다.

5개의 폴리테크닉 역시 응용 연구와 개발 및 혁신을 지향하며 여러 개의 최고 연구 기관을 설립했다. 몇 가지 사례를 들자면 디지털 의료혁신 센터(Digital Healthcare Innovation Center: SP), 응용 노인학 센터(Center of

Applied Gerontology: TP), 환경과 물 관리 기술 혁신센터(Environment and Water Technology Center of Innovation: NP), 디지털 및 정밀 공학(Digital and Precision Engineering: NYP), 인체공학 및 신체기능향상 기술센터(Ergonomics and Ergogenics Technology Center: RP) 등을 꼽을 수 있다. 각 폴리테크닉은 학생들에게 생산 공간, 지원육성 시설, 멘토링, 그리고 자금 등을 제공하면서 기업가 문화나 스타트업 문화를 육성시킨다.

각 연령 집단별로 40% 정도가 폴리테크닉에서 교육을 받음에 따라 폴리테크닉 동창생들의 규모는 몇십만 명에 이른다. 평생 학습과 교육이 폴리테크닉의 새로운 주제가 되었으며 과거 졸업생들은 가장 최신의 기술과 사업 모델을 배우는 혜택도 누린다. 정부의 강력한 뒷받침에 따라 폴리테크닉은 노동 인력에게 새로운 기술을 가르치고 기존 기술을 향상시키는 프로그램의 주요 제공자가 될 준비를 갖추었는데 모듈식 강의를 통해 공인된 자격을 획득할 수 있게 할 것이다.

싱가포르의 폴리테크닉은 실질적이면서도 광범위하게 교육하고 이를 통해 대학 진학이나 바로 취업을 하게 한다는 점에서 미국과 캐나다의 커뮤니티 칼리지(지역전문대학)와 유사한 역할을 하고 있다. 이런 교육 기관들은 인기가 있는데 유사한 성격의 정규대학 프로그램에 비해 통상적으로 비용이 훨씬 적게 들기 때문이다. 이 교육 모델에 대해 많은 개발도상국들이 모방했지만 성과는 각기 달리 나타났다.

싱가포르의 폴리테크닉은 선진국과 개도국으로부터 수많은 해외방문객을 맞이하고 있다. 개도국 방문객들은 어떻게 폴리테크닉 시스템이 싱가포르에서 잘 작동하는지 간절히 배우고 싶어 한다. 이에 대한 반응으로 각폴리테크닉은 대외협력처를 만들어 신흥경제국에 훈련과 자문 서비스를 제공하고 이들 국가가 자신들만의 폴리테크닉 이야기를 만들어가도록 지원한다. 예를 들면 난양 폴리테크닉은 세계은행과 협력해 방글라데시에 기능 및 훈련 향상 계획(Skills and Training Enhancement Project)을 제공했고, 싱가포르 폴리테크닉은 테마섹 재단과의 협업을 통해 미얀마의 품질보증체계(Quality Assurance Framework) 발전을 지원했다.

최종적인 분석으로서, 비록 대부분의 폴리테크닉 졸업생들이 대학 학위나 더 높은 자격증을 취득한다 하더라도(실제로 많은 이들이 그렇게 함) 이 졸업생들에게 가르쳐온 기초, 즉 문제를 해결하고, 혁신하며, 회복력을 갖고, 자신의 배움과 성공에 대해 스스로 책임지게 하는 것들은 이들의 DNA에 변치 않고 남아있을 것이다. 이는 싱가포르의 경제/사회적 미래를 위해 좋은 일이다. 이런 측면에서 폴리테크닉이 국가적 성공을 떠받치는 중요한 기둥이라는 점은 이제 비밀이 아니다. 국가적 차원에서 스킬스퓨처 운동과 지속적인 학습에 대해 강조할수록 폴리테크닉은 엄청난 시설과 능력 있는 교수진을 활용해 성인 학습기회를 확장하는 데 더 많은 역할을 하게 될 것이다. 이것이 싱가포르 폴리테크닉이 당면한 보람 있는 도전이라고 할 수 있다.

엔 바라프라사드(N. Varaprasad) 박사는 테마섹 폴리테크닉의 설립자 겸 최고경영인, 싱가포르국립대 부총장, 국립도서관 위원회의 최고 경영자 등을 역임했다. 현재 국제 교육 자문 회사인 싱가포르 교육 자문 그룹(Singapore Education Consulting Group LLP)의 주요 파트너로서 아세안, 중동, 아프리카국가에 자문 서비스를 제공하고 있다. 그는 또한 몇 군데의 사회적기구나 자선재단에서 일하고 있다.

24

세계적 수준의 대학

탄 엥 치에(*Tan Eng Chye*)

싱가포르 대학들은 싱가포르가 제3세계에서 제1세계로 성장과 발전을 하는 데 있어 매우 중요한 역할을 수행했다. 대학은 국가의 유일한 천연 자원인 사람들에게 높은 수준의 교육을 제공했다. 대학은 재능을 모으고 발전시켰고, 지식을 창출하고 혁신을 자극했으며, 싱가포르의 지리적인 크기의 제약과 천연자원의 부족을 극복하게 했고, 그 결과로 국제 사회에서 타당성과 경쟁력을 유지하게 해주었다.

많은 싱가포르 사람들은 대학 교육 문제에 대해 열정적인 느낌을 갖고 있다. 항상 염원의 대상이었고 사회적 이동성과 밝은 미래를 약속해줄 핵심 요소로 여겼다. 사회/경제적 여건이 나아지고 교육에 대한 정부의 투자도 증가됨에 따라 대학 교육에 접근하는 싱가포르 사람들의 비율도 증가했다.

1965년의 경우 국가차원의 동년배 참여 비율(Cohort Participation Rate: 초등학교 1학년에 동시에 등록했던 학생 중 정부지원의 정규 대학에 진학하는 비율)은 3%였다. 이것이 점진적으로 증가되어 1990년에는 5배가 증가한 15%, 2015년에는 두 배가 늘어 30%를 기록했다. 2020년까지 동년배 참여비율은 40%에 달할 것으로 예상되며, 6개의 자율대학들이 매년 1만 6천 명의 졸업생을 배출할 것이다.

이 비율이 증가되었음에도 불구하고 일자리의 전망은 높은 취업률과 함께 여전히 강세를 보이고 있다. 2018년의 경우, 싱가포르 내 6개 자율대학의 신규 졸업생 중 90%가 졸업 후 6개월 내에 취업했다. 이는 대학 졸업생의 질에 대한 고용주의 높은 평가와 함께 졸업생에게 좋은 일자리를 창출해주는 싱가포르 경제의 강력함을 입증하는 것이다.

싱가포르는 대학의 질을 높이고 새로운 대학을 세우는 노력으로부터 많은 혜택을 받았다. 대학은 폭과 깊이와 다양성이라는 측면에서 모두 성장했다. 싱가포르 국립대학(National University of Singapore: NUS)은 싱가포르대학과 난양대학 간의 합병을 통해 공식적으로 1980년에 설립되었다. 난양공과대학(Nanyang Technological University: NTU)은 1981년 설립되었다. 싱가포르 경영대학(Singapore Management University: SMU)은 2000년부터 학생을 받기 시작했다. 싱가포르 기술디자인대학(Singapore University of Technology and Design: SUTD)과 싱가포르 공과대학(Singapore Institute of Technology: SIT)은 2009년에 설립되었다. 싱가포르 사회과학대학(Singapore University of Social Sciences: SUSS)은 2017년에 세워졌다.

싱가포르의 대학은 영국식 모델에 따라 제한된 분야에서 단일하게, 조기에 깊은 전문성을 추구하는 방향으로 시작했으나 이후 싱가포르의 다양한 열망과 의도에 맞추기 위해 다원적인 대학 교육 경로를 포함하는 방식으로 발전했다. 집합적으로 보았을 때, 싱가포르의 대학 졸업생들은 이제 다양한 범위의 기능과 교육적 경험을 망라하고 있다고 할 수 있다.

가장 놀라운 것은 두 개의 포괄적인 연구중심 대학인 NUS와 NTU가 싱가포르의 학문적 수준을 국제적인 수준으로 올려놓은 것이다. 두 대학은 급속하게 성장해 세계적인 선두 대학의 반열에 올랐으며 아시아에서는 최고 수준이 되었다. 인구 5백만 명의 국가가 세계적 수준의 대학 두 곳의 근거지가 되었다는 것, 이것이야 말로 싱가포르 사람들이 정말 자랑스럽게 느껴야 할 성과라고 할 수 있다.

세계적 수준의 대학을 만들고 강력한 국제적 명성을 유지하기 위해서는 지도력, 통찰력 그리고 성실한 노력을 필요로 한다. 세계 여러 나라의 대학들 중 NUS의 지위를 나타내는 척도로서, 듀크 대학과 예일 대학은 NUS를 동반자로 선택해 듀크–NUS 의학 대학(Duke–NUS Medical School)과 예일–NUS 대학(Yale–NUS College)을 각각 설립했다.

정부가 강력히 지원하는 자율적인 대학

NUS와 NTU의 주요 성공 요인은 두 대학을 법인화된 자율대학 (Autonomous University)으로 변혁시킨 것에 있다. 이런 유연성은 NUS와 NTU가 교육과 연구 분야에서 탁월성 확보를 위해 자신들의 전략을 만들어가게 했고, 그 결과 두 대학은 학생들을 위한 혁신적이고 독창적인 교육 경험을 창출하고 국제적으로 다른 대학들과 경쟁할 수 있었다.

2004년 대학의 자율성, 관리, 자금지원(University Autonomy, Governance and Funding) 운영위원회가 설립되어 당시 교육부 사무차관인 림 추안 포의 주재 하에 정부가 지원하는 대학에 대한 적절한 자율성 모델을 건의했다. 이는 더욱 경쟁력 있는 대학의 환경에서 나타나는 여러 기회와 도전 요인에 대응하고 국제적인 수준의 탁월성을 성취하기 위한 노력의 일환이었다. 정부는 동 위원회의 건의를 받아들여 3개의 대표적인 정부 지원 대학(NUS, NTU, SMU)에 보다 큰 자율성을 부여하고 NUS와 NTU를 법인화된 자율대학으로 변혁시켰다.

2006년 NUS와 NTU를 법인화한 것은 변혁의 시작이었다. 이제 NUS와 NTU의 지도부 및 이사회가 기관의 목표와 방향을 움직여 나가는 데 중심적인 역할을 하게 되었다. 법인화는 대학이 정부뿐만 아니라 이해당사자에게 소속된다는 강력한 메시지를 발신했고 기관에 대한 긍지와 소속감을 조성하면서 이해당사자들 사이에 성공을 위한 새로운 동력을 만들었다.

NUS와 NTU는 도전에 대응했다. 교습과 연구 분야에서 우수성을 유지하고, 학생들의 경험을 향상시키며, 국제적 지위를 상승시키기 위한 힘과 능력을 급격히 키워갔다. 법인화된 기관으로서 NUS와 NTU는 행정적이고 재정적인 측면에서 자율성을 갖게 되었으며 더 이상 법정 기관에 부과하는 운영상의 규제에 제약되지 않았다.

경쟁적이고 성과지향적인 인적 자원 정책을 통해 양 대학은 세계적 수준의 학문/행정적 능력을 갖춘 사람들을 끌어들였고, 그들은 전문지식, 모범적 관행, 세계적인 대학과의 연계를 통해 각 학과의 수준을 끌어올렸으며

2017년 3월 촬영된 예일-NUS(Yale-NUS) 대학 캠퍼스 전경. 예일 대학과 싱가포르 국립대 간의 협업을 통해 만들어진 교양학부로서 2011년 4월 출범했으며, 2013년 8월 첫 학생 150명이 등록했다. ⓒ 싱가포르 프레스 홀딩스

대학을 우수한 길로 이끌었다. 싱가포르의 교수진과 학생들 역시 탁월한 국제 교수진의 조언을 통해 엄청난 혜택을 입었다. 시간이 지남에 따라 싱가포르 교수진도 자신의 연구 및 교습 능력을 연마해 나가는 데 있어 확신과 능숙함을 얻게 되었고 스스로 국제적인 차원에서 자리를 잡아가기 시작했다. 오늘날 양 대학은 재료과학, 공학, 화학 분야 등에서 세계 최고 수준으로 인정되는 몇몇 연구 그룹의 보금자리가 되었다.

본질적으로 법인화는 NUS와 NTU를 재빠르게 움직여 탁월함의 절정에 이르게 했고 이런 민첩함을 통해 그들이 경쟁을 쉽게 뛰어 넘을 수 있게 해주었다.

재정적인 관리라는 측면에서 보면 자율대학들은 자신의 장기적인 재정적 지속가능성에 대해 책임을 져야 했다. 교육부에서 주는 예산 덩어리(이 **예산은 등록 학생 수 증가에 맞춰 수년에 걸쳐 계속 증가**)를 가지고 자율대학들은 재정적 자율성을 갖고 학교의 전략적 목표에 부합하게 자원을 할당했다. 자율대학들은 또한 자신들의 프로그램과 추구하는 목표를 지원하기 위해 새로운 투자 역량을 개발하고, 기부금을 모금하고 관리한다. 기부금의 수익은 정부의 재정 지원을 대체해 학생들이 자율대학에서 여러 가능한 기회에 최대한 접근할 수 있도록 해준다. 동 수익은 또한 수업료의 상당한 인상 필요성도 완화시켜 준다. 자율대학의 수업료는 아직도 감당 가능한 수준을 유지하고 있으며 입학 허가를 받은 모든 싱가포르 학생들은 재정 지원을 통해 초기 교육비용을 감당할 수 있다.

한편, 대학에 커다란 자율성이 부여되었지만 정부는 자율대학들의 교습과 연구 지원 및 인프라 프로젝트를 위한 자본 소요와 관련해 강력한 재정 지원을 계속하고 있다. 아울러 강화된 책임 확보의 틀을 마련해 교육기관이 지향하는 방향이 국가 전략 목표와 일치되도록 하고, 자율대학들이 국가 자금을 사용하는 데 책임감을 갖도록 한다.

이와 동시에 정부는 싱가포르의 R&D 능력을 향상시키기 위한 단합 투자에 착수했으며 이를 통해 싱가포르를 가치사슬상의 지식 기반 경제로 끌어올리고자 한다. 교육부의 증대된 학술연구 재정지원과 더불어 자율대학들은 과학기술청(A*STAR) 및 국립연구재단(National Research Foundation)으로부터의 R&D 기금을 확보하기 위해 경쟁한다. 그 결과, 싱가포르 고등 교육 기관의 R&D 지출은 2006년에 비해 2011년에는 거의 두 배가 되는 10억 불을 넘어섰다.

또 다른 전략적인 움직임은 자율대학들 내에 탁월함을 위한 연구센터(Research Centers for Excellence: RCEs)를 가동하는 것이다. RCEs는 유치하는 대학과의 긴밀한 제휴를 통해 세계적 수준의 학술 연구를 수행하는 연구센터이다. RCEs는 세계적인 수준의 연구자 주도 연구(investigator-led research)를 수행하며 연구를 싱가포르의 장기 전략적 이익과 일치시키고, 세계적 수준의 학술 연구자들을 끌어들이고 지원하며, 질 높은 연구 인력을 훈련시키고, 목표로 정한 분야에서 새로운 지식을 창출하도록 진행한다. 현재 싱가포르에는 5개의 RCE가 있다. 양자역학 기술 센터(Center for Quantum Technologies), 싱가포르 암 과학 연구소(Cancer Science Institute of Singapore), NUS 기계생물학 연구소(Mechanobiology Institute at NUS), 싱가포르 지구관측소(Earth Observatory of Singapore), NTU의 환경 생명과학 공학센터(Singapore Center for Environmental Life Sciences Engineering at NTU)가 바로 그것이다.

난양공과대학의 벌집(Hive) 건물은 중국 음식을 담는 나무 상자를 닮았다는 이유로 "딤섬 바구니 건물"이라는 별칭으로도 불리고 있다. 이 건물은 협력 학습과 학생 간소통을 위한 장비를 완전히 갖춘 56개의 스마트 교실을 갖고 있다. ⓒ 싱가포르 프레스 홀딩스

앞으로 나아갈 길

싱가포르의 각 자율대학은 계속 뛰어난 역할을 수행하고 있으며 각자 자기 자신에게 꼭 맞는 자리를 개발해 왔다. 연구 중심 대학인 NUS와 NTU 는 수준 높은 교육 프로그램을 개발하고, 활기찬 연구와 혁신과 기업생태 계 개발을 통해 계속적으로 싱가포르에 기여할 것이다. 아울러 싱가포르뿐 만 아니라 수준 높은 연구, 번역 및 적용을 통해 지역 내에서의 기여도 추 구한다.

NUS와 NTU는 세계 최고 수준의 대학들로부터의 조언과 가르침에 큰 도움을 받았으며 적절한 경우 그들의 선례를 뒤따라갔다. 그러나 대학들이 앞으로 더 나아가기 위해서는 국가와 사회에 가장 잘 기여할 수 있는 자기 자신의 행로를 개척해야 하며 격화되는 경쟁 속에서 계속 세계적인 수준을 유지해야 한다. 대학들은 자신의 교과 과정과 교육적 경험을 개선하고 혁 신해 졸업생들이 기술 및 태도와 함께 미래를 위한 자질을 함양할 수 있도 록 해야 한다. 국가적 차원의 스킬스퓨처 운동과 평생교육의 필요성은 대 학들로 하여금 교육의 전달 방식과 교육 구조를 다시 한 번 생각하게끔 한 다. 다시 말해 대학 교육으로의 접근이 더욱 확대되어, 보다 많은 싱가포르 사람들이 대학 내에서 학습할 수 있도록 해야 한다. 아시아가 역동적인 성 장을 하고 있는 현 시대는 대학들이 연구협력, 번역, 혁신, 상업화 등에 적 극 관여하도록 하는, 그리고 자신들이 한 일이 지역 내에 큰 충격을 줄 수 있게 하는, 흥분되고 경험해보지 못한 기회를 제공한다. 종합 대학인 NUS 와 NTU는 여러 학문분야에 걸친 전문지식을 끌어 모아 세계가 직면하고 있는 복합적인 도전을 잘 다룰 수 있는 좋은 위치에 놓여 있다. 양 대학은 현재 가지고 있는 힘과 네트워크를 활용하고 쌓아 나갈 것이며, 가치 창조 에 기여할 기회를 잡고 싱가포르의 성장/복지/번영에 기여하면서 끊임없이 자신들을 재창조해 나갈 것이다.

탄 엥 치에(Tan Eng Chye) 교수는 싱가포르국립대(NUS)의 제5대 총장이다. 그는 1985년 NUS에서 수학 학사학위를 받았으며, 1989년 예일 대학에서 박사학위를 받았다. 또한 1998년 NUS에서 혁신적인 교습 방법으로 대학 교습상을 받았으며 여타 상들을 수상했다. 현 NUS의 학문적 체계를 설계한 개척자로 인정받고 있고 기숙형 대학계획(University Town Residential College Program), 무등급 계획(Grade-free Scheme), 기술향상 교육 등 많은 방안을 도입했다. 2014년 공공행정 메달(금상)을 받았고, 2018년 예일대 대학원 동문회가 주는 윌버 루시우스(Wilbur Lucius) 십자 메달을 수상했다.

25

싱가포르의 공공 도서관

엘레인 응(*Elaine Ng*)

1966년 국립도서관의 연례보고서는 백만 권 이상의 도서 대출이 있었고 30만 권 이상의 책을 보유하고 있다고 설명했다. 50여 년이 지난 2018년, 싱가포르의 공공 도서관은 대출 자료의 숫자가 3천 9백만 건을 넘어섰다고 발표했는데 여기에는 인쇄 도서 9백만 건과 디지털 책, 오디오 레코딩, 온라인 강좌를 포함한 디지털 자료 등이 포함된 것이다.

독립 초기 국립도서관의 책을 읽고 거기서 배우려는 수요가 증가하자 1970년 4월 30일 국립도서관의 첫 번째 분관이 설립되었다. 퀸즈타운 분관의 개관 기념식에서 리콴유 총리는 다음과 같이 연설했다. "교육받은 사회의 징후 중 하나는 시민들이 읽고 있는 책의 숫자입니다. 우리는 보편적 초등학교 교육을 십여 년간 실시해오고 있습니다. 오늘날 글을 읽고 쓸 줄 아는 사회가 되었습니다. 그러나 글을 읽고 쓸 줄 아는 사회가 반드시 교육을 받은 사회는 아닙니다. 교육받은 사람을 판별하는 평가 중의 하나는 그가 평생 동안 계속해서 책을 읽고 배우려고 하는 능력일 겁니다."

1823년에 설립된 국립도서관은 오늘날 국가유산과 참고자료들을 도서관 건물 7층에서 13층 사이에 모으고 보관하는 데에 초점을 두고 있다. 이와 함께 싱가포르 전역에 26개 공공 도서관이 설치되어 있는데 여기에는 국립도서관의 지하 2개 층을 쓰고 있는 중앙 공공도서관(Central Public Library)도 포함되어 있다. 오랜 세월 동안 싱가포르의 도서관들은 지식국가를 세우겠다는 당초의 이상을 유지하면서 국가의 성공을 투영해 주었다.

시민들에게 다가가고 공동체를 변혁시키는 도서관의 역할은 그 뿌리를 싱가포르 독립 초기시절에 두고 있다. 1967년 4월 리콴유 총리는 오스만 웍(Othaman Wok) 문화 및 사회담당부 장관에게 보낸 메모에서 다음과 같이 언급했다. "우리 아이들에게서 들었는데, 학교 휴일기간 중에는 어린이 도서관이 혼잡스럽고 사람들로 넘친다더군요. 그게 사실인가요? 사실이라면, 이는 환영하고 고무되어야 할 발전 상황이며 교육받은 우리 아이들이 계속 증가하기 때문에 이들을 위해 반드시 시설을 확대해야 할 것 같습니다. 내각은 도서관 확장 계획을 지원할 준비가 되어 있습니다."

이동도서관 서비스는 1960년에 처음 소개되었고 1960년대 후반에 가속화되어 캄퐁 텡아에서 창이에 이르기까지 싱가포르 전역의 공동체에 접근했다. 이동도서관은 단순히 책을 사람들에게 전달해주는 역할만을 한 것이 아니라 젊은이들을 길거리에서 몰아내고, 관심을 좀 더 긍정적인 활동으로 돌리게 했으며, 청소년들의 비행을 줄이는 데 도움을 주었다. 시골 쪽에 사는 사람들에게는 이동도서관이 정말 도움이 되는 사회적 서비스였다.

오늘날의 도서관은 학교, 지역공동체의 중심지, 장애인과 특별한 수요가 있는 사람 등 싱가포르 내의 모든 사람과 분야를 대상으로 접근한다. 2018년 한 해만 하더라도 도서관은 1만 5천 건 이상의 직접적인 봉사 프로그램 및 활동을 모든 연령의 사람들에 대해 실시했다.

열정으로 움직이기

오랜 기간에 걸쳐 열정을 가진 사람들이 싱가포르 도서관의 성공에 기여했다. '시간의 순간들: 국립도서관의 기억'이라는 책에서 전 도서관장인 헤드위크 아누아르(Hedwig Anuar)는 스탬포드 로드에 있던 옛 래플스 도서관(Raffles Library: 현 국립도서관의 전신)이 1960년 도로 아래쪽으로 좀 더 내려가야 하는 새 건물로 이사할 때 이전 경비를 절약하기 위해 도서관 직원들이 양 건물 사이에 인간 사슬을 만들어 책을 한 권씩 옮긴 이야기를 회상한다.

국립 도서관 위원회(National Library Board: 이하 NLB)가 1995년 만들어졌을 때 최고 경영자인 크리스토퍼 치아씨는 싱가포르의 도서관을 변혁시키고자 의욕이 높은 직원들로 팀을 만들어 이끌었다. NLB는 전 세계 도서관들 중 신기술을 조기에 수용하는 기관이다. 예를 들면 전 세계 도서관들 중 처음으로 모든 분관에 걸쳐 반납된 책을 자동으로 관리하기 위해 일명 전자 태그로 불리는 RFID(Radio-Frequency Identification) 기술을 도입했다. 세계 각국의 도서관 관계자들은 2000년대 초에 이를 배우기 위해 NLB를 방문했고, RFID 기술은 오늘날 도서관 세계에서 널리 사용되고 있다.

이 변혁은 놀랄만하여 2001년 10월 31일 발간된 하버드 경영대학원의 사례 연구집에 "싱가포르 공공 도서관의 변혁"이라는 제하로 발간되었다. 치아 박사는 다음과 같이 부연한다. "6년 만에 우리는 방문객을 4배로 늘렸고, 소장 자료를 2배로 늘렸으며, 회원 수와 물리적 장소를 각각 2배로 늘렸습니다. 대출 도서는 직원 수를 늘리지 않고도 1천만 권에서 2천 5백만 권으로 늘렸으며 통상적인 대기 줄을 60분에서 15분으로 줄였습니다. 두 배 늘어난 공간을 네 배나 많은 사람들이 돌아다녔지만 대기 줄은 사라졌고 도서관은 더욱 널찍하게 느껴졌습니다. 물론 일자리도 줄지 않았지요. 그전 35년 동안의 기간에 80만 명이 도서관에 등록했는데 지난 5년간에 무려 백만 명이 회원으로 가입했습니다. 지금은 전체 인구의 약 절반이 지역 공공 도서관의 회원입니다."

2005년 후임 최고경영인인 바라프라사드(N. Varaprasad) 박사는 '도서관 2010 마스터 플랜'을 발표했다. 동 계획은 다른 어느 것보다 디지털에 대한 접근을 통해 싱가포르 사람들이 지식 기반 경제에 연결될 수 있도록 하는 것을 목표로 했다. 이는 정보와 콘텐츠가 생산되고 소비되는 방식이 지각 변동하는 상황에 대비해 도서관을 확실하게 준비시키는 것이었다.

오늘날의 도서관은 이런 헌신적인 노력과 선견지명을 바탕으로 비록 읽는 습관과 배우는 스타일은 변화하더라도 프로그램과 서비스는 타당성을 유지하게끔 운영된다. 어린이들을 위한 프로그램은 경험적인 학습과 함께 메이커스페이스(maker space: 3D 프린터 등 여러 장비를 갖추어놓고 어린이들이 정보와 기술, 디자인과 창조성을 마음껏 탐험할 수 있도록 만든 공간) 등을 강조한다. 반면 어른들을 위한 프로그램은 디지털 기술과 21세기의 일솜씨 및 생활양식상의 관심 사항을 강조한다.

도서관을 지원하고 돌보는 사용자들 역시 많은 감화를 준다. 사람들은 선의를 모으는 큰 틀을 만들어 싱가포르 도서관이 지속적으로 성공할 수 있도록 해주었는데 오늘날에는 거의 5천 명의 자원 봉사자들이 자신의 시간과 전문성을 기꺼이 할애하고 있다. 예를 들면 2004년 자원봉사자 지미 호와 그의 부인 그레이스는 도서관 내에서 자원봉사자가 전국적으로 운영하는 kidsREAD라는 독서 프로그램에 참여해 네 살에서 여덟 살에 이르는 어린이들을 위해 봉사했다. 지미와 그레이스가 2004년 시작했던 kidsREAD 클럽의 첫 번째 회원이던 청 예 루이는 10여 년 뒤에 자신이 독서의 즐거움을 처음 경험했던 클럽으로 다시 돌아와 자원봉사하고 있다.

지역공동체의 지원을 통해 library@chinatown도 설립할 수 있었는데 이는 싱가포르 최초로 자원봉사자가 운영하는 공공도서관이며 2013년에 개관했다. 처음으로 도서관이 운영되는 지역 내의 자원봉사자들이 동네 도서관에서 일하게 됨으로써 공동체가 주도하는 혁신이 이루어지고, 이를 통해 도서관이 운영되는 방식도 다시 정의할 수 있게 되었다. 나이 든 자원봉사자들을 지원하기 위해 책을 자동으로 분류하는 기계가 처음 도입되었다. 도서관 이용자가 예약한 책을 셀프서비스 보관함에서 찾게 하는 방식(self-service reservation locker)과 전자신문(e—newspaper) 등이 도입되어 자원봉사자들은 관리업무만 하는 대신 자기가 좋아하는 활동에 초점을 맞출 수 있었다. library@chinatown의 설립을 통해 도서관에 관심을 가진 사람들이 기여할 수 있는 기회가 만들어지면 많은 것을 성취할 수 있다는 놀라운 교훈도 얻었다.

이후 도서관들은 자원봉사자들의 기여 범위를 확대해 도서관의 자체 프로그램, 독서 클럽, 도서 전시, 자료 회수관리 등의 활동을 자원봉사자가 주도할 수 있도록 해주었다. 오늘날 공공도서관들은 활동적인 자원봉사자 네트워크를 유지하고 있으며, 자원봉사자들은 기존의 도서관 내부가 아닌 지역 공동체 구역에 독서코너를 설치하고 독서활동을 지원할 수 있게 하는 훈련도 받고 있다.

새로 개조되어 오차드 게이트웨이 쇼핑몰의 3
층과 4층에서 2014년 10월 23일 개관한 오차
드 도서관 ⓒ 싱가포르 프레스 홀딩스

타당성을 유지하기

싱가포르가 더욱 더 세련되고 정교해짐에 따라 도서관에서의 경험 역시 독자들의 눈높이에 맞춰야 한다는 인식하에 새로 짓는 도서관의 디자인에도 보다 많은 관심을 기울이게 되었다. 새로운 '미래의 도서관(Library of the Future)' 마스터플랜은 다양한 도서관 경험을 제공하기 위한 맞춤형 도서관을 설립하는 것이다.

개조작업을 마치고 2014년에 개관한 library@orchard는 첫 번째 시범 케이스였다. 작업이 시작되기 전 각 계층을 대표해 뽑은 초점 집단 토론이 잠재적인 사용자들과 함께 이루어졌으며 인구통계학적 연구가 진행되었다. 결과는 현대적인 공간(시내 중심의 가장 중요한 쇼핑가라는 완벽한 위치)과 사용자들의 요구를 반영해 디자인과 생활양식을 크게 도입하는 것으로 나타났다.

유사한 접근은 새로운 작업 공간 및 교외지역에 위치한 도서관들의 자료 수집과 프로그램에도 적용되어 서로 다른 연령 집단의 관심을 충족시키면서 다양성을 제공하도록 했다. 많은 도서관들이 쇼핑몰이나 지역공동체 중심지 등 사람들이 많이 모이는 장소에 설치되었는데 이는 교통 중심지에 대한 근접성으로 인해 이동하기에 편리하기 때문이다. 정부의 토지 사용 계획은 상업 건물 내에 공동체 공간을 더 많이 만들도록 요구하고 있기 때문에 쇼핑몰에 있는 기존 도서관들은 확장되고 다시 설계되었다.

기술적 혁신의 문화는 초창기의 성공을 이끌었으며 오늘날의 도서관에도 강하게 남아 있다. 재빠르게 새로운 기술을 채택해 도서관에 오는 것을 중단한 사람들에게 직접 도서관 서비스를 제공할 수 있게 하는 등 여러 흥미로운 기회도 만들었다. 도서관에 대한 경험은 수집 자료에 대한 쉬운 접근과 독자들이 필요할 것으로 생각지 못했던 프로그램이나 디지털 자료를 확대함으로써 더욱 향상되었다.

새로운 성공은 모바일 정보기술을 빨리 채택해 사용자들이 자신의 스마트 폰으로 독서 자료를 쉽게 검색하고 대출할 수 있는 것도 포함한다. 광범위한 디지털 자료, 즉 전자 책, 전자 잡지, 전자 신문에 대해 원격으로 접근할 수 있다는 것은 바쁜 사람들의 호주머니 속에 도서관을 집어넣는 것이나 마찬가지이다. 도서관 회원들은 NLB의 모바일 앱을 통해 가상 학습 강좌에 참여해 금융 분야의 용어 설명에서부터 창조적인 디자인에 이르기까지 다양한 주제를 공부할 수 있다.

이런 변화의 결과로 싱가포르 공공 도서관들은 전통적인 도서관 건물의 제약을 넘어 사회화와 지식 습득이 이루어지는 공동체 공간으로 변화할 수 있었으며, 도서관의 존재에 대한 타당성도 넓혀 나갈 수 있었다. 현재 도서관이 보유한 자료에 접근할 수 있는 방법은 아주 다양하며, 배우는 것을 도와주는 정보, 아이디어, 경험 공유 플랫폼도 매우 많다.

연례적으로 시행되는 NLB REACH 설문조사에 따르면 싱가포르 내 공공 도서관 사용자의 비율은 2015년 인구 10명당 5명에서, 2018년에는 인구 10명당 8명으로 증가했다. 숫자는 긍정적이지만 통계는 등식의 일부만 보여준다. 즐거움과 발견과 배움을 가져다주는 도서관의 임무는 도서관을 돌보는 사람들의 열정과 마찬가지로 세월이 흘러도 결코 변하지 않는다. 읽고 배우는 것에 대한 애정을 지지하고 공동체를 하나로 묶는 것은 앞으로도 계속 싱가포르 도서관 업무의 중심추가 될 것이다. 국가가 국민들에게 진정으로 봉사하는 도서관 시스템을 가지고 있다는 사실을 보증하면서 말이다.

엘레인 응(Elaine Ng) 여사는 국립도서관 위원회(NLB)의 최고경영인을 역임했다. 그녀는 26개 공공도서관, 국립도서관, 국립기록보관소 간의 네트워크를 감독했다. 오늘날 NLB는 도서관과 문서보관소를 위한 서비스와 기술 측면에서의 혁신 및 여러 공동체에 적극적으로 관여하고 협력관계를 유지하고 있는 것으로 잘 알려져 있다.

26

국립 교육대학: 교사 양성

레오 탄 위 힌(*Leo Tan Wee Hin*)

싱가포르는 교육체계 및 교사 교육 프로그램으로 널리 인정받고 있다. 2007년도 맥킨지 보고서는 이 두 가지를 세계 최고 수준으로 평가했으며, 2015년 영국의 교육 관련 회사인 콰콰렐리 시몬드(Quacquarelli Symonds)사가 발행한 QS 월드 유니버시티 랭킹(QS World University Ranking)은 싱가포르 국립교육대학을 교육부문에서 세계 12위, 아시아에서 2위로 순위를 매겼다. 무엇이 이런 인정을 받을 수 있도록 했는가?

싱가포르는 교육을 경제/사회/문화적 발전과 결속력의 핵심으로 생각한다. 교육정책은 명확하게 설계되고 이행된다. 엄청난 자원이 이런 목적을 위해 제공된다. 정부 예산 중 약 20%에 이르는 상당한 비율이 교육 부문에 할당된다. 철학은 단순하다. 만일 교육이 국가의 건강과 행복에 중심적 요소라면 교사들이야 말로 학생들을 국제적인 사고를 갖추고, 남을 배려하며, 문화적으로 능력 있는 시민으로 변화시키는 데 핵심적인 인사들이기 때문이다.

교직 전문성을 향상하기

첫 번째 단계는 교사 인력의 질을 높이는 것이었다. 싱가포르에서 유일한 교사 양성 기관으로 국립교육대학(National Institute of Education: 이하 NIE)이 1991년 설립되었다. 초등학교와 중등학교 교육을 최초로 준비시키는 것에 더해 NIE는 현직교사를 계속적으로 훈련시키고, 대학원 과정(교육학 석사, 철학 박사, 교육학 박사 과정 등)을 운영한다. 여기에 초임/중견/선임 교사들과 학과 주임, 부교장, 교장에 이르기까지 모든 계층의 교직원들에게 지도력을 가르치는 강좌도 제공한다. 이런 일은 각급 학교, 대학, 교육부와의 긴밀한 협력을 통해 진행된다.

싱가포르에서의 교사 양성 역사는 현 싱가포르 국립대학의 전신인 래플스 대학이 교사들에 대한 공식 훈련을 시작한 1928년으로 거슬러 올라가며, 동 대학은 1938년 처음으로 교사수료증(DipEd)을 발급했다. 이후, 교사 양성 기관은 여러 차례의 변화를 겪었는데 1950년에 교원훈련 대학, 1973년에 교육대학, 그리고 1991년에 새로 설립된 난양공과대학(NTU) 내 자율적인 기관으로서 국립교육대학으로 거듭났다.

1990년까지 교사 양성은 대학교육을 이수하지 않은 상태에서 교사수료증(DipEd)을 취득하고자 하거나 대학졸업생 중 교육대학원 학위(Postgraduate Diploma in Education: PGDE)를 취득하는 사람들에 한정되었다. 1989년 정부는 NIE를 설립하기 위해 교육장관이 주재하는 운영위원회를 설치했다. 여기에서 교사수료증 및 교육대학원 학위 양성과정은 계속 진행하되 DipEd 자격을 갖는 이학학사와 예술학사 제도를 도입해 특히 초등학교 교사를 양성하기로 했다. 이는 싱가포르의 고등 교육을 위한 데인톤 보고서(Dainton Report)에 대한 반응이었는데 동 보고서는 무엇보다도 초등학교 교사들에 대해 학위를 획득하는 수준의 훈련이 필요하다는 점을 건의했다. 이런 움직임은 아주 급격한 변화로 볼 수 있다. 당시까지만 해도 초등학교 교사들은 대학 수준의 자격요건을 필요로 하지 않는다고 인식되었기 때문이다. 오랫동안 교육자들은 아동들을 형성시켜주는 학교기간이 향후 이들의 발달과정에 결정적인 시기라는 점을 지적했으며 그래서 자격을 갖춘 교사들이 중등학교와 고등학교뿐만 아니라 초등학교에도 필요하다는 점을 강조했다.

NIE의 꿈은 탁월한 기관이 되는 것이며 임무는 교사 양성과 교육학적 연구에서 우수함을 보여주는 세계적인 수준의 대학이 되는 것이었다. 이는 이 새로운 기관이 학교 교육과정상의 수요, 국제적인 교육 모범 사례 및 NIE 졸업생을 고용하는 교육부와 함께 협력해서 일해 나갈 때만이 가능한 것이었다.

1991년 7월 1일 부킷 티마에서 개교한 국립 교육 대학은 2001년 1월 난양공과대학의 부지 내에서 새 캠퍼스 운영을 시작했다. © 싱가포르 프레스 홀딩스

교육부는 전체 초등학교 교사진을 대부분 비학위 소지자로부터 대부분 학위 소지자로 격상시키는 대담한 조치를 시행했다(1991년 20% 이하가 학위 소지자였던 데 반해 2018년 80% 이상이 학위 소지자로 전환). 교직의 질을 높이는 작업과 함께 초임 교사의 급료를 공무원의 봉급 수준과 일치시킴으로써 학교 졸업생들을 교직으로 끌어 들이는 효과가 나타났다. 물론 교사들의 질이 가장 중요한 요소이기에 엄격한 채용 기준이 적용되었으며 각 학교 졸업생의 상위 1/3 집단에 해당하는 학습능력자 중 면접을 통해 적성검사와 태도 검사를 해 평균적으로 신청자 5명 중 1명에게만 입학을 허용했다. NIE에 입학한 모든 교사 훈련생들에게는 급료를 지급할 뿐만 아니라 대학 학비는 교육부에서 부담한다. 이는 질 높은 교사를 충원하기 위한 일종의 장려책이었다. 좋은 교사를 계속 유지하는 것도 중요했다. 이를 위해 교육부는 승진 경로를 도입해 가르치는 경로에 있는 사람은 원로교사(Senior Teacher)에서 주요 전문교사(Principal Master Teacher)로, 지휘 경로에 있는 사람은 주제교사(Subject Teacher)에서 주임교사(Level Head to Principal) 및 교육부의 과장과 국

장으로, 정책연구에 관심이 있는 사람은 특별 경로로 고위 전문가 1(Senior Specialist 1) 에서 수석 전문가(Chief Specialist)로 각각 승진할 수 있게 했다. 모든 교사들은 어느 경로에 있든지 자신의 경력 중 다양하게 규정되어 있는 지점에서 유지 상여금을 받을 수 있었다. 이처럼 조심스럽게 "유치하고, 발전시키고, 유지하는" 접근법을 통해 싱가포르는 탄탄하고 지속가능한 교사진을 확보할 수 있었다.

교사 훈련의 개선

교사들의 급료와 경력관리를 개선함으로써 훌륭한 후보자를 충원하고 유지한 이후, 교육부는 그들에게 질 높은 학문적/전문적 훈련을 제공하는 것이 필수적이라는 사실을 인식했다. 즉, 교사 경력 전 과정을 통해 초기의 DipEd에서 시작해 학위 및 PGDE 프로그램과 전문성개발연속체 모델(Professional Development Continuum Model)로까지 이어지도록 했다. 대부분의 공식적인 전문성 개발 훈련은 NIE가 제공했으나, 2010년 이후 싱가포르 교사 아카데미(Academy of Singapore Teachers) 역시 교사가 주도하는 전문적인 훈련을 제공했다. NIE 교육의 독특한 강점은 교육학에 학습의 맥락을 제공하는 내용지식(content knowledge)을 통합시킨 것이며, 이와 함께 적절한 기술을 활용하고 봉사학습 계획 및 국민 교육을 통해 인성/시민적 가치까지 주입하는 것에 있다.

2001년 이후 NIE에서의 교사 교육은 21세기를 위한 교사교육모델(Teacher Education Model for the 21st Century)에 따라 이루어졌다. 동 모델은 총체적인 체계로서(2005년도에 수정) 교육전문가에게 요구되는 가치, 기능, 지식을 분명하게 설명하고 있으며 비판적 사고, 창의적인 문제 해결, 학생들에게 배려하는 마음가짐을 심어주고 배운 지식을 지역공동체, 국가, 그리고 세계의 이익을 위해 적용하도록 교육한다. 초기 단계의 교사교육 철학은 교육생들로 하여금 적극적이고, 협동적이며, 여러 학문 분야를 섭렵하고, 사색적인 학습자가 되도록 고취시키는 것이다. 이런 측면에서 많은 관심과 시간이 현장실습 또는 실습과목에 배정되는데 교육생들은 이론과 실제를 서로 연결하기 위해 실제와 똑같은 교실 상황에 노출된다.

교사들에 대한 교육은 NIE를 졸업하는 것으로 끝나지 않는다. 일단 학교에 발령되면 졸업교사 능력체계(Graduand Teacher Competencies Framework)를 통해 신규 교사에게 21세기 교육을 위한 다양한 요구 사항을 준비시킨다. 교사들은 동기부여자, 촉진자, 공동학습자, 그리고 학습과정에 대한 설계자로서 행동해야 한다. 교사발령 후 초기 2년간은 경력직 교사 업무량의 80%에 해당하는 임무만 주어지는데 이는 조언을 받고, 다른 교사들을 관찰하며, 교육입문 활동과 수업을 준비하기 위한 시간을 더 많이 주기 위함이다. 이렇게 교사 자질을 형성해나가는 교육은 자신감, 다재다능, 복원력, 그리고 국가의 미래를 형성하는 과업이 주어진 교육자로서의 능력을 더욱 향상시켜 준다.

교육지도자 및 연구 분야에 대한 투자

NIE는 교사들을 초기 교육에서부터 지도자 교육에 이르기까지 전 과정에 걸쳐 훈련시키면서 특히 학교 지도자들(교장과 교감)을 개발시키는 것에 큰 중요성을 부여했다. 그 전제는 학교의 최고지도자는 미래지향적이고, 혁신적이며, 창의적인 인사가 되어야 한다는 이유였다. 2001년 NIE와 교육부는 교장과 교감을 위한 새로운 전일제 6개월 과정의 교육지도자 프로그램(Leaders in Education Program: LEP)을 개발했다. 동 프로그램은 적절한 참여자를 선발한 후 계속 변화되고 불확실한 환경 속에서 학교를 새로우면서도 교육적으로 우수한 영역으로 이끌도록 과제를 부과했다. 이 프로그램은 너무나도 성공적이어서, 2006년의 경우 2주간의 고위급 국제교육지도자 프로그램이 학교 내에 설치되었으며 세계의 여러 교육 지도자들이 참여했다. 60개국 이상의 교육지도자들이 LEP(I)에 참석했으며 그 숫자는 계속 늘어나고 있다. NIE는 2002년 UAE의 아부다비 교육위원회 측 요청으로 교사훈련에 대한 자문서비스를 제공했는데 이것이 자문기관인 NIE(International) 설립의 효시가 되었다. 이후 NIE의 전문 지식은 전 세계 고객들로부터 활용되고 있다.

"배우는 사람으로서의 교사"라는 인식체계에 따라 NIE는 2003년 교육

학과 실행에 관한 연구 센터(Center for Research in Pedagogy and Practice: CRPP) 및 2004년 학습과학실험실(Learning Science Laboratory: LSL)을 각각 설립했으며 교육학적 연구와 개발이라는 측면에서 국제적인 명성을 얻었다. 이 연구 기관을 통해 NIE의 학자 및 학교 교사들은 다양한 연구 방식과 기술을 활용해 싱가포르에서뿐만 아니라 더 넓은 교육 공동체에서 가르침과 배움을 개선할 수 있는 지식을 발전시켰다. LSL은 변모되어 CRPP 내의 학습과학과 혁신을 위한 허브(Learning Science and Innovation Hub)가 되었으며 양 기관은 연구와 공동 학습을 통해 사색적인 전문직 종사자들을 개발시켰다. 연구 결과는 교육학과 실습을 위해 통보되었으며 학교에서 이행되어야 할 근거에 기반한 교육정책을 형성하기 위해 제공되었다.

교사들에 대한 교육의 여정에는 끝이 없다. NIE는 끊임없이 교육과정, 실습, 프로그램 등을 내부적으로뿐만 아니라, 싱가포르 내외의 많은 협조자 및 동반자들과 함께 재검토함으로써 국제적인 타당성과 경쟁력을 유지해 나가고자 노력한다. 이와 함께 주기적으로 국제자문 패널을 싱가포르로 초청해 교사 교육에 있어 NIE의 전략적 방향과 지도력이 이룩한 성취도를 측정하고자 한다.

결론적으로 NIE에서의 교사 교육과 훈련은 "삶을 변화시키며 내일을 만들어가는 것"이라고 묘사할 수 있다.

레오 탄 위 힌(Leo Tan Wee Hin) 교수는 1991년 7월부터 2000년 6월까지 국립교육대학(NIE)의 과학부 학장과 동시에 1994년 2월부터 2006년 10월까지 동 대학의 총장(Director)을 역임했다. 현재는 싱가포르국립대 생물학과 교수이며 동 대학 특별프로젝트 담당 국장이다.

27

전 세계 교육자들에게 통한 싱가포르의 수학

산드라 데이비(*Sandra Davie*)

영국 교육자들에게는 아이러니가 아닐 수 없다. 2019년 싱가포르는 스템포드 래플스 경이 해안에 도착한 지 200주년이 되는 해를 기념했다. 과거의 식민지로서 영국에서 물려받은 것이 반영되어 있지만 영국의 학교들은 세계 50여 개 교육기관들과 함께 싱가포르 스타일의 수학을 채택했다.

조그만 싱가포르는 교육성과평가를 위해 국제위원회(IEA)가 주관한 국제 수학과학연구동향(Trends in International Mathematics and Science Study: 이하 TIMSS)의 1995년과 1999년 평가에서 영국과 미국을 포함한 37개국 가운데 선두를 차지해 큰 관심을 이끌어 내기 시작했다.

미국에서는 제프리 토마스와 그의 싱가포르 아내인 돈 같은 학부모가 자기 딸의 공립학교 수업을 보충하기 위해 싱가포르 교과서를 수입하기 시작했고, 다른 학부형들은 자녀들의 재택학습을 위해 이를 수입했다. 몇몇 학교가 교과서에 대해 문의하기 시작하자 오레곤주 포틀랜드에 살고 있는 동 부부는 교과서 수입을 위해 Singapore Math Inc라는 회사까지 세웠다.

TIMSS에서 뛰어난 성적을 올린 것 이외에도, 싱가포르 학생들은 교육의 월드컵이라는 별명이 붙은 국제학생평가 프로그램(PISA)에서 지속적으로 또래 친구들을 능가해 왔다. 파리 소재 OECD가 진행하는 PISA 2009 평가에서 싱가포르 학생들은 수학 2위, 과학 4위, 읽기 5위를 각각 차지했다. 3년 후인 2012년에는 싱가포르가 수학 2위, 과학 및 읽기 각각 3위로 뛰어올랐다. PISA 2015에서는 싱가포르의 15세 학생들이 72개 경제 주체의 또래 친구들 가운데 수학, 과학, 읽기 모두에서 1위를 차지했다. 더군다나 그들의 점수, 특히 수학 점수는 다른 모든 학생들보다 앞서 있었다. 싱가포르 학생들은 평균 564점을 기록한 데 비해 2등을 한 홍콩 학생들은 548점, 3등을 한 마카오 학생들은 544점이었다.

무턱대고 외우기가 아닌 문제해결 방법을 가르치기

칭찬들이 쌓여감에 따라 전 세계의 수학 전문가들은 조그만 붉은 점 (little red dot: 싱가포르를 의미)의 성공 비결을 알고 싶어 했다. 그들은 1982 년 교육부에서 개발한 교과과정이자 교습 방법 겸 교과서인 "초급 수학 (Primary Mathematics)"이 답이라고 추론했다.

OECD의 교육담당 국장이자 수학자인 안드레아스 슐라이셔(Andreas Schleicher)는 분해해 나가는 방식의 싱가포르식 수학 교과과정을 칭찬했다. 그는 "싱가포르에서의 수학은 모든 것을 알아야 한다는 것이 아니라 수학 자와 같이 생각하자는 것입니다."라고 언급하면서 학문 분과의 전체적인 모습을 중심으로 교과과정을 설계하지 않고, 어떻게 학생들이 수학을 배우 는가를 중심으로 이를 설계한 것이 신의 한수였다고 설명한다.

이를 개발하는 데에는 수학자이자 교과과정 전문가인 코 텍 홍(Kho Tek Hong) 박사가 이끄는 9명의 팀이 관여했으며 이들은 고품질의 학습 자료를 만들라는 임무를 부여받았다. 이 팀은 최신 행동과학 연구들에 대해 공부 했고 상이한 학습 자료의 효과성을 비교하기 위해 캐나다와 일본을 포함한 다른 나라도 방문했다.

단순한 암기식 학습으로부터 벗어나 학생들이 어떻게 문제를 푸는가에 초점을 맞추어 1980년대 초반 발간한 교과서는 미국인 제롬 부르너(Jerome Bruner)와 같은 교육 심리학자로부터 많은 영향을 받았다. 그는 사람들이 세 번의 단계를 통해 배운다고 상정했다. 즉, 실제적인 물건을 통해 배우고, 다음으로는 그림을 통해 배우며, 마지막으로 상징을 통해 배운다는 것이 다. 이러한 Concrete Pictorial Abstract(CPA) 방식의 학습법을 바탕으로 이 팀은 "나선형 교육과정(spiral curriculum)"을 개발했는데 이는 각 주제를 간격 을 두고 낮은 단계에서 시작해 좀 더 높은 단계에서 다시 접하는 방식의 교 육 과정이다. 개념은 처음에는 "구체적"인 것으로 나타내고, 그 다음에는 모델(그림)로 나타내며, 마지막으로는 추상적인 표기법(+, = 등)으로 나타낸 다. 수학적인 문제를 시각보조교재를 활용한 모형을 통해 설명하는 방식도 강조되었는데 예를 들어 부분이나 비율을 나타낼 때 색깔 있는 블록을 사용하는 방식과 같은 것이다.

2007년 은퇴한 코 박사는 CPA 방식하에서는 과일의 조각을 추가해야 하는 것과 같은 문제가 있다고 한다면, 어린이들은 처음에는 실제 과일로 다루어보고 다음에는 추상적인 대응물로 하거나 과일을 나타내는 입방체를 사용하게 된다고 한다. 그는 눈으로 보거나 손을 움직여 하게 되면 어린이들이 훨씬 더 개념을 잘 이해하게 된다며 다음과 같이 설명한다. "블록이나 카드나 막대그래프는 도표처럼 문제를 잘 설명해주기 때문에 학생들이 어떻게 풀어야 하는지를 마음속에 그려볼 수 있게 합니다." 그는 학생들에게 수학에 대해 깊이 생각해 볼 시간을 주기 때문에 일련의 법칙이나 절차보다는 서로 간의 상관관계 수준에서 개념을 이해하고 이를 통해 탄탄한 수학의 기초를 마련해 점차적으로 더 복잡한 기량을 만들게 된다는 점을 지적했다. 한마디로 싱가포르의 수학은 체계적이며 효과를 나타내고 있다. 싱가포르라는 국가처럼.

미국인 빌 잭슨은 20년 전 뉴저지의 한 학교에서 교사로 일하고 있을 때 싱가포르 수학을 처음으로 접했다. 그는 다음과 같이 기억한다. "미국의 수학 책은 매우 두껍고 무거우며 서로 간에 일관성이 없는 방식으로 많은 주제를 다룹니다. 반면, 싱가포르 교과서는 람부탄이나 두리안과 같이 이상하고 이국적인 과일과 영국식 영어를 사용하지만 다루는 주제가 훨씬 적습니다. 그 교과서들은 수학을 숙달시키기 위해 심층적으로 가르치며, 체계적인 방식으로 조심스럽게 이해도를 쌓아줍니다. 이 CPA 방식은 수학 학습을 즐겁고 의미 있게 만들어주며 학생들이 수학에 대해 긍정적인 태도를 갖도록 도와줍니다."

2010~13년간 영국의 국가 교육과정에 대한 평가를 담당했고 지금은 캠브리지 평가(Cambridge Assessment)의 시험 위원인 팀 오우트는 싱가포르 수학의 설계와 실행에 대해 깊은 감동을 받았다. 그는 다음과 같이 설명한다. "싱가포르의 수학은 교육과정의 일관성에 대한 개념을 구현하고 있습니다. 거기에는 정책과 실습이 수업, 학습교재 및 기준 사이에 일관성을 유지하도록 보장하고 있습니다. 이는 높은 성과를 내는 체계이며 형편없는

성과를 내는 요소는 없습니다. 이 체계는 모든 어린이들은 어떤 사안이 자신들에게 어떻게 제시되며, 이를 배우기 위해 어떤 노력을 들이느냐에 따라 무엇이든 배울 수 있다는 사고에 기반하고 있습니다. 요즘 자주 언급되는 '성공 마인드'라 할 수 있지요."

전 세계적으로 효과를 나타내기

이 방법론에도 비판자들이 있는데 이들은 싱가포르의 수학을 다른 곳에 이식하기는 쉽지 않다고 이야기 한다. 아울러 교사들은 새로운 방법론을 심층적으로 이해하기 위해 잘 훈련받아야 한다. 그럼에도 불구하고 세계의 많은 학교들이 점차적으로 교과서에 투자하고 교사들을 싱가포르 수학 방식으로 훈련시킨다.

싱가포르 수학 교과서의 선도적 출판사인 마셜 카벤디쉬(Marshal Cavendish) 출판사는 최근 60여 개국에 수학교과서를 팔거나 면허 출판을 하고 있다고 보고한다. 2018년의 경우 동 출판사는 575만 권의 수학 교과서를 미국, 영국, 이스라엘, 칠레 등 여러 국가에 판매했다. 마샬 카벤디쉬를 소유한 싱가포르 기반 타임즈 출판사(Times Publishing Group)의 선임 자문역인 리 페이 첸 여사는 다음과 같이 이야기 한다. "우리의 교과서는 시작은 미약했지만 이제는 그 자체로서 동력을 갖게 되었습니다. 교과서는 이제 인쇄물 형태 뿐만 아니라 디지털 형태로 나오고 각종 기기 장치나 플랫폼을 통해 접할 수 있습니다. 싱가포르의 교육과정은 이제 여러 나라에서 인용되고 연구되며 실습되고 있고, 전 세계의 강의계획서 내로 통합되고 있습니다."

토마스 씨 내외는 자신들이 직접 만든 싱가포르 수학 교과서 시리즈인 디멘션 매스(Dimension Math)를 출간했는데 미국 내 여러 학교에서 이를 사용하고 있다. 이들 학교는 대부분 가난하거나 소수계 자녀들이 다니는 뉴욕 브루클린의 윌리엄스버그 소재 132 공립학교뿐만 아니라, 대통령이던 바락 오바마의 두 딸들이 다녔던 워싱턴의 시드웰 프렌즈 학교(Sidell Friends School)와 같은 엘리트 사립학교도 포함한다. 이 시리즈는 다른 여러 나라에도 판매되었는데 네덜란드, 영국, 인도네시아, 그리고 최근에는 칠레와 버뮤다까지 진출했다. 토마스 씨는 "싱가포르 수학은 수학 교육에 관한 국내적인 그리고 국제적인 대화의 일부가 되었습니다."라고 설명한다.

학교 측에서는 결과가 스스로 말해준다고 이야기한다. 노스 캐롤라이나주의 노스 힐스 크리스천 학교(North Hills Christian School)는 2015년 싱가포르 수학을 도입했는데, 1년 만에 수학 성적이 52%나 상승했다. 또 다른 학교인 노스 캐롤라이나주의 파이엣츠빌 소재 앨더맨 로드 초등학교(Alderman Road Elementary School)는 2013년과 2014년 수학 점수가 계속 하락하자 싱가포르 수학의 전략을 채택했다. 2016년 수학 교사인 웬디 웹씨는 싱가포르 수학을 도입한 지 1년 만에 학교는 하락한 점수 10%를 되찾았고, 2년 후에는 추가로 점수가 4% 상승했다고 보고했다.

영국 교육부는 2015년과 2016년 싱가포르 수학을 적용한 인스파이어 매스(Inspire Math) 시리즈를 70개 초등학교에 실험적으로 사용하게 했다. 옥스퍼드 대학교 교육학과는 2016년 실시한 독립적 연구를 통해 영국 어린이들은 교사가 싱가포르 스타일로 공부시켰을 때 수학에서 더 큰 성과를 나타냈음을 확인했다. 교사들은 이 프로그램이 어린이들의 동기부여와 참여를 북돋을 수 있다고 보고했으며 동 프로그램이 창의적이고 유연성 있게 활용될 수 있다고 평가했다. 이런 결과로 영국 정부는 4천 1백만 파운드를 들여 '숙달된 전문 교사' 네트워크를 만들겠다고 공약하기에 이른다. 앞으로 수년 내에 약 8천 개에 이르는 영국 내 초등학교가 싱가포르 스타일의 수학교육을 실시할 것이라고 보도된 바 있다.

분명히, 싱가포르 수학은 국내외의 교육자, 학생, 출판사 및 책 유통업자의 성공에 기여했다. 일부 사람들은 국제적 연구를 바탕으로 이러한 수학적 접근법을 싱가포르라는 이름을 따서 명명하는 것에 의문을 표시하기도 한다. 영국에서 매스-노 프라블럼(Math-No Problem)이라는 교과서를 만든 앤디 프사리아노스씨는 "여러분이 그것을 싱가포르 수학이라 부르든 수학 통달이라 하든 아니면 다른 이름으로 부르든 상관없습니다. 중요한 것은 싱가포르가 수학에서 뭔가를 추진해 사람들을 일으키고 주의를 기울이게 만들었다는 겁니다. 싱가포르는 보잘 것 없는 수학 점수를 기록하다가 매우 짧은 시간 내에 최고의 수학 점수를 얻는 나라로 변모했고 그 기세를 유지했습니다."라고 설명한다.

오우트씨는 다음과 같이 부연한다. "싱가포르 수학의 초기 발전은 그 자체로서도 매우 인상적입니다. 이는 깊은 연구에 기반해 있고, 최고의 모델과 접근법으로 세계를 훑고 있으며, 일부가 아닌 모든 교습생을 지원하는 것을 목표로 하고 있습니다. 그렇지만 더욱 더 인상적인 것은 전체로서의 정책이 매우 세련되어 있다는 것입니다. 실행의 충실도 역시 두 배 이상 인상적이었습니다. 올바른 모델을 갖는다는 것과, 오랜 시간의 실행을 통해 보다 나은 방향으로 변혁을 이루면서 핵심 원칙에 계속 초점을 맞추도록 보장하는 것은 전혀 별개의 문제입니다."

산드라 데이비(Sandra Davie) 씨는 스트레이츠 타임즈(Striats Times) 신문사에 들어오기 전에 고등학교에서 교사 생활을 했다. 이후 젊은 기자로서 건강에서부터 교육에 이르기까지 다양한 주제를 다루었다. 그녀는 탐사보도의 기술을 필라델피아 인콰이어러(Philadelphia Inquirer) 신문사에서 더욱 연마했으며, 귀국한 후 특별보도팀에 합류해 많은 상을 수상하는 보도를 했다. 1998년 교육담당 전문기자가 되어 교육 문제에 대해 많은 기사를 썼다. 싱가포르국립대에서 학사를, 런던 정경대(LSE)에서 국제관계 석사를 각각 취득했다.

IV. 문화적 성과

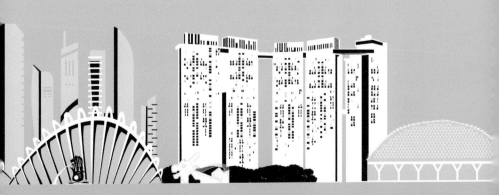

28

에스플러네이드-만(灣)에 면한 극장

리 쭈 양(Lee Tzu Yang)

나는 어릴 때부터 예술을 즐겨왔으며 때때로 사람들과 그들의 인생에 대해 이야기해줄 장소나 공연을 찾았다. 마리나베이 만에 면해 있는 공연 장인 에스플러네이드(Esplanade)가 바로 그런 장소이며 풍부한 이야깃거리를 가진 근거지라고 할 수 있다. 근심과 열정에 대해 관찰하고 감탄하는 것은 사회에 피와 살이 된다.

1989년 고위급에서 작성한 보고서는 싱가포르의 예술분야 지형을 바꾸게 될 많은 건의를 하였고 공연과 박물관을 국민 생활의 중요한 일부로 만들었다. 당시 제2부총리이자 예술옹호자인 옹텡청(Ong Teng Cheng) 씨가 이끌었던 문화예술자문위원회(Advisory Council on Culture and Arts)의 건의 중 하나는 마리나베이 신개발지에 부지를 마련해 국립 공연예술센터를 짓자는 것이었다.

3년 후, 싱가포르 예술센터 회사가 설립되었고 정보기술분야를 주도하던 로버트 이아우(Rober Iau) 씨가 회장이 되어 센터의 개발과 운영을 관장했다(이 회사는 1997년 에스플러네이드 회사로 바뀜).

그런데 이후 10년 동안 에스플러네이드에 대한 토의와 논란이 이어졌다. 센터의 명칭은 1994년 일반 시민들이 제시한 수백 가지의 제안들 가운데에서 정했다. 1994년 정부가 극장과 콘서트 홀이라는 두 개의 큰 공연장을 우선 짓기로 하고 당초 계획에 있던 중간 규모의 공연장 건설은 무기한 연기하기로 한 결정에 대해 건물의 디자인에서부터 돈만 많이 들고 쓸모없는 애물단지(white elephant)만 만드는 것이 아니냐는 다양한 논란이 제기되었다.

다른 많은 사람들과 마찬가지로 나 역시 이 복합공간이 그 중요성, 규모, 6억 달러의 최종 건설비용 등에 걸맞은 영향력을 행사하면서 삶의 방향을 바꾸도록 할 수 있을 것인지 우려가 있었다. 그 당시 이 센터의 방향에 대해 답을 구하지 못한 여러 의문들도 있었다. 1990년대에는 싱가포르에서 예술 공연에 참석하는 것이 특권층이나 즐기는 일로 여겨졌으며 많은 대중들에게 있는 일은 아니었다. 성공을 위해 에스플러네이드는 예술가들을 잘 지원해주고, 대중에게 구애하며, 많은 이해 당사자들의 희망 사항을 만족시켜주어야 했다.

나는 에스플러네이드의 첫 번째 최고경영자인 벤슨 푸아(Benson Puah) 씨와 그의 팀들을 매우 존경한다. 이들은 2002년 10월 12일 센터를 개관해 3주간에 걸쳐 굉장히 성공적인 개막 페스티벌을 펼쳤는데, 22개국으로부터 1,300여 명의 공연자가 참여하고, 백만 명의 관객이 참관했으며, 1/3 이상의 공연에서 전석이 매진된 신나는 축제였다.

그래서 거의 일 년 후 벤슨이 나에게 접근해 왔을 때 나는 부동산과 소매업을 하는 윙타이 홀딩스의 에드먼드 청(Edmond Cheng) 부회장이 주재하는 에스플러네이드의 이사회에 참여하기로 동의했다.

노력의 결실을 즐기기

계속적인 도전요소는 큰 틀에서의 공연 참가 문화를 육성하는 것이었다. 다문화적이고 다중 언어를 사용하는 싱가포르적 특성을 감안해, 개관 초부터 우리는 다양한 사회 경제적 그룹들의 상이한 취향과 수요를 충족시키기 위해서 여러 연간 예술일정표를 만들고자 했다.

우리는 예술을 통해 다양한 민족공동체를 하나로 묶는 문화 축제를 열었고, 음악과 춤에 이르기까지 장르별 축제를 열었으며, 가족/어린이/청소년을 위한 프로그램, 무료 프로그램 및 사회적 봉사기관을 포함한 공동체에 다가가기 프로그램 등을 개최했다.

에스플러네이드 – 만(灣)에 접한 극장(사진 전면에 위치)
은 사람들을 마리나 베이로 끌어들이는 데 도움을 주고
있다. 2017년 10월 사진을 촬영했다. ⓒ 싱가포르 프레스
홀딩스

오늘날 10개의 공연 중 7개는 티켓 없이 진행되기에 누구라도 매일 에스플러네이드를 방문하면 무료 공연 예술과 시각 예술 설치물들을 경험할 수 있다. 매년 우리가 소개하는 예술가 중 80% 이상은 싱가포르 사람들인데 이는 우리가 그들의 발전을 위해 시간과 자원을 투자할 의지가 있음을 보여주는 것이다.

초창기 시절의 이사회와 경영진들은 칭찬받을 만한 공을 세웠는데 관객, 예술가, 자금제공자, 기부자 및 정부의 신뢰를 확보해 에스플러네이드가 프로그램을 확대해 나갈 수 있도록 해주었다. 나는 에스플러네이드를 더 발전시킬 수 있다는 전망에 이끌려 회의론자에서 옹호론자가 되었고 쉘 석유회사의 상근 경력직에서 은퇴한 후, 2015년 1월 은퇴한 은행가 테레사 푸로부터 이사회를 주재하는 역할을 넘겨받았다.

에스플러네이드의 음향과 제작 품질은 예술가들과 관련 회사들에 의해 국제적으로 인정받아 왔다. 작고한 미국의 음향설계의 대가 러셀 존슨(Russell Johnson)의 작품인 콘서트 홀은 2014년 함부르크 소재 건물데이터 회사인 엠포리스(Emporis)에 의해 가장 아름다운 콘서트 홀 15개소 중 한 군데로 선정되었다.

시내 중심부에 있는 위치는 우리로 하여금 계속적으로 예술센터와 프로그램의 면모를 일신하도록 해 공연을 보러 오거나, 상가에서 쇼핑 또는 식사를 하거나, 시각 예술 설치물을 구경하거나, 우리 센터나 만 주변 물가를 거니는 수백만 명의 방문객들을 환영한다. 그들의 즐거움은 티켓을 사서 보는 공연뿐만 아니라 비공식적으로 에스플러네이드의 무료 공연이나 센터 주변에서 생겨나는 다른 활동에 참여할 수 있는 능력을 갖는 것에서 비롯된다. 우리는 마리나베이를 신나는 곳으로, 그리고 거주자와 외국 방문객 모두를 함께 끌어들일 수 있는 곳으로 만들었다.

예술 분야의 확대

최고경영인 이본느 탐(Yvinne Tham)이 이끄는 우리의 다음 성장 단계는 2021년에 신규로 워터프런트(Waterfront) 공연장을 개관하는 것이다. 반 신

축적인 550개의 좌석으로 구성된 이 공연장은 우리의 작은 스튜디오와 큰 공연장을 연결시켜주는 시설로서, 최초 건물 설계가 변경되어 발생한 변화를 메꾸어주는 역할을 할 것이다. 우리는 오랜 기간 이 지역과 다른 지역의 많은 예술가, 프로듀서, 축제, 그리고 예술 기관들을 통해 형성해온 관계를 바탕으로 이를 건설해 나갈 것이다. 싱가포르와 해외의 많은 예술 관련 회사는 중간 규모의 공연장을 위한 작품을 제작하고 있는데 앞으로 에스플러네이드는 싱가포르의 새로운 작품 및 다른 아시아 지역의 이야기와 시각을 보여주는 작품을 제작하고 제공할 수 있을 것이다. 국제적으로 유사한 규모를 가진 공연장과의 협력을 통해 더욱 크고 폭넓게 관객을 끌어모을 수도 있을 것이다. 우리는 새 공연장의 이름을 2021년 개관일로부터 15년간 싱텔 워터프런트 시어터(Singtel Waterfront Theatre)라고 명명할 것인데 이는 에스플러네이드 개관 이래 최대의 단일 기부자인 싱텔의 1천만 달러 기부를 기념하기 위함이다.

우리가 지역 공동체와의 연계를 통해 예술을 치유와 사회 각 부문에 대한 혜택 제공을 위해 활용하고자 하는 것도 잠재력이 큰 분야가 되었다. 우리가 왜 자선단체인가 하는 이유의 핵심적인 부분이다. 우리는 필요로 하는 공동체에 예술의 즐거움을 선사하기 위해 이 분야에 대한 연구를 격려해 왔고 실행을 심화시켰다. 우리의 목표는 예술이 어린이, 위기에 처한 젊은이, 고령자, 장애인 등의 수혜자를 돕는 데 있어 필요로 하는 지식, 이해, 그리고 기능을 발전시키는 것이다.

21세기 예술 센터에 있어 또 하나의 신나는 분야는 디지털화인데 우리는 마케팅, 방문객들의 경험, 원조활동과 관여, 그리고 내부 절차 등에 이를 잘 활용하고 있다. 비록 라이브 공연이 우리 업무의 중심이지만 예술가와 그들의 작품을 위한 디지털 공간도 가능한 확대할 예정이다. 우리는 새로운 공연 예술센터를 상상하고 만드는 작업에도 착수했는데 그곳에서는 디지털 플랫폼이 예술가나 음악, 춤, 공연 작업 등을 더 잘 발견하는 수단으로 활용되고, 사람들로 하여금 다음번 에스플러네이드 방문을 생각하도록 하며, 자신의 경험을 남들과 공유하고, 모바일 해설에 접근하고, 공연을 더 잘 즐기기 위해 자막이나 다른 수단을 쓰도록 한다.

좀 더 넓게는 우리가 젊은이, 고령자, 그리고 다양한 공동체가 즐기고 접근할 수 있는 더 많은 프로그램과 접점을 계속해서 만드는 것이다. 에스플러네이드는 매년 2백만 명의 관객이 방문하는 전 세계에서 가장 바쁜 공연장 중 하나이지만 우리는 아직도 여기에 들어서지 못하는 사람들이 많다는 사실도 유념하고 있다.

오늘날 에스플러네이드의 두 개의 돔은 싱가포르의 상징이자 싱가포르라는 의식의 일부가 되었다. 사람들은 이 건물에 대해 "두리안"이라는 별칭을 붙여주었는데 이는 돔 위를 덮고 있는 외피가 싱가포르가 좋아하는 뾰족뾰족한 가시를 지닌 열대 과일 두리안을 닮았기 때문이다. 그래서 우리는 농담조로 "나의 두리안(mydurian)"을 구호 및 해시태그로 채택해 폭 넓은 관객, 후원자, 봉사자, 기부자들을 함께 끌어들이는 노력을 진행 중이다. 독특한 건축스타일은 이제 친숙한 기념비적 건물이자 싱가포르를 상징하는 명물이 되었으며, 일부 사람들에게는 즐거운 기억을 회상시키고 다른 일부에게는 새로운 가능성을 약속한다. 에스플러네이드는 동반자이자 희구의 대상이다. 젊었을 때의 예술 경험을 통해 내가 많은 감명을 받았듯이 에스플러네이드가 싱가포르인들에게 예술을 생의 중요한 일부로 만들어주길 희망한다. 그것이 개인이 되었건, 가족, 공동체, 국가가 되었든 간에 말이다. 에스플러네이드가 새롭게 모험과 계획을 착수하는 데 있어 우리는 봉사하는 국민들을 위해 항상 최선을 다하고자 한다.

리 쭈 양(Lee Tzu Yang)은 에스플러네이스 사의 이사회 의장이다. 그가 예술과 교육 분야에 간여한 사례로는 예술학교(SOTA) 설립, 2012년 예술 및 문화전략 검토회의 공동주재, 싱가포르 기술 디자인대학의 이사회 의장 등을 역임한 것이 있다. 그는 쉘 석유회사에서 35년 이상을 근무했고 싱가포르 쉘의 회장으로 재직하다 2014년 퇴임했다. 그는 공공서비스 분야에서 다양한 역할을 수행하고 있다.

29

싱가포르 심포니 오케스트라

고 유 린(*Goh Yew Lin*)

2010년 8월 싱가포르 심포니 오케스트라(Singapore Symphony Orchestra: 이하 SSO)가 런던의 로열 페스티벌 홀에서 첫 출연 공연을 가졌을 때 영국의 주간지인 스펙테이터(Spectator)는 "이 악단은 21세기의 위대한 오케스트라가 될 가능성이 있다"고 평가했다. 이는 두 가지를 암시했는데 그가 들었던 음악에 대해 매우 감명을 받았다는 뜻도 있지만 아직도 많은 발전이 이루어져야 한다는 것을 의미했다. 긍정적인 평가는 SSO가 영국의 BBC 프롬(BBC Prom, 영국 런던에서 매년 여름 개최되는 유명한 음악축제로 이전에 아시아 지역에서는 도쿄 NHK 심포니만 초청받은 바 있음)에 처음 출연한 2014년에도 이루어졌으며 2016년 독일의 베를린, 뮌헨, 드레스덴 공연과 체크의 프라하 공연까지 이어졌다. 주요 음악 수도에서의 이런 칭찬은 란 슈이(Lan Shui)가 지휘한 오케스트라의 녹음물에 대한 좋은 평가와 함께 그간 싱가포르 사람들이 상당 기간 경험한 바를 단지 확인해 준 것이었다. SSO는 이제 국제적으로 믿을만한 교향악단으로 성장한 것이다.

우리가 어떻게 여기까지 오게 되었는지 이해하려면 1977년 당시 국방장관이던 고켕스위 박사의 사무실로 되돌아가야 한다. 고 박사는 당시 부총리도 겸임했다. 1973년, 그는 공개적으로 국가에 전문적인 오케스트라가 하나도 없다는 것은 조그마한 스캔들이라고 천명했다. 그러나 그는 형식적인 해법을 찾으려고 하지는 않았다. 이어지는 몇 년 동안 그는 최소한 한 개의 제안을 거부했는데 그 계획이 충분히 야심적이지 않다는 이유에서였다. 그는 완전히 전문적인 악단이자 아시아에서 최고로 성장할 수 있는 오케스트라를 희망했다.

1977년 고 박사는 검찰총장 탄 분 텍(Tan Boon Teik)이 이끌고 젊은 물리학 교수 버나드 탄(Bernad Tan)이 참여하는 팀을 만들었는데 두 사람은 모두 열정적인 음악애호가들이었다. 그들은 이후 싱가포르에서 교육받고 그리스에서 활동 중이던 지휘자 추 호이(Choo Hoey)를 끌어들였다. 1978년 5월, 내각은 싱가포르 심포니아 회사(Singapore Symphonia Company Limited)를 설립하는 계획을 승인했다.

미래를 향한 눈

나는 SSO가 성공한 이유가 3가지 있다고 생각한다. 첫 번째 이유는 오케스트라가 강력한 정책과 관리 방식, 그리고 자금 제공의 틀에 의해 성립되었기에 일시적인 제약 요소는 무시하고 먼 미래를 바라보며 구성되었기 때문이다. 1980년 새로 개보수된 빅토리아 콘서트 홀의 개막식에서 리콴유 총리는 당시 내각 자료의 요지를 다음과 같이 간결하게 설명했다. "요약하자면 연간 1백만 달러에 이를 것으로 추산되는 단원들의 급여에 대한 재정적인 지원 문제, 추후 단원이 되고자 하는 능력 있는 음악인들에 대한 장학금 지원 문제, 150만 달러로 추산되는 빅토리아 메모리얼 홀에 대한 개보수 문제, 이사회 이사와 행정적인 업무를 처리하며 민간 부문에서 자금을 모집할 관리자를 임명하는 문제 등이 있습니다. 내각 자료에 따르면 싱가포르에서 70명 정도로 구성되며 대형 콘서트 홀에 걸맞는 완벽한 오케스트라를 갖게 되기까지 11년 정도 소요될 것으로 추산됩니다."

내각에 제출된 계획은 상세했고 굉장히 선견지명 있는 것이었다. 그것은 1970년대의 싱가포르 음악 수준의 한계를 인식했고 이런 단점들을 피해가면서 싱가포르 음악인의 수가 부족한 상황에 대한 장기적인 해법을 제시했다.

고 박사와 그의 팀도 오케스트라가 성장하면 전체적인 음악 생태계의 변화가 촉발될 것이며, 관객 역시 오케스트라가 향상됨에 따라 그 규모와 성숙도가 성장하게 될 것이라고 이해했다. 그들의 계획 서류는 오케스트라의 단원 수가 70명을 넘어서서 빅토리아 콘서트 홀의 음향이 이를 감당하기 어려워지면 새롭고 특별한 목적을 위한 콘서트 홀을 건설하겠다고 약속했다. 그들은 이런 상황이 1990년대 정도에 발생할 것으로 예상했다. 그런데 결국 에스플러네이드 콘서트 홀은 2002년에 개관되었고 세계적 수준의 음향 설비를 통해 공연 수준의 엄청난 개선 효과가 촉발되었다.

SSO가 설립된 직후, 교육부의 후원하에 싱가포르 청년 오케스트라 (Singapore Youth Orchestra)가 재활성화되었으며 이를 통해 많은 젊은 음악인들이 오케스트라 공연이 가져다 주는 즐거움을 충실히 느낄 수 있게 되었다. 이중 가장 좋았던 것은 새로운 음악 장학금을 제공해 젊은 음악인들이 세계 여러 음악원에서 악기 수업을 할 수 있게 되었고 이들 중 많은 사람이 귀국해 SSO에 들어오게 된 것이다. 세계적 수준의 음악 교육에 대한 수요가 점증함에 따라 결국 2002년에 용 시우 토 음악원(Yong Siew Toh Conservatory of Music)이 창설되었으며, 10명 이상의 이 학교 졸업생이 SSO에서 성공적으로 자리를 잡게 되었다.

요약하자면 고 박사는 1979년에 단순히 오케스트라만 창설한 것이 아니었다. 그는 음악 감상, 교육, 싱가포르 내에서의 공연 발전을 촉진시키기 위한 정부 전체의 전략을 착수한 것이며, SSO는 강력한 뒷받침을 바탕으로 아시아 최고의 오케스트라 중 하나로 발전했다. 이후 그는 최소한의 관료주의적 개입만을 남기고 오케스트라에 관련되는 일들을 이사회와 전문가들에게 맡겼다.

장기적인 안목에서 계속하기

SSO가 성공한 두 번째 이유는 실용성과 적응성이 결합된 장기적인 전략과 일관된 지도력이다. 1978년의 싱가포르는 교향악단은 차치하고서라도 실내악단을 구성할 수 있을 정도의 충분한 수준을 갖추고 있는 전문 음악인이 충분하지 않았다. 시작할 때부터 능력 있는 외국 음악인들은 명시적으로 환영받았으며 자질이 있는 내국인들에 대해서는 능력을 발전시키기 위한 모든 기회를 제공했다. 처음 십 년 기간 동안 오케스트라 단원들은 상당한 이직률을 보였다. 그러나 싱가포르 출신 유학생들이 1980년대 중반 이후 되돌아오기 시작하고, 일부 외국인 음악가들은 귀화한 시민으로 정착하게 되면서 수준이 엄청나게 올라가기 시작했다.

싱가포르 심포니 오케스트라가 2018년 8월 11일 에스플러
네이드 콘서트 홀에서 독립 53주년을 기념한 싱가포르 주
제의 공연을 하고 있다. ⓒ 싱가포르 프레스 홀딩스

오코 카무(Okko Kamu)는 1985년 SSO를 지휘했다. 그의 공연은 기억에 남을만 했는데 그는 그런 결과를 얻기 위해 엄청난 노력을 기울여야 했다고 기억한다. 그는 1995년 다시 돌아와 달라는 요청을 받았을 때 완전히 달라져 있는 오케스트라를 발견했고, 기꺼이 SSO의 첫 선임 초청 지휘자 임명을 수락했으며, 이후 21년 동안 행복하게 그 자리를 유지했다.

우리는 추 호이에게 많은 빚을 졌는데 그는 18년의 재직 기간 동안 외골수로 오케스트라를 맨땅에서 시작해 발전시켰으며, 1990년대 중반 무렵에는 아시아 지역 내 최고 교향악단 중의 하나로 성장시켰다. 란 슈이는 1997년 39세의 나이에 음악단장직을 맡아 22년간 재직하면서 SSO를 더 높은 경지로 끌어 올렸다. 오늘날처럼 동에 번쩍 서에 번쩍하는 음악 풍토에서는 이와 같은 장기간에 걸쳐 재직하는 것이 일반적인 현상은 아니다. 그런데 SSO와 같은 신생 오케스트라에는 일관성이라는 것이 매우 중요하다. SSO의 두 음악 감독은 성격과 스타일 면에서는 매우 다르지만 몇 가지 중요한 특성을 공유하고 있다. 두 사람 모두 음악적으로 강한 신념이 있고, 높은 수준을 요구하며, 사심 없이 SSO를 자신들의 최고 우선순위에 두었다. 두 사람 모두 각 개별 연주자의 복지 문제에 깊은 관심을 보였으며 이들과 개인적으로 강력한 유대관계를 형성했다.

이와 같은 지속성을 반영해 싱가포르 심포니아 회사의 이사회도 창립 이래 현재까지 3명의 회장과 6명의 총지배인 또는 최고경영자만을 유지해 왔다. 이런 지속성의 한 가지 장점은 조직의 전략적인 목표와 수요, 그리고 필요한 거래에 대해 모든 당사자들이 잘 이해하면서 장기적인 계획을 효과적으로 이행하게 한다는 것이다.

오케스트라의 지위가 상승하고 싱가포르 자체도 발전함에 따라 주요 정책 구심점들이 필요하게 되었다. SSO 이사회는 1990, 2001, 2011, 2016년에 성공적으로 전략적인 변화를 정부에 제안했다. 이는 지속적으로 악단의 수준과 국제적인 명성을 높이면서, 국가 오케스트라로서 공연장 바깥의 공동체에 대한 의무를 포함한 SSO의 역할을 증진시키고자 하는 것이었다. SSO 연주자들은 국내 음악원의 교수진으로서 핵심 역할을 수행하고, 국립 청년 오케스트라에서 후진을 양성하며, 지역 학교와 음악 프로그램에 대해 함께 협력하는 등의 활동을 통해 음악의 수준을 높이고 광범위하게 교육적인 충격도 준다.

열정으로 추진하기

SSO 성공의 마지막 이유는 바로 열정이다. 이제 싱가포르 전역에서 클래식 음악을 듣는다. 점점 더 많은 사람들에게 클래식 음악이 삶의 중요한 일부가 되고 있는 것이다. 이는 높은 수준의 관객 참여를 통해 잘 반영되어 있다. 연주회의 참석자 비율은 평균 80%를 넘기고 있는데 가장 큰 비중을 차지하는 범주는 25~44세 사이의 관객이다. 연주회를 가는 사람들의 평균 연령은 대부분의 음악 수도에 비해 훨씬 낮은데 이는 미래를 위한 좋은 징조라고 볼 수 있다.

SSO의 성공을 뒷받침하는 것은 연주자 및 직원들의 신념과 열정이며 그들의 확장된 지원 네트워크이다. 모금활동을 돕거나 기부금을 내는 사람, 자원해서 이사회나 위원회의 활동을 지원하는 사람, 오케스트라 투어를 따라다니는 사람, 다양한 수준에서 전략을 짜온 사람, 오케스트라를 지지해온 사람, 새로운 가능성을 창출해온 사람, SSO를 자기 자신의 예술 네트워크 또는 다른 네트워크와 연결시킨 사람 들이 모두 다 포함된다.

바로 이 집합적인 긍지와 SSO 패밀리 내의 끊임없는 탁월함 추구가 싱가포르 오케스트라가 21세기의 진짜 위대한 교향악단이라는 목표를 향해 더욱 가파른 오르막길을 올라가게 하는 동인이다.

고 유 린(Goh Yew Lin)은 G. K. Goh 홀딩스의 총괄 관리자이며, 테마섹 홀딩스의 이사, 씨타운 홀딩스의 회장이다. 비록 그의 경력은 금융과 투자 분야이지만 1980년부터 1997년까지 스트레이츠 타임즈(Straits Times)지의 자유계약 음악 평론가를 역임했다. 싱가포르 심포니아 회사 이사회에 1990년에 참여했으며 2010년부터 회장으로 재임 중이다. 용 시 토우 음악원의 설립 회장을 2018년까지 16년간 역임했고, 2013년부터 2019년까지 국가예술위원회의 부회장직을 맡았다. 2008년부터 2019년까지 싱가포르국립대의 신탁관리자를 역임했고, 현재는 듀크-NUS(Duke-NUS) 의과대학의 회장이다.

30

싱가포르 보태닉 가든스
(Singapore Botanic Gardens)

나이젤 피 테일러(*Nigel P. Taylor*)

싱가포르 보태닉 가든스는 의심할 여지 없이 현 시점이나 지난 160년 간의 역사를 통해서도 국가적으로 가장 중요한 문화적 중심지라고 할 수 있다. 보태닉 가든스는 1859년 후반, 싱가포르 농업원예협회의 아이디어로 부터 시작되었는데 동 협회는 영국의 강력한 전통이라 할 수 있는 정원가 꾸기의 활성화에 큰 관심을 가졌다. 이런 활동을 이끈 중심인물은 성공한 중국계 사업가인 후 아 케이(Hoo Ah Kay)였다(후 아 케이는 그의 중국내 출생지 명칭을 따서 왐포아 라고도 불렸다). 그는 여러 사업 중에 향신료인 넛멕(우리말로 육두구, 肉荳蔲) 사업도 했는데 대규모 농원 C R 프린셉스(C R Princep's)의 넛멕 농장 지배인인 로렌스 니벤(Lawrence Niven)을 잘 알고 있었을 것으로 생각된다. 협회는 1860년 스코틀랜드 출신인 니벤에게 자신들의 탕린 가든을 설계해 주도록 요청했다. 니벤의 디자인은 거의 손상되지 않고 오늘날까지 살아남 았는데, 이는 열대지방에서의 비공식적인 영국식 조경의 고유한 예로 인식 되고 있다. 즉, 무성한 초목과 함께 1866년 조성되어 오늘날 스완레이크로 불리며 수달들의 주거지가 된 아름다운 연못을 조성한 것 등이다. 연못 주 변의 잔디밭에는 싱가포르 5달러짜리 지폐의 뒷면에 그려진 유명한 템부츠 (Tembusu) 나무와 같은 멋있는 유산 나무들(Heritage Trees)이 심어져 있는데 일부는 가든보다도 오래된 나무들이다. 근처에는 니벤이 1861년 심은 호랑 이 난(Tiger Orchid)이 있는데 아마도 세계에서 가장 오래되었고 가장 큰 난 이라고 생각된다. 가든 중 탕린 코어(Tanglin Core)라고 불리는 이 지역이 문 화 유산이라는 측면에서는 가장 중요하다.

문화적 역할을 수행하기

일찍이 1862년에 오늘날 밴드스탠드 힐(Bandstand Hill)로 알려진 곳의 제일 윗부분에는 행진광장이라 불리던 당시 유일하게 개발된 일부 부지가 있었는데 그 해부터 군악대가 달빛 아래에서 현지 상류층들을 위해 여흥을 베풀어주는 공연행사를 진행했다. 동일한 해에 협회는 여러 꽃 전시회를 처음으로 시작했는데 초기에는 가든 외곽 지역에서 개최했으나 1885년 이후 밴드스탠드 힐의 오른편에 특별히 식물 전시시설을 지어 전시했다. 이두 가지 전통은 오랫동안 지속되었고 오늘날에는 훨씬 큰 규모로 진행된다. 첫 번째 행사는 팜 밸리에 있는 현대식 쇼 심포니 무대(Shaw Symphony Stage)의 행사로, 두 번째 행사는 아마도 오늘날 세계에서 가장 큰 꽃 전시회라 할 수 있는 싱가포르 가든 페스티벌(Singapore Garden Festival)이 되었다.

역사적으로나 문화적으로 보았을 때 더욱 중요한 행사는 그리 멀지 않은 과거에 탕린 코어에서 개최된 매우 상이한 두 가지의 행사이다. 싱가포르 건국 세대(1949년 12월 31일 이전에 태어난 세대) 몇몇 인사들의 증언에 따르면 가든은 중매결혼 전통의 일부로서 젊은 남녀 간의 미팅이 이루어지던 유명한 장소였다. 오늘날 그 전통은 없어졌지만 요즘에는 가든에서 결혼사진을 찍는 전통으로 이어졌으며, 가장 인기 있는 장소는 5달러 지폐에 인쇄된 템부츠 나무이거나 밴드스탠드에 세워진 멋진 정자이다.

두 번째는 아마도 싱가포르의 국가적 문화가 시작된 것과 같이 굉장히 중요한 의미를 갖는 행사를 지적할 수 있다. 1959년 8월 2일, 당선된 지 얼마 안 된 리콴유 초대 총리는 신생국가의 국가적 예술과 문화를 창출하기 위한 방법의 일환으로 향후 5년간에 걸쳐 200회의 공연으로 이어지는 음악회를 처음 시작했다. 말레이 언어로 아네카 라감 라아야트(Aneka Ragam Ra'ayat: Peolple's Cultural Concerts)라 불리운 국민 문화 연주회였다.

2015년 5월 촬영된 싱가포르 보타닉 가든의 공중사진. 시내 쪽의 스카이라인이 배경으로 포함되어 있다. ⓒ 싱가포르 프레스 홀딩스

이 첫 번째 공연과 이어지는 수많은 공연은 스완레이크 위에 위치한 잔디밭 H 구역에서 진행되었는데, 공식적으로 천명된 행사의 목적 이외에 그보다 더 크다고까지는 말할 수 없어도 최소한 동일한 수준 정도에서 다문화적인 싱가포르 사회의 국가 건설 기능을 수행했다. 사람들은 이 행사에 대해 독립국가의 지위가 시작되었음을 의미한다고 이야기한다. 물론 완전한 독립국이 되기까지에는 아직도 6년이나 더 남은 상황이었지만 말이다.

영국 식민지 정부는 1875년 싱가포르 농업원예협회가 파산선언을 하게 되자 동 협회로부터 공원관리권을 인수했다. 협회가 갚지 못한 부채에는 가든 건설로 많은 칭찬을 받고 있던 니벤을 위해 현장에 건설한 주택의 1867~68년간 담보대출금도 포함되어 있었다. 현재 버킬 홀이라고 불리는 그 주택은(현재 국립 난공원내의 전 세계 지도자들에게 헌정된 난을 전시하고 있는 건물) 19세기 말라야 건축의 전형이며 현재 유일하게 남아있는 영국－말레이 대농원 양식(plantation-style)의 건물이다. 그런 양식의 건물들은 한때 오차드로드의 양쪽 언덕을 장식했고 향신료인 넛멕이나 클로브(우리말로 정향, 丁香) 나무에 둘러싸여 있었기에 농장주들은 농작물들 사이에서 거주했었다.

경제/과학적 역할 수행

가든을 정부가 인수함으로써 중점을 두는 사안에 핵심적인 변화가 생겼다. 당초 순수하게 즐거움을 얻고자했던 공원에서 경제적인, 그리고 추후에는 과학적인 역할도 수행하는 공원으로 변모된 것이다. 이런 변화는 영국의 왕실 정원인 큐 가든 원장의 추천으로, 식물학적 자질이 훌륭하던 젊은 제임스 머튼(James Murton)이 관리자로 임명되면서부터 시작되었다. 머튼은 말라야 지역 식물군을 조사할 것과 열대 농업에서 이미 알려져 있거나 잠재적으로 경제적 중요성이 있는 식물을 도입하도록 요청받았는데 예를 들면 브라질의 파라 고무나무(Para Rubber)와 같은 것이다. 이런 일은 그의 후임자인 나다니엘 캔틀리(Nathaniel Cantley)가 계속 이어갔고, 가든의 첫 번째 원장이 된 헨리 리들리(Henry Ridley)에 의해 1888년부터는 훨씬 큰 규모로 진행되었다. 리들리가 이룬 성공은 대단해서, 가든은 다음 세기까지 경제적이고 문화적인 변화를 비록 혁명적으로까지는 아니어도 아주 효과적으로 진행했다. 무엇보다도 고무의 호황으로 인해 싱가포르 상인들은 더욱 부유해졌으며, 반면 동남아 지역 수백만 명의 사람들은 대농원 농업에 대한 수요로 인해 통제받는 상황을 맞이했다. 가든이 수행한 이런 일의 대부분은 즐거움을 찾는 방문객들로서는 알 수가 없었는데, 이 일들은 1980년대 후반에야 일반에게 공개된 현 부킷 티마 코어로 알려진 경제적 정원(Economic Garden)에서 이루어졌기 때문이다. 리들리는 또한 가든의 미래 중점 업무에 대해 선견지명을 가졌다. 지역적으로 탄생시킨 교배종 난을 1893년 반다 미스 요아킴(Vanda Miss Joaquim)으로 명명한 것이다. 이 품종은 1981년 싱가포르의 국화로 지정되어 정부가 발행하는 화폐와 우표에도 등장하며 밴드스탠드의 서쪽 사면에 대규모로 재배되어 또 다른 결혼사진 장소의 배경으로 사랑받고 있다.

경제적 가든의 성공에 뒤이어 1920년대 중반, 또 다른 극적인 변화가 발생했다. 식민 정부가 가든의 41헥타르 부지 대부분을 싱가포르의 최초 대학으로 건설되는 래플스 칼리지(Raffles College: 오늘날의 싱가포르 국립대 전신) 부지로 통합시키기로 결정했기 때문이다. 새로 임명된 원장인 에릭 홀텀(Eric Holttum)은 처음에는 '이제 경제적인 식물원으로서의 시도는 끝났구나' 하고 판단했는데 이는 사실이 아닌 것으로 밝혀졌다. 홀텀은 뛰어난 식물학자였지만 동시에 원예에도 혁신적인 눈을 가지고 있었다. 그는 무균 실험실 배양을 통해 난을 씨앗에서 키워내는 실험적인 기술에 관해 읽은 바가 있었다. 이 기술은 미국에서 개발되었지만 실용적인 목적을 위해 활용된 적은 없었다. 다른 품종에 속한 난들이 서로 교배될 수 있다는 사실은 알려졌지만, 교배된 씨앗을 키우는 것은 대부분의 사례에서 거의 불가능했다. 홀텀은 난을 교배하기 시작했고 이를 키우는 데 있어 실험실 기술을 성공적으로 활용했다. 이런 방식을 활용해서 탄생한 첫 번째 교배종은 90여 년 전인 1928년에 나왔다. 이제 새로운 취미이자 산업이 싱가포르에서 시작되고 추후 동남아국가들로 퍼져나갔는데 항공 여행이 일반화되면서 현재 교배종 난의 절화(折花)는 전 세계로 운송되고 있다. 이 가장 최신의 싱가포르 문화유산은 1950년대에 가든 내의 난 보호구역(Orchid Enclosure)에서 전시되었고 동 보호 구역은 1995년 국립 난공원(National Orchid Garden)으로 발전되어 세계에서 가장 화려한 열대 난의 연중 야외 전시장으로 탄생한다. 독립 이래 싱가포르는 새로 만들어지는 교배종의 이름을 방문하는 국가 원수의 성함을 따서 명명하는 난 외교(Orchid Diplomacy)도 수행하고 있다. 창이 공항에 도착하는 보통의 여행객들에게는 난이 처음 만나게 되는 꽃이며 사실상 싱가포르와 동의어로 인식된다.

싱가포르 보태닉 가든스는 독립 50주년을 맞이한 2015년 7월, 싱가포르 최초로 유네스코 세계 유산으로 선정되었다. 가든은 문화적 경관으로 인정받았는데 국가에서 가장 사랑받는 시민공간에 딱 들어맞는 칭찬이 아닐 수 없다.

나이젤 피 테일러(Nigel P. Taylor) 박사는 42년에 이르는 그의 모든 경력 기간을 보태닉 가든스에서 근무했다. 그는 영국 왕실의 큐 가든이 2003년 유네스코 세계유산 지위를 획득할 때 팀을 이끌었으며 싱가포르 보태닉 가든스가 2015년 세계 유산 지위를 획득하는 데 기여했다.

31

가든스 바이 더 베이(Gardens by the Bay)

키앗 더블유 탄(*Kiat W. Tan*)

싱가포르는 수많은 공원과 정원 덕분에 정원 속 도시라고도 불리는데, 가든스 바이 더 베이는 여러 정원을 집합적으로 모아둔 대표적인 두 장소 중 한 곳이다. 다른 한 곳인 보태닉 가든스는 과학적 연구를 위해 수목들을 키우고 또 일반인에게 전시하며, 근래에는 유네스코 세계유산 지위도 획득했다. 가든스 바이 더 베이는 "정원 속의 도시"라는 국가적 지위를 더 높여주기 위해 싱가포르 환경에 추가되었다. 가장 최근에 "정원도시"라는 용어에 추가된 이 장소는 2012년 6월, 일반에게 개방되었는데 마리나 베이를 장식하는 일종의 목걸이와 같다. 이 가든은 예술, 정원 가꾸기 및 경영이라는 요소를 모두 포괄하고 있는 장소이다. 그래서 보태닉 가든스가 식물학 연구를 위해 만들어진 기관이라고 본다면, 가든스 바이 더 베이는 원예를 기업적으로 운영하는 곳이라고 볼 수 있다. 수목과 정원에 대한 감상을 증진시키고자 하는 국가적 목표는 싱가포르의 기본개발계획(Master Plan for the Development of Singapore)에 새겨져 있으며, 녹지개발문제는 정원과 수역개발 계획(Parks and Waterbody Plan)이라는 보조계획으로 포함되어 있다.

가든스 바이 더 베이는 싱가포르 본섬의 남쪽 해변에 위치해 있다. 이 곳의 지형은 싱가포르의 인구 증가에 대비해 더 많은 토지를 조성하고자 하는 계획의 일환으로 바다를 매립해 형성되었다. 이 지형은 베이 사우쓰, 베이 센트럴, 베이 이스트라는 3개의 정원과 바라지(barrage)라고 불리는 댐으로 구성되어 있는데, 이 댐은 싱가포르 강과 주변의 여러 하천 및 운하에서 발원해 마리나 베이로 흘러드는 물을 집수하기 위해 만들어졌다. 이 저수지의 바다 쪽 해변 끝자락에 정원을 만들면 배후에서 번성하는 도회지와 이상적인 조화를 이룰 수 있을 것으로 판단되었다. 이 녹색의 목걸이는 도시 국가의 성장에 따라 초래되는 콘크리트와 철강의 영향력을 크게 완화시키고 정원 도시라는 싱가포르의 별칭을 굳힐 수 있을 것으로 예상되었다. 정부도 이 매립지의 땅이 미래의 개발을 위해 안정화되고 강화될 동안 토지의 일부에 공원을 조성하는 계획을 수용하겠다고 밝혔다. 그리하여 가든스 바이 더 베이는 옆에서 계속 발전하는 도시를 위해 제공되는 미래의 녹색 허파로 인식되었다.

미래의 정원

3개의 정원 중 가장 큰 베이 사우쓰 가든은 두 개의 상징적인 유리 돔을 가지고 있다. 그런데 적도 지역에 온실이 있다는 것 자체는 직관에 반하는 것처럼 느껴진다. 가장 시급했던 두 돔의 열을 식히기 위한 에너지 소요 문제는 초기부터 집중적인 연구와 새로운 기술의 적용을 통해 해결했다. 창틀에 끼우기 위해 특별히 제작된 유리와 돔을 식히기 위해 차가운 물을 지속가능한 방식으로 만들어내는 것을 통해 적도 지역에 이 독특한 전시 시설을 운영할 수 있게 되었다. 돔을 통해 가든을 안정적으로 식히는 이 혁신적인 방식은 국제적인 관심을 자아냈다. 태양열 에너지를 포집하고 효율적으로 사용할 뿐만 아니라, 돔을 식히기 위해 물을 차갑게 하는 과정에서 필요로 하는 열을 발생시키는 폐기물 소각 등은 미래의 정원으로서 가든스 바이 더 베이에 대한 이야기의 일부가 되었다.

두 개의 돔은 수퍼트리(콘크리트와 철근을 사용해서 나무 형상으로 만든 거대한 구조물)와 함께 싱가포르라는 상표를 알리는 상징적인 구조물이다. 한 개의 돔은 지중해식 정원을 위한 이상적 환경을 갖추고 있다. 플라워 돔(Flower Dome)이라고 불리는 이 구조물은 온화한 환경을 유지하지만 계절의 변화에 따라 전시하는 화초를 바꾸고 있다. 전시물 교체가 크게 기대되는 경우는 크리스마스 때의 모습이다. 여기서는 통상 백화점의 소품을 통해서나 묘사할 수 있는 모습이기 때문이다. 다른 전시물로는 싱가포르 중심부 거주민들이 통상적으로 보기 어려운 튤립, 포인세티아, 국화 등이 있는데 시민들은 이처럼 계절을 대표하는 꽃에 둘러싸인 즐거움을 만끽한다. 또한 봄이 되면 플라워 돔은 만개한 벚꽃 숲을 전시해 현지인이나 방문객 모두를 즐겁게 해준다.

규모는 작지만 더 높게 지어진 돔인 클라우드 포레스트(Cloud Forest)는 열대 산악지대의 식물로 둘러싸인 열대지역의 산 정상 모습으로 꾸며져 있다. 산 구조물의 중심에는 기후변화의 영향을 알리는 소극장이 자리하고 있으며, 인간의 개발로 인해 포위상태에 놓인 적도지역 식물군의 무성한 집단 서식지도 만들어져 있다. 인공적인 산을 뒤덮고 있는 식물들은 열대 산악 식물군을 대표하는 것들인데 난초, 브로멜리아드(파인애플과의 식물), 아로이드(토란과 식물), 선인장류, 양치류 식물 등이 심어져 있다. 우리 원예사들은 세계를 돌아다니면서 범 열대지방의 고산지대를 방문했다. 이런 시도를 통해 얻어진 식물 품종들을 힘들여 싱가포르로 들여와 유리 천장 아래의 산악 사면에 배치하고 길러냈다. 인구가 조밀한 도시국가이자 적도에 위치한 섬의 한 가운데에서 독특한 방식으로 운무림(雲霧林)을 흉내낸 것이다.

이렇게 획득한 산악 식물들을 길러내기 위한 돔과 온실에는 방문객을 위한 전시 편의시설을 설치해 대부분의 낮 시간 동안 싱가포르의 열기와 습도에 시달리고 때로는 연례 몬순의 폭우에 흠뻑 젖은 사람들의 편안한 관람을 돕고 있다.

옥외 공원까지 포함해 가든스 바이 더 베이는 가든을 주제로 만들어진 전 세계 어느 공원보다 훨씬 더 다양한 식물 품종들을 보유하고 있다. 이는 식물 성장에 크게 도움이 되는 싱가포르의 적도 기후 덕택이기도 하다. 식물 다양성을 증진시키기 위해 우리 원예사 팀이 노력한 결과물인 옥외 공원, 특히 플랜츠 앤 플래닛(Plants and Planet) 언덕은 무성하게 자라는 식물들로 방문하는 전문 식물학자나 원예학자들을 자주 놀라게 한다.

나무를 손질해 동식물의 형상을 만들어 놓거나, 조각상을 두거나, 돌 장식물을 설치하거나, 특별한 식물을 심어 놓은 여러 주제별 공원 및 공원에 필수적인 수목, 호수, 잔디밭과 어린이들의 놀이를 위한 물놀이 공원 등이 국민들의 정원(Peoples' Garden)을 구성하고 있으며 가족 및 공동체의 모임을 위한 장애물이 없는 멋진 공간이다.

가든스 바이 더 베이는 도심 상업지
구의 녹색 허파로서 설계되었다. 사
진은 2017년 3월 촬영되었다. ⓒ 싱
가포르 프레스 홀딩스

식물들이 너무 정적이라고 느끼는 젊은이들의 즐거움과 교육을 위해 몇 개의 대형 수족관도 건설해 수중 생명체를 전시할 예정이다. 새를 좋아하는 사람들은 옥외 공원이 무거운 카메라와 관찰 장비를 가져올 만큼 충분한 가치가 있는 곳이라고 생각한다. 성숙한 옥외 공원이 제공하는 유리한 서식지는 휘파람 오리나 수달과 같은 야생 동물들도 공원 내로 끌어들이고 있다.

단순한 녹지를 넘어서기

방문객들을 좀 더 오래 머물도록 하기 위해 베이 사우쓰 가든은 식당 등 음식물 관련 시설을 잘 갖추고 다문화적인 싱가포르인들의 미각을 북돋는다. 널찍한 잔디밭에서는 특별 활동이나 간헐적인 연주회를 개최한다.

베이 사우쓰 가든을 상징하는 지역 중 하나는 수퍼트리 숲이다. 콘크리트와 강철로 제작되었으며 숲 속에 있는 나무 정도로 엄청나게 큰 나무의 형상에 착생식물과 덩굴식물이 부착되어 있다. 저녁에 불이 켜지면 숲은 변모하는데 주제 음악에 맞추어 색깔이 변화한다. 매일 저녁 두 번의 공연이 있으며 축제 기간 동안에는 한 번 더 공연이 추가된다.

자주 방문하는 사람들이 좋아하는 활동은 물가에 면한 산책로를 걷거나 자전거를 타고 도는 것이다. 장애가 있는 사람들은 설명이 나오는 큰 운송용 탈 것을 이용할 수도 있다. 가족중심의 편의시설 이외에도 젊은이를 위한 한적한 구석 장소들도 많다. 비가림 시설에 쉽고 편리하게 접근할 수 있고, 사막 식물을 위한 커다란 덮개도 두 배로 늘렸다. 새로운 흥밋거리도 주기적으로 추가되는데 가장 최근의 것으로는 꽃그림 환상 전시관(Floral Fantasy Pavillion)이 있다.

물가에 면해 있는 수변 가장자리 구역은 베이 센트럴 지역이다. 현재 이곳에는 대관람차가 설치되어 있다. 이 수변지형은 베이 사우쓰와 베이 이스트 가든을 연결시켜주는 녹색의 통로를 제공하는데 보행자 전용다리가 넓은 물길을 가로지르고 있다.

베이 이스트 가든은 원래의 싱가포르 보태닉 가든스 정도의 크기인데 건국의 아버지들에 대한 기념관 및 회랑을 건설할 장소로 지정되어 있고 2027년 시설물을 완공할 예정이다. 현재 베이 이스트 가든은 임시 공원으로 운영되며 경제 수종들이 심어져 있다. 이 가든을 개발하기 위한 흥미로운 계획들이 마련되고 있는데, 특히 공원 속에 국가를 건설하는 과정에서 제기된 다양한 공원 관련 캠페인을 예시적으로 보여주는 것도 포함된다.

총체적으로 볼 때 가든스 바이 더 베이는 도시국가의 시민이라는 문화 집단에 의해 규정되었고 동 집단에게 헌정된 국가적 공원이다. 공원의 옥외 토양에서 키워지는 식물군은 전 세계의 열대 및 아열대 지방으로부터 모아진 것이다. 반면, 유리 돔 안에 있는 식물들은 서늘한 지역에서 수집된 것으로서 원예사들에 의해 전시된다.

세 군데의 공원을 합친 가든스 바이 더 베이의 총 면적은 현재 101헥타르이다. 엄청난 규모, 뛰어난 위치, 쉬운 접근이라는 요소들은 중요한 휴식 자산으로서의 역할을 증진시키고 있다. 가든스 바이 더 베이는 그 명성이 세계적으로 알려짐에 따라 이제 "정원 속의 국가"에 도착하는 모든 방문객들이 반드시 가보아야 할 목적지가 되었다.

키앗 더블유 탄(Kiat W Tan) 박사는 싱가포르에 태어나서 미국에 귀화한 미국 시민권자이다. 그는 가든스 바이 더 베이 회사의 자문역 및 국가공원위원회의 자문역을 맡고 있으며 두 기관의 초대 최고경영자를 역임했다.

32

박물관/미술관

마이클 코(*Michael Koh*)

국가유산위원회(National Heritage Board: NHB)의 토미 코 의장이 2006년 나를 동 위원회의 최고경영자로 영입했을 때 박물관들은 곰팡이 낀 작품들을 먼지 속에 보관하고 있는 장소처럼 보였으며 운영자금은 빠듯했고 방문객은 정체상태였다. 그럼에도 불구하고 나는 동 직위에 서명했으며 잊지 못할 6년 반을 보냈다.

과거를 되돌아보면서 나는 싱가포르의 박물관을 세계적 수준의 기관으로 변화시키고 이를 활기찬 곳으로 만든 핵심 요소들을 식별해보았다.

전략적으로 계획하기

나는 도시재개발청(URA)에서 내가 작성에 기여했던 계획을 실현할 수 있는 기회를 붙잡았다. 1991년도의 문화 기본 계획과, 시민지구 및 박물관 구역을 위한 개발길잡이 계획은 아래와 같은 내용을 담고 있었다.

1. 보존된 기념비적 국가 건축물을 박물관으로 전용
2. 미래의 확장에 대비해 부지를 보존하기
3. 문화 시설을 시내 중심부로 가져오기

또한, 우리는 운 좋게도 도시 문예부흥 계획(Renaissance City Plan) 1,2,3으로부터 매번 분할된 자금을 제공받았다. 계획과 예산을 결합한 접근법을 통해 우리는 가용할 수 있는 옛 건물을 충분히 확보하고 조직의 생기를 되찾았다. 아울러 변혁을 궤도에 올렸으며 이런 변화는 지금도 진행 중이다.

세계적 수준의 시설을 건설하기

2006년 싱가포르 국립박물관(National Museum of Singapore: NMS)의 재개장은 국가유산위원회의 변혁을 앞서서 이끌었다. 최첨단의 변동 전시 갤러리와 다목적의 검은 상자는 수리를 마친 국립박물관이 다양한 전시와 공연을 할 수 있게 해주었다. 안전한 보관 장소, 완벽한 실내온도 조절장치와 같은 기술적인 기반시설, 국제적 기준의 박물관 조명 등이 세계적인 박물관들로 하여금 국가유산위원회의 건물 내에서 국제적 수준의 소장품을 전시할 수 있을 것이라는 확신을 주었다.

국립박물관과 아시아문명박물관(Asian Civilization Museum)은 프랑스의 루브르 박물관, 영국의 대영박물관, 중국의 박물관 등 여러 곳으로부터 이동 전시물을 가져오는 방식으로 세계의 역사를 싱가포르에 소개했다. 어린이 코너와 동남아 및 싱가포르 역사에 대한 문맥상의 참고문헌들이 모든 전시물에 소개되었다. 기업과 개인이 소장하는 작품들이 박물관에 대여되었으며 박물관은 꼭 "가보아야 할 장소"가 되었다. 갑자기 박물관은 매력있고 세련되고 멋진 곳이 되었다.

공동체를 설득하기

공동체의 자원봉사자, 대여자, 기부자들은 국가유산위원회의 첫 공동체 기반 박물관인 페라나칸박물관(Peranakan Museum: 중국인 남자 이주자들이 말레이 현지 여자들과 결혼해 생성된 사회의 문화를 소개하는 박물관)이 2007년 개관할 때 강력한 지원을 제공했다. 이는 공동체의 관여와 지속적인 연계관계가 중요함을 우리에게 깨우쳐 주었다. 국가유산위원회는 공동체의 유산을 보전하는 한편, 유산탐방로를 만드는 등 공동체와 연계하는 노력을 확대했다. 손약센(손문) 남양 기념관, 말레이 유산 센터, 인도 유산 센터 등에 관람객이 스스로 길을 찾아가며 전시물을 공부하는 방식을 도입한 것이 대표적인 사례이다.

새로운 관객에게 다가가기

우리는 싱가포르 미술관(Singapore Art Museum: SAM)을 일신하기 위해 필사적으로 노력했다. 이 미술관은 1996년 개관한 후 한 번도 개수되지 않은 상태였다. 특히 한 전시장에서 오래된 배선의 합선으로 인한 화재가 발생한 이후 이런 필요성은 더욱 강조되었다. 다행스럽게 재빠른 판단을 한 우리 기술자가 즉각적으로 화재를 진압했다. 몇 가지 개념적인 계획들이 있었지만 결국 보류되었는데, 이는 새로운 국립미술관(National Art Gallery Singapore: 2014년에 National Gallery Singapore로 개명)을 설립하기 위한 보다 큰 계획이 제기되었기 때문이다.

임시 조치로서 2007년 국가유산위원회는 8 퀸즈 스트리트(8 Queens Street)에 있는 건물을 임차해 싱가포르 미술관의 현대 및 실험적 작품들을 전시했다. 이는 미국 뉴욕소재 현대미술관인 MoMA에서 오직 현대미술만을 전시하는 PS1 전시장의 개념에 따른 것이다. 첫 번째 대규모 전시인 인도네시아 미술가 마스리아르디(Masriardi)의 작품 전시회는 동 작가의 명성을 재빨리 구축했고, 8QSAM을 국제 미술계에서 현대 미술을 논의하는 중요한 장소로 탈바꿈시켰다. 이 성공에 힘입어 새롭고 젊은 관객들이 전시회를 방문하기 시작했다. 싱가포르 미술관이 더 필요로 했던 개조 작업은 2019년에 최종 종료되었다.

중요한 국가적 소장품을 모아 나가기

방문객이 싱가포르나 박물관을 연상할 수 있게 하는 상징적인 물품을 갖추지 못한 채 영구적으로 전시를 이어가는 것은 의미가 없다. 또한 영구적인 전시물이 없으면 그 박물관은 다른 박물관이나 대여자들로부터 중요하게 인식되지 못한다. 바로 여기에 가치 있는 예술 작품 및 시각 예술과 관련된 국가적 소장품을 모아나가는 것의 중요함이 있다. 운 좋게도 국가유산위원회는 관대한 기부자와 국가의 보조금을 통해 중요한 작품들을 구매했다.

기부된 작품 중에는 싱가포르의 전쟁영웅 아드난 사이디의 미망인 소피아 파키 무다가 기증한 단순한 주석제 컵이 포함되어 있다. 이것은 정말 가슴 아픈 물품인데 그녀의 남편에 대한 기억이 모두 서려있었기 때문이다. 그는 제2차 세계대전 중 파시르 판장에 있는 부킷 찬두 전투에서 산화했고 그의 시신은 결코 발견되지 못했다.

중개업 회사의 창업주 G. K. Goh 씨가 기증한 파르콰 수집품(the Farquhar Collection)은 싱가포르가 국제적인 연계를 맺는 데 도움을 주었다. 전 캐나다 총리인 피에르 트뤼도의 부인이자, 저스틴 트뤼도 현 캐나다 총리의 어머니인 마가렛 트뤼도는 개인적으로 동 전시회에 참석했는데 식민지 싱가포르의 첫 번째 거주자였던 윌리엄 파르콰(William Farquhar)의 후손 자격이었다.

아시아문명박물관은 사망한 은행가 쿠 텍 푸앗(Khoo Teck Puat)의 가족과 다른 한 사람이 기증한 당나라 시대 난파선의 화물 전시를 위해 증축을 했으며, 이는 중국 예술품을 전시하는 회랑의 확대로 이어졌다. 이 핵심적 소장품은 아시아문명박물관을 비교문명 박물관으로 재빨리 변혁시키는 데 기여했으며, 싱가포르가 교역과 문명의 교차로에 있었다는 점을 잘 전달한다. 이런 지위 설정은 매우 적절한 것으로서 방문객으로 하여금 어떻게 평화, 수용, 사고의 혼합이 지나간 문명들 사이에 이루어졌는지를 이해할 수 있게 하고, 사람들 사이에 새로운 표현과 혁신을 꽃피울 수 있도록 유도하기 때문이다.

기억에 남는 전시를 기획하기

국가적 소장품을 강화한 이후, 국가유산위원회의 전시책임자들은 외부 소장품을 전시할 계획을 세울 수 있었다. 협력관계에 있는 박물관들과 대여물을 교환하고 주제별 전시를 위해 소장자들로부터 전시물품을 빌려왔다. 전시책임자들은 소장품 자체에 대한 연구를 통해 예술품의 이동과 역사적 사건에 대한 비교 연구를 할 수 있었고, 하나의 사회 또는 국가로서 싱가포르 자체의 발전에 대한 담론을 생성할 수 있었다.

1970년대의 상징이던 어린이 놀이터의 용미끄럼틀 형상 공기주입 놀이기구. 이는 2014년 어린이 시즌의 일환으로 국립박물관 앞 잔디밭에 설치되었다.

싱가포르 미술가 추아 미아 티의 확대된 "리 분 앙 사진"이 2015년 11월 24일 국립미술관 공식 개관일을 5일 앞두고 동 미술관 앞에서 설치를 위한 손질을 받고 있다.

1997년 아르메니안 스트리트에서 시작했던 아시아문명박물관이 2003년 옛 황후궁전 건물에 새롭게 개관했다. ⓒ 싱가포르 프레스 홀딩스

전시회를 개최하고 그에 따른 카탈로그를 출판하면서 국가유산위원회는 전시 전문가들의 기량을 보여주었고 세계적인 박물관의 지도자들이 갖고 있던 인식, 즉 싱가포르는 문화적으로 후미지고 졸리운 곳이라는 생각을 바꾸어 놓았다. 문호가 개방되었고, 상호주의적 관계가 형성되었으며, 유명 박물관 및 문화관련 기관들과의 협력적 관계가 이루어졌다.

아시아문명박물관은 프랑스 파리에 있는 께브랑리 자크시락 박물관(Musée du Quai Branly - Jacques Chirac)의 유명한 아프리카 수집 미술품을 전시했고 답례로 동 박물관은 페라나칸박물관의 페라나칸 문화 소장품을 전시했다. 국가유산위원회의 이 첫 번째 유럽 전시는 10만 명 이상의 관객을 불러 모았다. 이 전시회는 또한 한국의 국립박물관에서도 개최되어 유산위원회를 자랑스럽게 했다. 프랑스의 국립박물관연합(Réunion des Musée Nationaux)과의 양해각서 체결로 기메 박물관(Musée Guimet)이나 퐁피두 센터(Centre Pompidou)와 같은 주요 프랑스 박물관과의 협력의 장도 열렸다. 가장 최근에는 아시아문명박물관과 영국 대영박물관이 공동으로 '동남아에서의 래플스: 학자 겸 정치가에 대한 재방문(Raffles in Southeast Asia: Revisiting the Scholar and Statesman)'이라는 전시회를 개최했다. 이 전시회는 먼저 아시아문명박물관에서 개최되었고 뒤이어 2019년 9월 대영박물관에서 진행되었다. 우리가 무엇을 전시할 수 있고 또 그 전시물이 무엇을 의미하는지에 대한 새로운 활기를 느낄 수 있게 되었다.

접근성의 개선

우리는 공공 프로그램에 더 잘 접근할 수 있으면 사람들을 공통의 기억으로 묶어줄 수 있다는 점을 깨달았다. 작품에 붙은 설명꼬리표의 내용을 단순화하는 것과 같은 조그마한 손질을 통해 공동체의 보다 많은 사람들이 작품을 더 잘 이해할 수 있게 되었다. 국가유산위원회의 싱가포르 유산축제(Singapore Heritage Festival), 야간축제(Singapore Night Festival), 아동 시즌(Childrens' Season) 등은 오랜 유산을 다시 살려냈으며 박물관 간의 부드러운 연결도 이루어지게 했다. 이러한 프로그램들은 전시와 관련된 프로그램 및 가족활동 등과 함께 어우러져 방문객을 증가시키고 박물관의 모습을 활기차게 만드는 중심적 역할을 했다.

프로그램들은 또한 시내 중심지의 상가, 도서관, 심지어 창이 공항에서까지 펼쳐졌다. 외부로 다가가기를 확대하는 차원에서 국민협회, 비정부기관, 공동체 그룹들과의 협력관계도 만들어 나갔다. 일부 기업들은 박물관 버스나 무료입장 등을 후원해 주었다. 이와 같이 공공, 민간, 일반인들로의 수평적인 연계를 확대함으로써 유산위원회 소속 박물관들에 대한 지지를 강화해 나갔다.

인적 자본의 형성

인적 자본을 형성하는 것은 유산위원회의 변혁을 위해 매우 중요했다. 유산위원회는 충원을 강화하고, 내부적인 재능을 발전시키며, 계승해나가야 했다. 우리는 조직을 변혁시키기 위해 엄청난 변화를 관리하고 비협조적인 사람들을 다루어 나가야 했다. 아시아문명박물관과 페라나칸박물관을 관리하기 위해 해외에서 재능 있는 인사를 충원하는 과감한 조치도 취했다. 싱가포르미술관과 국립박물관에서는 유망한 젊은 직원들을 고위 관리직으로 승진시켰다. 아울러 유산위원회는 재능 있는 사람들을 해외로도 진출시켰다. 함께 근무했던 3명의 동료들이 파리에 있는 팔레 도쿄(Palais d'Tokyo), 뉴욕의 아시아 소사이어티, 스위스 로잔소재 국제올림픽위원회의 올림픽문화 및 유산 재단과 같은 영향력 있는 국제적 기관에 취업되었다. 다음 세대 지도자들도 비평가들의 극찬을 받은 출판물을 저술하거나 공동체의 참여를 선도하면서 새로운 바람을 불러일으키고 있다. 싱가포르는 그들의 성취를 정말로 자랑스럽게 생각한다.

훌륭한 지도를 받기

변혁의 핵심은 위로부터 내려오는 기본 지침이다. 토미 코와 유산위원회 이사들은 고위 경영진에게 부드러우면서도 전문가적인 지침을 주었다. 박물관을 사랑하고 예술에 조예가 뛰어난 토미 코는 국제적 박물관의 모범적 관행에 대해 개인적으로 관찰한 내용을 많이 알려주었다. 문화에 대한 자선활동은 연례 블랙타이 만찬행사로 활성화되었는데 동 행사를 통해 다국적 기업, 재단, 개인 등으로부터 위원회가 필요로 하는 기부금을 모을 수 있었다.

싱가포르 정부의 본부대사인 토미 코는 전 세계 여러 곳의 문을 열 수 있게 해주었다. 그는 문화 외교에 대해 남다른 신념을 갖고 미국, 필리핀, 라오스 대통령을 포함해 싱가포르를 방문하는 해외 고위직 인사가 박물관을 방문하도록 했다. 이들의 방문은 뉴욕 타임즈나 인터내셔널 헤럴드 트리뷴 같은 유수의 해외 매체에 보도되어 우리 프로그램에 대한 인지도를 높였고 더 많은 방문객을 유도했다.

미래를 향한 여정

싱가포르는 아직도 계속 발전하는 만큼 박물관의 변모 역시 계속될 것이다. 예를 들면 국립미술관(National Gallery of Sigapore)은 동남아 시각예술과 관련한 학술중심지가 될 수 있고 싱가포르에서 시각예술의 모습을 더 많이 변화시킬 수 있을 것이다. 매일 새로운 역사가 만들어지고 있다. 싱가포르 박물관이 공동체의 역사, 공유하는 기억, 창의적인 내용들을 모두가 즐기는 중립적인 무대가 되려면 더 많은 시설, 프로그램, 그리고 재능을 필요로 한다.

나는 싱가포르가 현대 미술관을 개발해 박물관의 모습을 더 발전시키기를 희망한다. 내셔널 트러스트(national trust)와 같은 장소를 만들어 유서 깊은 곳을 개방하고 일반인이 방문하도록 하며, 서로 다른 문화가 미치는 영향력을 바탕으로 혼합문화에 대한 연구 전시 센터를 만들고, 영국 에든

버러나 호주 아델레이드 축제와 같이 예술과 유산 관련 축제를 결합해 한 달 정도의 독특한 프로그램을 만들며, 프랑스의 하얀 밤 축제(Nuits Blanches: 연례 야간 예술 축제로서 박물관들을 모두 무료 개방하고 시내 중심에도 무대를 세워 공연, 전시, 춤, 음악 등 다양한 예술을 선보이는 축제)와 같이 한 달 정도의 복합적인 야간 축제를 개최하는 것이다.

미래에는 추가적인 변혁을 위한 많은 가능성이 있다. 지속적인 강력한 지원을 통해 싱가포르 박물관은 계속 발전할 것이다.

마이클 코(Michael Koh)는 현재 국가개발부의 살 만한 도시센터(Center for Livable Cities)의 집행이사 겸 국립도서관 위원회의 이사이다. 이전에 약 25년간에 걸쳐 공직을 수행했는데 국가유산위원회와 국립미술관의 최고경영인 및 도시재개발청의 도시계획 및 디자인담당 국장을 역임했다. 그는 또한 SC 글로벌(SC Global), 싱브릿지 홀딩스(Singbridge Holdings), 메이플트리 홀딩스(Mapletree Holdings)에서 주요 직위를 유지했고, 국가유산위원회, 국립미술관, 도로 및 건물명칭 위원회, 육상교통청, 싱가포르 관광위원회, 호텔면허위원회, 공무원 대학의 이사로 재직하고 있다.

V. 법과 안보

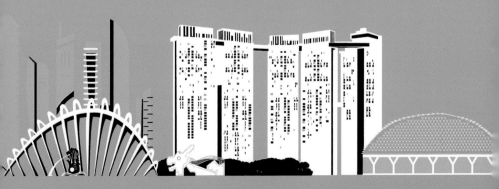

33

병역: 국민의 군대

윈스턴 추(*Winston Choo*)

싱가포르는 말레이시아로부터 분리되면서 진정으로 불확실한 상황에 내던져졌다. 말레이 극단주의자들이 쿠테타를 선동해 강제로 싱가포르를 말레이 연방에 재가입시킬지도 모른다는 공포가 뒤덮었다. 리콴유 총리는 1965년 12월 8일 독립 후 첫 의회 개막식에 참석했는데 당시 싱가포르에 주둔하던 말레이시아 군의 지휘관이 군사적 경호를 제공하겠다고 고집하면서 뚜렷한 긴장감이 감지되었다. 심지어 상당 기간이 지난 1974년 싱가포르 군(Singapore Armed Forces: SAF) 장교들의 임관식 때 고켕스위 국방장관은 다음과 같이 관찰했다. "모든 사람이 우리나라에게 잘하는 것 같지는 않습니다. 진정 시시때때로 우리는 악의 및 적대감과 분명히 마주칩니다. 옛 격언이 말해주듯 자유를 위해 치러야 할 비용은 부단한 경계입니다." 그래서 신뢰할 수 있는 국방력을 키우고자 하는 긴급한 결심이 세워졌다.

이스라엘 시스템

고 박사는 군대를 양성하는 것과 관련해 국내적으로는 전문성을 가진 사람이 없으며 외부의 지원이 필요함을 인정했다. 영국은 군대 양성과 관련해 아무런 제안을 하지 않았기에 우리는 인도와 이집트로부터 도움을 받고자 했다. 그러나 두 나라 모두 호의적으로 반응하지 않았다. 최종적으로 이스라엘만이 우리의 도움 요청에 응해왔다.

우리의 조그만 인구를 감안하면 이스라엘식의 징병제도가 싱가포르에 들어맞았다. 모든 신체 건강한 젊은 남자들이 다시 사회로 복귀할 때까지는 상근으로 근무하고 훈련하는 제도였기 때문이다. 더욱이 이 시스템은 가장 짧은 시간 내에 최대한의 병력을 동원하고 전개할 수 있는 체제였고 완벽한 무기와 병참지원을 통해 효율성을 보장하면서 각 부대의 통합성을 유지할 수 있었다. 이스라엘이 군사적 지원을 한 방식은 지휘권을 떠맡는 것이 아니었다. 오히려 싱가포르 지휘관들이 지휘하고 가르치도록 하면서 모든 단계에서 그들의 자체 경험을 공유하고 자신들의 훈련 교범에 따라 우리들이 군사적 기술을 익혀 나갈 수 있도록 해주었다.

국민개병의 병역 시스템을 향해

최대한의 병력을 신속히 동원하는 이스라엘식 체계를 바탕으로 계획을 실행하기 위해서는 싱가포르 군이 국민개병의 병역제도(National Service: 이하 NS)를 통해 설립되어야 한다는 결론에 도달했다. 이는 또 다른 국가적 목적을 달성하기 위한 것이기도 했다.

첫 번째 목적은 믿을 수 있는 국방력을 키우는 것이었다. NS는 1960년대 후반 2백만 명이던 싱가포르 인구로부터 가공할만한 병력을 배치할 수 있는 방안이었다. 매년 3만 명을 징집하면 5년 만에 예비군을 포함 15만 명으로 병력을 늘릴 수 있었다.

두 번째는 싱가포르의 경제적 한계였다. 정치 지도자들은 우리가 대규모의 병력을 영구적인 방식으로 유지할 수는 없다는 결론에 도달했다. NS는 싱가포르가 경제적인 발전 능력을 유지하면서 동원 체제를 통해 군사적으로 유연하게 대처할 수 있는 방안이었다.

세 번째는 NS가 국가 건설을 촉진해 준다는 것이다. 고켕스위 박사는 다음과 같이 단언했다. "국방에 참여하고 군대의 구성원이 되는 것 이상으로 충성심과 국가 의식을 더 빨리 그리고 더 완벽하게 창출할 수 있는 것은 없습니다." 사회의 모든 계층에서 보편적으로 참여하는 NS는 통합을 이루는 힘이 되고 군복무 기간 중에 함께한 경험을 통해 싱가포르인들을 하나로 묶어 줄 수 있었다. 이런 측면에서 1967년 3월 14일 현재의 병역법(수정)이 의회에서 통과되었다.

병역제도를 용인받기

우리는 강제 징집에 대한 잠재적인 저항이 있을 것이라는 점을 인식했다. 중국인들이 흔히 이야기하는 속담에 "훌륭한 사람은 군인이 되지 않으며 좋은 쇠로는 못을 만들지 않는다."라는 말이 있다. 그러기에 우리는 공동체 및 국가적 차원에서 NS의 필요성에 대한 캠페인을 전개했다. 여러 노력들 중 입대하는 장정들을 위해 마련된 환송 만찬에서 전중국인무역협회(동 조직은 1977년 싱가포르 중화총상회(Singapore Chinese Chamber of Commerce & Industry)로 개명)는 5천 개의 병역 메달을 만들어 동 만찬에 참석한 첫 징집자 5천 명에게 이를 수여했다. 시범을 보인다는 차원에서 장관, 국회의원, 고위공직자, 공동체 및 기업 지도자들은 국민들의 국방군에 자원봉사자로 등록하고 1966년 첫 번째 국경일의 행진에 나서 국방에 대한 의지를 보여주었다.

NS가 아주 기꺼이 수용되자 싱가포르 군과 국민과의 관계를 개선하기 위한 노력들이 전개되었다. 시행된 방안들은 오픈 하우스, "모든 싱가포르의 아들"이라는 다큐멘타리 제작, 지역학교에서의 로드쇼를 통해 시민군대에 대해 일별할 수 있는 기회를 제공하고 다음 세대에 영감을 불어 넣어주는 것들이었다. 우리의 노력은 결실을 맺었다. 2013년 정책연구소의 설문조사 결과는 98%의 국민들이 싱가포르 군의 임무에 대해 이해하고 이를 지지하는 것으로 나타났다.

타당함과 활발함을 유지하기

싱가포르의 인구통계가 변동됨에 따라 싱가포르 군도 새로운 도전을 맞이하고 있다. 그러나 보편성과 공평성에 기반하고 있는 의무징집 제도는 NS 시스템의 성공을 위한 핵심요소로 계속 유지될 것이다. 이는 가족의 지위, 인종, 종교, 교육수준과 상관없이 동등한 대우를 보장하는 것이다.

아직도 싱가포르 군은 작전 수요에 따라 의무복무 기간을 조절할 수 있는 동력을 갖고 있다. 영국 정부가 군대를 철수시키기로 결정한 직후인

1969년, 정부는 장교들에게 3년간의 정규복무를 요구했다. 1971년 후반, 군은 정규 NS 근무 기간을 다시 측정하고 표준화해 모든 장교와 상병 이상의 정규 병사에게는 2년 반을 근무하도록 했다. 1983년 군이 효율적인 예비군을 양성하고자 하면서 예비군 복무는 10년에서 13년으로 증대되었다. 2004년 정부는 의무 복무 기간을 다시 2년으로 줄였는데 기술발전으로 인해 보다 짧은 기간 동안에도 군의 작전 수요가 충족될 수 있다는 믿음에서였다. 결국 2006년 예비군 복무 역시 다시 10년으로 줄어들었다.

우리 병사들은 정글 또는 전통적인 전투와 관련해 아주 거칠며 실제적인 훈련을 받는다. 훈련의 복잡성이 증대해 무장, 대포, 전투공병, 통신부대 등의 훈련까지 포함하게 되자 훈련 장소를 확대해야 한다는 요구가 증가했다. 이에 따라 현역 부대와 작전을 할 준비가 된 부대를 훈련시키기 위해 대만, 브루나이, 태국, 호주 등의 국가에 해외 훈련장을 마련했다. 훈련장소가 부족한 점을 극복하고 훈련 시간도 축소하기 위해 모의실험 기술도 도입했다. 작전 요구조건의 변화도 끊임없이 점검하고 실행했다. 도시 내에서의 작전 가능성이 증가하는 점을 고려해 시가전 훈련을 위한 특별 시설도 개발되었다.

성공적인 노력

우리 군은 1965년 보잘 것 없는 대대급 부대들로 시작했지만 2017년 영국의 군사 잡지 밀리터리 밸런스 2017(Military Balance 2017)에 따르면 현역 7만 2,500명과 훈련된 예비군 31만 2,500명을 동원할 수 있는 군대로 변모했다. 국제적인 군사 잡지인 밀리터리 테크놀로지(Military Technology)는 싱가포르 군이 "존경받을 수 있는 전문적인 군이 되었으며 영토보전과 국가의 독립을 방어할 능력이 있다"고 기술했다. 다른 명성 있는 군사 잡지들도 싱가포르 군의 작전 수준에 대해 긍정적인 평가들을 내놓는다.

테렉스 보병 장갑차가 싱가포르 보병 연대 746 대대의 2017년 8월 육군훈련평가 중앙 스테이지 1 훈련 시 굉음을 울리며 도로를 지나고 있다.

2017년 8월의 훈련 시 브라보 중대의 대원들이 철조망을 지뢰 파괴무기로 폭파시키고 두 개의 기관총이 내뿜는 7.62mm 총탄의 보호를 받으며, 적이 장악한 건물 출입문을 박차고 들어가 방을 하나하나 점령해 가고 있다. ⓒ 싱가포르 프레스 홀딩스

우리 군은 미국, 중국, 호주, 그리고 역내 여러 국가 군대와 다양하게 진행하는 양자/다자적 훈련을 통해 좋은 성과를 보여주고 있으며 성숙도와 전문성 측면에서 높은 평가를 받아 왔다. 지난 십 년간 우리 군은 아프간에서 테러와의 전쟁을 지원하는 임무를 포함해 다국적 작전에서 뛰어난 성과를 보여주었다.

군사 작전과는 별도로 싱가포르 군은 역내외의 인도적 지원과 재난구호 작전도 성공적으로 수행했다. 현재까지 가장 크게 수행한 작전은 2004년 쓰나미에 타격을 입은 인도네시아 아체지역에 대한 지원 작전이었다. 취약계층에 대한 우리의 지원 직전은 인도네시아와 국제적 기관들로부터 호평을 받았다.

군은 싱가포르의 외교정책을 수행하는 역할도 늘려왔다. 발라크리쉬난 (Vivian Balakrishnan) 외교장관은 "우리가 신뢰할 수 있고 강력한 군대를 가지고 있음을 알고 있는 것만으로도 외교를 훨씬 쉽게 수행할 수 있습니다."라고 언급한다.

지난 50여 년간 싱가포르 군은 언제든 작전할 준비가 되어있는 태세로 큰 진보를 이루었으며 싱가포르의 국방·평화 및 번영에 이바지하는 억제능력을 보여주었다. 군은 이제 싱가포르 사회를 통합하는 역할을 수행하며 국민들로부터 신뢰와 존경을 받고 있는 국가 기관이다. 1967년의 운명적이었던 날에 우리가 선택했던 대담한 결정을 다시 되돌아보면, 국가의 성공에 기여한 비결 중 하나가 바로 병역제도였음이 자명하다.

퇴역 육군 중장 윈스턴 추(Winston Choo)는 싱가포르 군의 초대 국방총장 (Chief of Defense Force)이었으며 1992년 은퇴 시까지 18년 동안 동 직위를 유지했다. 그 이후 호주와 피지주재 대사 및 비상주 파푸아 뉴기니·남아공 대사를 역임했고 현재는 싱가포르의 비상주 이스라엘 대사이다.

34

법의 지배

고 위한(*Goh Yihan*)

법의 지배는 싱가포르가 성공한 비결 중 하나이다. 이는 실제로 성공을 하는 데 있어 가장 근본적인 요소라고 할 수 있다. 싱가포르 건국의 아버지라 할 수 있는 리콴유 총리는 평생 동안 법의 지배를 옹호해왔다. 1962년 싱가포르 대학 법률연구회가 주최한 연례 만찬에서 리 총리는 법의 지배에 대해 다음과 같이 연설했다. "… 어느 법체계가 훌륭한지에 대한 진정한 척도는 이상적인 개념이 탁월하고 장엄한 것에 있지 않으며 그것이 사람과 사람 간의 관계 또는 사람과 국가와의 관계에서 질서와 정의를 만들어 낼 수 있느냐 여부에 달려 있습니다." 이런 원칙에 따라 법의 지배는 경제적 배경이나 사회적 지위, 인종, 언어, 종교와 상관없이 모든 사람에게 평등한 기회를 보장했다.

법의 지배는 싱가포르가 초기 시절 해외 자본을 유치해야 할 긴급한 필요성 때문에 탄생할 수밖에 없었다는 설명도 있는데, 외교부장관을 역임하고 현재 법무장관직을 수행중인 샨무감(K. Shanmugam) 씨는 2012년 법의 지배 심포지움의 기조 연설에서 그와 같은 의견을 피력했다. 실제로 이코노미스트지는 법의 지배가 "개발도상국 경제의 어머니 또는 안락한 가정과 같은 존재"라는 유명한 비유를 한 바도 있다.

50년도 더 지난 2017년, 검찰총장실 창설 150주년 기념 만찬에서 리센룽 총리는 싱가포르가 독립 이래 번영을 구가하게 된 한 가지 근본적인 요인은 "우리가 법의 지배를 유지하면서, 공정하고 존경받으며 효율적인 법적 체계를 형성한 것"에 있다고 평가했다. 그의 견해에 따르면 싱가포르가 제3세계에서 제1세계로 올라선 비결은 법의 지배를 확고부동하게 그리고 일관되게 강조한 데에 있다.

그러면 법의 지배라는 것이 정확히 무엇을 의미하며 그것이 어떻게 싱가포르의 일부가 되었는가?

법의 지배란 무엇인가?

넓은 의미로서의 법의 지배란 정부를 포함한 모든 사람이 법에 따르고 복종한다는 법률적인 원칙이다. 뛰어난 영국의 재판관 토마스 빙험(Lord Thomas Bingham) 경이 설명하듯, 법의 지배의 핵심은 모든 사람과 모든 기관이 법원에서 공개적으로 관리되는 법의 혜택에 따라 제약을 받거나 또는 어떤 자격을 갖는다는 사고에 기반하고 있다. 이는 플라톤이나 아리스토텔레스와 같은 그리스 고전 철학자들로부터 비롯되었는데, 이들은 국가와 그 지배층이 법에 복종하는 것의 중요함을 강조했다. 이 원칙은 1215년의 마그나 카르타에도 새겨져 있으며 이 문서는 왕의 권력이 무제한적인 것이 아니라 사실 법과 그 지역의 관행에 종속되어야 하는 것임을 밝히고 있다.

이런 일반적인 명제로부터 법의 지배에 대한 "두껍거나", "얇은" 버전의 해석이 있으며, "법의 지배"와 "법에 의한 지배" 간의 구분이 있다. 어떤 이는 법의 지배의 의미에 대해 이상적이고 추상적인 개념이나 이론적인 토론을 할 수 있겠지만, 그것이 작동하는 실제적인 기본 사항들을 이해하는 것이 보다 더 중요하다. 달리 이야기하면 이상으로서의 법의 지배 원칙이 어떻게 실제적인 방식으로 이행되어 어느 국가에 구체적인 결과로 나타나느냐 하는 것이다.

이와 관련, 개략적으로 두 가지 점을 지적할 수 있다.

우선 법의 지배라는 개념이 서방에서 유래되었지만 이를 아시아에 적용할 때에는 서방에서 기원한 그대로 동일하게 반영해 적용해야 한다는 것은 아니다. 순다레쉬 메논(Sundaresh Menon) 대법원장은 2016년 연설에서 "법의 지배에 대한 핵심 가치를 어느 국가에 실제적으로 적용할 때에는 사회적인 맥락과 그것이 형성되는 국가적 토양에 기반할 수밖에 없고 그에 따라 모양이 갖춰질 수밖에 없습니다."라고 설명했다.

두 번째는 메논 대법원장이 2018년 연설에서 설명했듯이 법의 지배 뒤에 있는 핵심적인(아마도 실질적인) 사상은 다면적인 것으로서 아래와 같은 내용을 포함하고 있다.

1. 법은 명확하고, 공개되었으며, 접근 가능하고 미래에 적용되는 것으로서 소급해서 적용될 수 없다. 아울러 법은 규정된 규칙과 원칙을 구현하는 것으로서 통제되지 않은 재량을 고무해서는 안 된다.
2. 법의 지배는 또한 법과 법률적인 기관은 최소한의 내용(minimum content)을 가지고 있어야 한다는 것이다. 이는 법이 모든 사람에게 공평하게 적용되는 것을 보장하기 위해서는 충분히 절차적인 안전장치를 가지고 있어야 한다는 의미이다.
3. 법의 지배에 필수적인 것은 법이 적절한 방식으로 강제되어야 한다는 것이다. 샨무감 법무장관이 2012년 연설에서 밝혔듯이 "고상한 이상을 담고 있는 멋진 법을 가지고 있지만 실행에는 다른 것을 적용한다면 아무런 소용이 없는" 것이다.

법의 지배에 대한 이 같은 실용적인 해석이 각국이 처한 지역적인 환경과 도전에 걸맞은 방식으로 싱가포르에도 적용될 수 있을 것이다.

싱가포르에서 법의 지배는 어떻게 수립되었나?

그러면 싱가포르에서의 법의 지배는 어떻게 수립되었나?

싱가포르에서 법의 지배는 1819년 영국인들이 도착한 이후부터 시작되었다. 그 이전에는 싱가포르에 단일한 법적 체계가 없었으며 각자의 민족과 종교를 바탕으로 적용되는 여러 개의 "간접적인 법률"에 의해 통치되었다. 싱가포르가 독립한 1965년 이후 물리적으로는 종식되긴 했지만 영국 지배시기에 이루어진 구조적이고 제도적인 이식 작업들이 싱가포르의 법률 체계에 영향을 미쳤고 지금도 미치고 있으며 더 나아가 법의 지배에 영향을 미쳤다.

1965년 8월 9일 이루어진 싱가포르의 독립은 법의 지배 문제에 여러 가지의 도전을 야기했다. 법의 지배의 한쪽 측면은 법이 분명하게 공표되어야 한다는 점이다. 그러나 갑작스러운 독립을 맞아 싱가포르의 독립을 합법화해줄 핵심적인 법적 문서들이 어찌 보면 무계획적으로 통과되었다. 예를 들면 국가에서 가장 중요한 성문 법률 문서라고 할 싱가포르 헌법은 1980년까지 세 개의 별도로 분리된 문서들의 합성물이었다. 최종적으로 이런 핵심 법률 문서, 특히 헌법을 통과시킴으로써 싱가포르의 독립은 보장되었고 이를 바탕으로 법의 지배 원칙과 함께 법률 체계가 수립될 수 있었다.

법의 지배의 또 다른 측면은 법률은 독립적인 사법부에 의해 적절한 방식으로 강제되어야 한다는 점이다. 싱가포르 사법부는 오늘날 국제적인 수준의 명성을 얻고 있지만 이렇게 되기까지 오랜 시간이 소요되었다.

싱가포르의 사법부는 1969년까지는 공식적으로 말레이시아 연방에 연계되어 있었다. 싱가포르가 말레이시아 합병된 이후 1963년 말레이시아 법률은 싱가포르 소재 연방 법원, 그리고 무엇보다도 고등법원에 대해 말레이시아의 사법적 권한을 부여했다. 당시 싱가포르 주 헌법은 싱가포르 사법부를 창설할 수 없었는데 이는 연방 차원에서 다루어져야 할 문제였기 때문이었다. 그래서 싱가포르 법원 체계는 보다 넓은 국가적 차원 내에서 구성되어야 했으며 연방 법원을 서열상 최고 법원으로 지정할 수밖에 없었다.

이런 비정상적인 상황은 1969년까지 유지되었으며 그 해에 수정 헌법 1969와 대법원 법이 통과되어 대법원, 고등 법원, 항소법원으로 구성된 싱가포르 사법부가 탄생했다.

1969년 싱가포르 사법부가 공식적으로 만들어진 이후 시점에도 아직까지 사법부는 완전히 독립적이지 못했다. 영국의 추밀원(Privy Council)이 아직도 최종적인 항소 법원이었기 때문이다. 종국적으로 싱가포르가 독립국가로 성장함에 따라 1994년 추밀원으로 이관되던 모든 항소는 폐지되었다.

동시에 추밀원으로 이관되던 항소가 부분적으로 폐지되던 1990년 정부는 영구적인 항소 법원에 대한 설립 제안을 수용했다. 1993년 1월 용 풍 하우(Yong Pung How) 대법원장은 단일한 영구 항소법원 설립을 발표했다. 이는 기존의 항소법원과 형사항소법원을 통합해 단일한 법원으로 만든 것이다. 외국의 관리 감독으로부터 자유로운 독립 사법부임을 상징하는 이 법원 구조는 오늘날까지 이어지고 있다.

싱가포르는 법의 지배로부터 어떻게 혜택을 받았나?

1990년대에 용 풍 하우 대법원장은 싱가포르 사법부를 향상시키기 위한 다양한 방안을 도입했는데 사건을 보다 효율적으로 관리하기 위해 전자식으로 사건 서류를 철하는 방안 등이 소개되었다. 싱가포르 사법부의 여러 부문을 개혁하기 위한 조치들은 국제사회로부터 광범위한 인정을 받았다. 예를 들어 1993년 국제 경쟁력 보고서(World Competitiveness Report)는 싱가포르를 최고의 법률시스템을 갖춘 나라 분야에서 최우선의 지위로 선정했다. 사법부를 운영하는 측면에서 뿐만이 아니라 사법 체계가 정의를 구현하고 있다는 일반인의 믿음이라는 측면에서 내린 평가였다. 세계은행은 1994년 싱가포르 법원에 대해 사건이 적체되고 정의실현이 지연되는 것을 감소시킨 경험을 공유해주도록 요청했다. 비영리 기관인 세계경제포럼(World Economic Forum)이 발행하는 국제 경쟁력 보고서는 1997년 싱가포르의 법률 체계를 세계 4위로 선정했는데 식민 종주국이었던 영국보다 한 단계 높은 수준이었다.

2005년 6월, 싱가포르 대법원은 센트 앤드류 로에 있던 옛 건물(지금은 국립미술관의 일부됨)로부터 길 건너편에 있는 현재의 건물로 이했다. 2019년 3월 촬영된 현 대법원 청사 사© 싱가포르 프레스 홀딩스

순위가 반드시 결정적인 것은 아니지만 싱가포르 사법부가 법의 지배에 영향을 주기 위한 기틀을 잘 갖추고 있다는 점을 대변하는 것만큼은 분명하다. 2018년 메논 대법원장은 연설을 통해 독립 후 50년 동안 싱가포르는 사법부의 독립, 사법부의 역량과 효율성, 부패를 일소하겠다는 국가적인 약속 등을 통해 사법부가 어떻게 법의 지배에 영향을 주었는가라는 측면에서 엄청난 성공을 달성했다고 평가했다.

싱가포르 사법부에 대한 국제적인 명성과 현지에서 법의 지배를 성공적으로 이행한 성과는 역으로 싱가포르의 경제 발전과 성공에도 도움을 주었다. 우선적으로, 법의 지배는 질서 있고 안전한 사회를 만드는 데 기여했다(이것 자체만으로 성공의 기준점이 된다). 이와 연계해 법의 지배는 투자자들에게 그들의 투자가 안전할 것이라는 믿음을 주어 싱가포르에 투자하도록 하는 확신을 심어주었다.

종국적으로 법의 지배가 강력하고 바람직한지 여부는 그것이 공동체에서 어떻게 받아들여지고 있는가에 달려있다. 이와 관련해 1998년 여론조사에 따르면 97%의 싱가포르인들은 법원이 모든 사람들에게 정의를 공정히 집행한다는 데 동의했으며, 96%는 법원이 독립적으로 정의를 실행한다고 답변했다. 법률 체계에 대한 신뢰는 2000년 여론조사에서도 다시 확인되었다. 이와 같이 싱가포르에서 법의 지배가 강력히 이행되고 있다는 것에 대한 공동체 내의 강력한 믿음이 존재한다. 법의 지배가 싱가포르가 성공한 비결임이 놀랍지 않으며 앞으로도 계속 그렇게 되기를 기대한다.

고 위한(Goh Yihan) 교수는 현재 싱가포르 경영대학교 법과대학 학장 겸 교수이다. 그의 연구는 기본적으로 계약법 및 불법행위에 초점을 두고 있으며, 두 번째 관심 사항으로는 법률해석과 법적절차 문제이다.

35

싱가포르 경찰

쿠 분 휘(*Khoo Boon Hui*)

오늘날 싱가포르는 세계에서 가장 안전한 나라로 인식된다. 싱가포르는 세계 정의 프로젝트(World Justice Project)의 2018년과 2019년 법의 지배 지표 중 질서와 안전 분야에서 선두를 차지했고, 갤럽 세계 법과 질서 보고서(Gallup Global Law and Order Report) 순위에서 2014년 이래 5년 연속 1위를 차지했다. 싱가포르인들은 개인 안전과 보안 문제에 높은 감각을 유지해 왔는데 앞서 설명한 2018년도 보고서에 따르면 거주자의 90% 이상이 저녁에 집주변을 산보할 때 안전함을 느낀다고 보고했다. 그들은 국가범죄방지위원회(National Crime Prevention Council)로부터 "낮은 범죄율이 범죄가 없다는 것을 의미하지는 않는다."라는 점을 끊임없이 상기받고 있다.

싱가포르가 항상 이렇지는 않았다. 1965년으로 되돌아가면 신생 독립국에서 각 개인의 안전은 당연시 될 수가 없었다. 거주자 및 특정 분야의 사업가들은 돈을 보호해준다는 명목이나 조직 범죄와 악행 등으로 번창하던 비밀 조직에 대한 공포 속에 살아야만 했다. 총기류가 개입된 사건들이 흔했고 살인과 강력 범죄가 자주 발생했다. 경찰이 부패로 오염되어 있었으며 최악의 경우 경찰관이 범죄조직과 공모하는 사례들도 있었다.

취약한 민족 간의 관계를 배경으로 1969년 말레이시아의 총선 결과로 발생한 주민 폭동이 싱가포르로까지 번지기도 했다. 아울러 말라야 공산당에 의한 암살과 폭탄투척 작전이 1970년대 후반까지 진행되었고, 해외 테러리스트 단체가 자행한 사건들도 있었다. 1974년 일본적군파와 팔레스타인 해방 전선은 쉘 석유회사의 팔라우 부콤 소재 정유공장을 공격했으며 이후 도주에 실패하자 라주(Laju) 페리를 납치하는 것으로 이어졌다.

독립 초기 격변의 시기에 법의 지배를 확립하기 위해서는 정부가 범죄자에게 엄격한 태도를 취하는 것이 중요했는데 몇 가지 표적입법으로부터 시작했다. 이러한 법들은 범죄를 제지하기 위한 강력한 벌금으로 지지되었고 법 집행 관리들에게는 특별한 권한이 부여되었다.

1973년 제정된 무기공격 관련법(Arms Offences Act)은 불법무기의 거래/소유/사용을 대상으로 했으며 이를 통해 향후 10년간 무기강도 범죄를 90% 이상 줄여 1983년의 경우 인구 10만 명에 단 18건으로 감소시켰다. 무기강도 사례는 마지막으로 2006년에 발생했다.

정부는 1973년 약물오용법(Misuse of Drugs Act)을 제정하는 등 마약에 대해서도 동일한 접근법을 취했다. 동 법은 마약거래자에게 강력한 형을 선고할 뿐만 아니라 당국으로 하여금 행정적으로 마약남용자에 대한 치료와 재활을 관리할 수 있도록 했다. 이와 함께 1955년의 형법을 강력하게 이행함으로써 경찰은 마약 오용과 비밀 조직 문제를 통제할 수 있었고 독립직후 싱가포르 내의 폭력적이고 기회주의적인 길거리 범죄를 감소시켰다.

변화되는 환경에 적응하기

법과 질서를 유지하고 범죄와 싸우는 것이 경찰의 최우선 과제이나, 공동체의 안전을 유지하기 위한 경찰활동의 전략은 싱가포르의 발전과 보조를 맞추어야 했다. 급속한 도시화는 고층 빌딩 속의 삶을 가져왔는데 이는 거리를 순찰하면서 법을 집행하는 데 익숙한 경찰관들에게는 익숙하지 않은 풍광이 되었다. 그들의 상호 작용은 기본적으로 범죄 피해자, 가해자 및 목격자에 한정되었고, 엄격하고 접근하기 어려운 법집행자로 인식되었으며, 경찰관들의 가정 방문은 거의 예외 없이 거주자들에게 문제를 일으키는 전조가 되었다. 부모가 자식들을 훈육할 때 경찰관을 겁을 주는 귀신처럼 활용하는 것도 도움이 되지 않았다. 경찰은 공동체가 안전을 느끼도록 하는데 있어 기존 접근법을 수정해야 한다는 점을 깨달았다. 인구 밀도가 높은 삶을 살고 있기에 공동체에의 관여가 사회적 소유권과 집단적인 범죄 예방을 위해 무엇보다 필요했다.

많은 심사숙고 끝에 1983년 일본의 코반 시스템(交番: 이웃 경찰초소)을 현지 실정에 맞게 변형한 이웃경찰 초소제(Neighborhood Police Posts)를 도입했다. 이는 친근한 경찰관들을 집단주택지의 한가운데로 데리고 온 것인데 이들은 조만간 공동체의 핵심 구성원이 되었다. 12년의 기간 동안 91개의 경찰 초소가 만들어졌으며 전반적인 범죄율은 18%가 감소해 1996년의 경우 인구 10만 명당 1,076건으로 떨어졌고, 강도 범죄는 60% 이상이 감소한 인구 10만 명당 47건으로 떨어졌다.

인구 구성과 새로운 범죄 경향의 변화에 따라 경찰은 1997년 기존 전략을 다시 검토했다. IT기반 범죄와 경찰서비스에 대한 높은 기대를 다루어나가기 위해 잘 교육받은 차세대 경찰관들을 충원해 공동체 치안활동뿐만 아니라 최전선의 조사임무까지 활동 범위를 넓혀나갔다. 여러 개의 작은 경찰 초소들은 보다 큰 이웃 경찰센터(Neighborhood Police Center)로 통합되어 원 스톱 경찰 서비스를 제공했다. 새로운 운영 방식으로 인해 범죄율은 또다시 40%가 감소해 2011년 인구 10만 명당 608건으로 줄었다.

경찰에 대한 싱가포르인들의 신뢰는 2009년 아시아 리더 다이제스트의 신뢰 여론조사에서 경찰청장이 싱가포르에서 가장 신뢰할 수 있는 사람 4위에 오를 만큼 분명해졌다. 경찰은 2012년 공동체 치안시스템(Community Policing System) 모델을 도입해 계속 개선작업을 진행했다. 여기에는 집단거주 시설 내에 경찰 카메라 네트워크를 구축하고, 범죄 타격 팀을 만들어 범죄와의 싸움 능력을 공동체 근처로 가져올 수 있게 하고, 현장에 있는 경찰관들이 지역 실정에 대해 더 많은 지식을 쌓도록 하며, 지역 공동체와의 협력 체제를 구축하는 것을 포함한다. 이처럼 변화하는 환경에 적응하는 것이야말로 싱가포르를 안전하게 유지하고자 하는 경찰 효율성의 핵심적 요소였다.

경찰은 증대되는 복잡성과 현대 치안의 수요에 대응하기 위해 가장 능력 있는 사람을 충원하고 개발할 필요성을 인식했다. 따라서 국내외 학부와 대학원 과정을 위한 장학금 제도가 도입되었다. 현업 경찰관들도 졸업장 과정에 등록하거나 안보관련 인사들을 위해 특별히 개설된 대학 강좌에 등록할 수 있었다. 이런 계획들은 경력 개발 기회와 결합되어 지도자를 키우는 강력한 통로가 되었다. 이후 많은 경찰관들이 정치, 공무원, 학자 및 민간 분야에서 지도자로 성장했다.

경찰은 또한 각 계급에서 능력 있는 직원들을 충원한다고 해도 위계적 조직구조가 변화하지 않는 한 성공을 보장할 수 없다는 점을 인식했다. 그래서 싱가포르 경찰은 전 세계 공공 기관 중에서는 거의 처음으로 학습조직(learning organization) 개념을 도입했다. 이는 상의하달식 문화로부터 직원 1만 3천 명이 참여하는 제한을 두지 않는 대화(open-ended conversation) 또는 함께 정책을 만들어나가는 문화로의 변화를 필요로 했다. 지휘부는 집단적인 사고 추구와 끊임없는 개선 작업에 대해 인내심을 보여주었다.

경찰관들은 활력을 얻었고 자신의 업무에 대해 더 큰 주인 의식을 갖기 시작했다. 예를 들어 공동체 치안 담당 경찰관들은 여러 시스템이 서로 어떻게 영향을 미치는지 이해할 수 있도록 훈련받았기에 공동체 문제를 해결하는 데 있어 합당한 정부 기관들과 지역 이해관계자 등을 동원해 돌파구를 만들 수 있었다.

학습조직 이론의 대가인 피터 센지(Peter Senge)는 그의 2006년도 판 다섯 번째의 훈육(the Fifth Discipline)이라는 책자에서, 싱가포르 경찰을 변화하는 안보 환경에서 다양한 도전에 대처하는 적응력 있는 조직이라며 칭찬했다. 학습조직 문화를 도입한 이래 싱가포르 경찰은 2007년 특별히 인정되는 싱가포르 품질상을 포함한 여러 우수 조직상을 수상했다. 전체적인 시스템에 대한 사고와 팀 학습을 촉진하는 신뢰 문화는 국경을 넘나드는 범죄, 사이버테러, 그리고 국제적 테러 위협의 형태로 나타나는 여러 안보적 도전에 잘 대응했다.

싱가포르의 국제적 명성을 강화하기

국제사회의 책임 있는 구성원이 되겠다는 공약의 일환으로 싱가포르 경찰은 1989년부터 유엔 평화유지군 활동에 참여하기 시작했다. 그 이후 싱가포르 유엔평화유지군을 설립해 특별히 선발하고 훈련한 경찰관 집단을 유지하면서 아시아와 아프리카 지역에서 총 10회 이상의 평화유지 임무를 수행했다. 유엔기관의 임무에 의거해 경찰관의 역할은 자유롭고 공정한 선거를 보장하는 것에서부터 현지 경찰을 훈련시키고 심지어 매일 매일의 치안활동 임무를 수행하는 것까지 포함했다. 그와 같은 임무에서 그들이 보여준 헌신과 실적은 싱가포르 경찰의 국제적 명성을 높였고, 문제가 발생해 도움을 필요로 하는 국가를 지원하는 데 있어 싱가포르를 의욕이 있고 환영받는 기여자로 자리매김하도록 도움을 주었다. 이와 같은 해외 진출은 명성 있는 업무상대방으로부터 모범 관행을 배울 수 있는 풍부한 기회를 싱가포르 경찰에 제공했고 이웃 국가 경찰들과도 좋은 관계를 형성해 역내 범죄 문제에 대처할 수 있었다.

초국가범죄가 증가함에 따라 싱가포르 경찰이 아세안폴(ASEANPOL)이나 인터폴(INTERPOL)과 같은 지역/국제적 조직의 구성원이 되는 것이 더욱 중요해졌다. 긴밀한 협력을 통해 많은 사례가 해결되었으며 도망자를 인도했다. 싱가포르 경찰의 명성은 2008년 당시 경찰청장이던 내가 제25대 인터폴 총재에 당선되면서 더욱 제고되었다. 당시 국제치안 공동체는 우리의 진실성과 능력에 대해 높은 존경을 보여주었다. 이는 싱가포르가 인터폴 국제혁신센터(INTERPOL Global Center for Innovation)를 유치하겠다고 제안한 것에 대해 2010년 인터폴 총회가 만장일치로 승인해주는 것으로 이어졌다. 2015년 개소이후 이 센터는 전 세계로부터 끌어들인 전문지식을 바탕으로 다국적 보안회사가 아태지역 사무소나 심지어 일부의 경우 전 세계 본부를 싱가포르에 설립토록 하는 데 핵심적인 역할을 했다. 이 외에도 싱가포르에서 개최되는 보안 관련 회의의 숫자가 크게 증가했다. 이처럼 국제적 전문지식과 관련 회사들로 이루어진 생태계는 싱가포르를 국제적 활동무대에서 보안지도력을 발휘하는 국가 중 선두자리에 자리매김해 주었다.

안전에 관한 싱가포르의 명성은 외국인 직접투자를 유치하는 데 있어 핵심 요소 중 하나가 되었다. 효율적인 치안활동과 안정적인 환경은 싱가포르가 마이스 산업(회의, 포상관광, 컨벤션, 전시회)의 중심지로 자리 잡는 데에도 도움을 주었다. 2006년 국제통화기금과 세계은행 이사들의 연례회의, 2009년 제78차 인터폴 총회, 2009 APEC 회의, 2015년 시진핑-마잉주 정상회의, 2018년 트럼프-김정은 정상회의 등 많은 국제회의가 성공적으로 개최되었다. 안전한 거리, 질서 있는 교통, 마약 없는 학교, 안전한 가정은 싱가포르를 매력적인 관광지로 그리고 외국인들이 가족과 함께 살기 좋은 곳으로 만들었다.

안보 민감지역을 보호하기 위해 2016년에 창설된 보호 안보 경비단의 요원들이 2018년 12월 주빌리 다리를 순찰하고 있다. ⓒ 싱가포르 프레스 홀딩스

오랜 기간 이어진 경찰과 지역사회간의 협력, 싱가포르 경찰의 진정성 및 문제 해결 실적은 싱가포르의 미래의 성공을 위해 도움이 되고 있다. 독립 직후 여러 도전을 극복하는 것에서부터 오늘날 보다 나은 치안활동 방식을 위해 끊임없이 혁신하는 것까지 싱가포르 경찰은 싱가포르의 안전을 보호해온 전통을 계속 이어갈 것이며, 자신들이 내세우고 있는 "국가를 위한 물리력 – 싱가포르를 세계에서 가장 안전한 나라로 만들기"라는 비전을 실현해 나갈 것이다.

쿠 분 휘(Khoo Boob Hui)는 1997년부터 2010년까지 싱가포르 경찰청장과 2008년부터 2012년까지 인터폴 총재를 각각 역임했다. 2015년 내무부의 선임 차관보에서 은퇴한 후 현재 공무원 대학의 고위연구원과 은행, 기술회사, 의료/보안/자선 회사의 자문역 내지 이사를 맡고 있다. 그는 옥스퍼드 대학, 하버드 대학, 펜실베이니아 대학 와튼스쿨 등에서 수학했다.

36

조정에 관한 싱가포르 협약

나탈리 와이 모리스-샤르마(*Natalie Y. Morris-Sharma*)

2015년 싱가포르는 독립 50주년(SG 50)을 기념해 일 년 내내 기념식을 개최했다. 바로 그 해에 종국적으로 싱가포르에게 또 다른 역사적 성취를 가져다 줄 협상, 즉 최초로 싱가포르라는 국명을 딴 유엔 협정을 위한 협상이 시작되었다. 조정에 관한 싱가포르 협약(Singapore Convention on Mediation)은 조정을 통해 이견을 해소한 합의에 대해 국경을 넘어 이를 인정하는 효율적이고 조화로운 접근법이다.

상호 연결된 세계에서는 사업 관계가 점차 국제적인 성격을 띠게 되고 더 많은 분쟁이 국경을 넘어 발생할 것으로 예상된다. 그와 같은 장애를 시간과 돈을 더 적게 들이고도 해결할 수 있다면 매우 좋을 것이다. 이보다 훨씬 좋은 것은 사업 상대방끼리 분쟁을 해결했음에도 불구하고 서로 싸우거나 악감정을 갖지 않고 관계도 손상하지 않는 것이다. 조정은 이와 같은 것을 제시한다. 조정은 비용과 시간 면에서 효율적인 분쟁해결 방식임이 이미 증명되었다. 아울러 조정은 본질적으로 화해적 성격을 띠고 있는데 반해, 소송(litigation)과 중재(arbitration)는 근본적으로 적대적인 성격을 가질 수밖에 없다. 조정에서는 분쟁 당사자들이 이견에 대한 총체적인 검토와 함께 사업 관계도 유지하면서 그들의 이견을 어떻게 해결할 것인지 서로 합의할 수 있다. 이런 요소들은 복잡한 사업관계에 있어 매우 중요하다. 특히 사업이 오랜 기간 동안 길게 늘어졌거나 국경을 이월하는 성격을 가진 것이라면 더욱 그렇다.

그런데 국경을 이월하는 성격과 관련해, 조정 방식은 동 조정을 통해 합의된 결과에 대한 불확실성으로 인해 장애를 겪어 왔다. 과연 조정된 결과가 효율적으로 그리고 효과적으로 강제될 수 있을까? 이 미결 문제가 기업가들로 하여금 조정에 대한 의존을 피하도록 했다. 대신 기업가들은 소송과 중재로 눈을 돌렸는데 이는 그 결과에 대한 강제 적용을 헤이그 재판관할합의협약(Hague Convention on Choice of Court Agreement: 소송관련)이나 뉴욕협약(New York Convention: 중재관련)에 의해 보장받을 수 있었기 때문이다.

싱가포르 조정협약에 의할 경우 조정된 합의가 더 이상 이런 측면에서 고아 신세로 전락하지는 않을 것이다. 그래서 동 협약은 국제 분쟁 해결 분야에서 "잃어버렸던 조각" 또는 "게임체인저"라고 불리고 있다. 협약은 조정이 제시하는 분쟁해결에 대해 유연하고 화해적인 접근을 촉진하고 국제무역과 상업도 활성화할 것이다. 협약은 또한 정의와 법의 지배를 촉진하는 수단으로 환영받았는데 유엔의 지속가능한 개발 목표, 특히 평화, 정의, 강력한 제도에 관한 16번째 목표를 지지하는 것으로 인식되고 있다.

이런 배경을 바탕으로 싱가포르 조정협약은 대화 및 분쟁의 평화적 해결을 위한 등불로 기능하게 될 것이다. 아울러 다자주의에 대해 죽음을 선언하기도 하는 우울한 시대에 동 협약은 다자주의가 아직도 살아있다는 신호를 발신하는 것이라고도 생각할 수 있다. 지난 후에 보니 세계는 싱가포르 협약과 같은 것으로부터 혜택을 받을 것이 명백하다고 생각된다. 그러나 이런 분명한 사실이 확고해지기까지에는 시간이 좀 더 걸릴 것이다.

2014년 미국은 조정에 의해 합의된 사항을 인정하고 이행을 강제하는 조약을 만들 것을 유엔 측에 제안했다. 이미 10여 년 전에 진행되었던 초기 작업에서는 조정된 합의를 강제할 국제 메커니즘을 만드는 데 성공하지 못했다. 이런 이유 때문에 유엔 국제무역법위원회(UNCITRAL)는 미국 측 제안에 대해 의견일치가 이루어지지 못할 것으로 평가했지만 최종적으로 임무를 주어 이를 진행해 나가기로 결정했다. 나는 2010년부터 UNCITRAL에 관여하고 있었는데 의장으로서 이끌어달라는 제안을 받게 되었다. 나는 동 의제에 대한 논의가 회의론에 지배되어 있다는 것을 알고 있었다. 여하튼 일은 우리에게 떨어졌는데 싱가포르나 국제사회 모두에게 유용한 기회가 되었다. 이 업무에 대해 렁 쾅 이안(Leong Kwang Ian) 씨와 샤론 옹(Sharon Ong) 양이 싱가포르의 이해관계를 대표했고 중재인으로 명성이 높던 선임 변호사 조지 림(George Lim)이 전문가로서 지도했다. 그들의 기여는 여타 사람들의 기여와 더불어 싱가포르가 UNCITRAL 계획의 최종 결과에 대해 동의할 수 있다는 확신을 주었다.

처음 시작했을 때 우리는 의견일치가 가능할지 알 수 없었고, 의견 일치를 이루더라도 결과가 어떻게 될지 알 수 없었다. 최종적으로 우리는 협약과 수정된 모델 법을 동시에 만들었다. 하나의 UNCITRAL 절차 내에서 이중의 경로를 만든 것은 유례가 없던 일이었으나 결국 이것이 성공의 핵심적 이유가 되었다.

포용성과 융통성

세 가지 핵심적 교훈이 싱가포르 협약에 대한 협상에서 도출되었는데, 이는 다른 맥락에도 적용될 수 있을 것이며 충분히 강조할만한 가치가 있다. 그것은 '모든 사람이 중요하다, 어려운 상황이 규정한다, 지도력을 개발하는 데에는 긴 활주로 같은 것이 있어야 한다.'라는 것이다.

첫 번째로 모든 사람은 중요하다. 협상에서 우리는 컨센서스 방식으로 의사결정을 하기로 했다. 회의에는 국가와 대륙을 대표하는 인사들뿐만 아니라 분쟁해결 기구, 기업 협회 등 100여개의 대표단이 참여했다. 그들은 다른 의견으로 쉽사리 불협화음을 낼 수 있었다. 그러나 우리는 다양한 관점을 활용해 더 풍부하고 강력한 결과를 얻을 수 있었다.

각 개인이나 개별국가가 하는 모든 일에 있어 결과는 모든 당사자 한 명 한 명이 중요하다는 점을 인정할 때에만 의미가 있고 효과적이다. 모든 사람이 협상테이블로 데려올 만한 가치가 있으며 관여의 대상이 되어야 한다. 이는 국가들이 다자주의를 추구하는 것과도 연결되는 이야기이다. 다자주의는 광범위한 국가 공동체를 관여시키고 만족시키면서, 국제관계를 형성하고 세계적인 문제에 해법을 제시하는 안정적인 수단을 제공한다. 컨센서스를 달성하는 것은 쉽지 않다. 그러나 국가들은 인내심을 갖고 포기하지 말아야 한다.

두 번째는 어려운 상황들이 규정한다는 것이다. 개인이나 국가가 도전적인 상황에 어떻게 대처하느냐가 결국 그들이 누구인가를 규정한다는 것이다. 협상과정에서 여러 차례 의견 불일치가 있었다. 교섭자들은 자기 입장을 계속 주장할 것인지 아니면 조금 독창성을 발휘해 윈윈 결과를 얻을 수 있는 타협을 할 것인지 결정해야 했다. 후자를 선택함으로써 우리 작업에 조종을 울릴 수도 있는 가장 도전적인 상황을 오히려 성공사례로 만들기도 했다.

의장으로서 나는 교섭자들의 신뢰를 얻어야 했다. 회의장 안의 동향을 파악해야 했고 컨센서스가 이루어질 때, 또 컨센서스의 내용이 무엇인지를 알려야 할 때, 특정 사안에 대한 추가적인 작업이 필요할 때, 그리고 합의를 위한 모든 기회를 소진했으므로 추가 작업을 포기해야 할 때 이를 각각 선언했다. 이런 것들은 흔히 개인적인 판단에 따른 결정이었다. 특히 교섭자들이 내가 결정한 사안을 신뢰하고 지원하는 것이 중요했다. 진행 절차 초기에 나는 싱가포르 대표단의 입장에 배치되는 결정을 내렸다. 이는 의장으로서의 내 자신을 드러내는 결정적인 순간이었으며 어떤 두려움이나 편애도 없이 중립적으로 회의를 주재하겠다는 나의 약속을 보여주는 것이었다.

도전적인 상황이 만들어내는 압력 때문에 명료함이 드러나는 경우가 있다. 그런 순간에 사람, 국가, 그리고 미래가 규정된다. 비록 조금씩이라 할지라도. 싱가포르 자체의 역사만 보더라도 여러 어려운 결정들이 내려졌었다. 국가에 있어서는 어떤 국제적인 계획들을 지지해야 할지, 다른 나라를 지지해야 하는지 또는 반대해야 하는지가 어려운 결정일 것이다. 싱가포르는 객관적이고, 실용적이며 믿을 수 있다는 존중을 받아 왔다. 그와 같은 국제적 명성에 자랑스러워해야 하지만 이를 계속 지켜나가기 위해 진로를 잘 조정해 나가야 할 것이다.

굳건한 기초 위에 건설해 나가기

세 번째로 지도력 개발이란 긴 활주로와 같다는 것이다. 싱가포르 협약 성안을 위해 협상을 주재하는 것과 서명식을 주최하게 된 것은 다른 노력들의 지원을 통해 가능할 수 있었다. 분쟁해결의 중심지인 싱가포르는 조정에 관한 협약이 국제 사회에 무엇을 제공할지 그 진가를 알았고 그래서 이를 지지할 준비가 되어 있었다. 싱가포르의 중심지적 지위는 그 자신의 연결성과 지리적 위치에 영향을 미쳤다. 그러나 그것은 달리 의도적으로 계획했던 것은 아니었다. 지난 십여 년 이상 싱가포르는 효율적인 분쟁해결 서비스의 생태계를 구축하고자, 신뢰할 수 있는 법률 체계에 기초하고 법의 지배에 근거한 강력한 제도를 바탕으로 노력했다. 싱가포르는 아시아를 선도하는 중재 중심지로 널리 인식되고 있기에 국제적인 분쟁해결의 중심지가 될 좋은 여건을 지니고 있다. 특히나 기준을 정하고, 서비스를 제공하며, 조정과 분쟁 해결의 공간에서 사고방식의 지도력을 높일 제도가 수립된다면 더욱 그럴 것이다.

서명식 유치는 유엔 및 UNCITRAL과 몇 달간에 걸친 긴밀한 협업을 수반했으며, 이해당사자를 관여시키고 싱가포르 협약에 대한 국제적인 인식과 이해를 조성하게 했다. 이는 정부 각 부처와 여러 기관, 민간, 학계가 총 망라된 싱가포르 전체의 노력이었다. 당시 법무부의 한 콕 주안(Han Kok Juan) 차관보가 이끄는 400명의 공무원 및 다수 자원봉사자가 70개 국가의 대표단과 1,600명 이상의 참석자가 참여하는 서명식 및 부대행사의 부드러운 진행을 위해 노력했다.

나는 UNCITRAL 협상의 의장으로 당선된 것과 동 협상을 통해 최종적으로 서명식을 유치하겠다는 싱가포르의 제안이 채택되고, 협약의 명칭도 싱가포르의 이름을 따서 정하기로 한 사실을 매우 명예스럽게 생각한다. 의장 역할을 할 수 있었던 특권이 주어진 것은 싱가포르가 오랫동안 UNCITRAL과 유엔에 대해 가치 있는 기여를 해왔기 때문에 가능했다. 토미 코 대사와 같은 뛰어난 싱가포르의 외교관과 국제변호사로 이루어진 진용이 오늘날의 싱가포르의 명성을 키워냈다.

각 세대는 이전 세대가 만들어 놓은 기초로부터 혜택을 받는다. 오늘 우리가 수확한 성공은 그전에 뿌려지고 키워진 씨앗으로부터 비롯된 것이다. 마찬가지로 분쟁해결 분야를 포함한 국제 사회에서의 싱가포르의 지도력은 비전을 세우고 이를 이행했던 헌신적인 세월들이 있었기에 가능했다.

K. 샨무감 법무장관, 리센룽 총리, 스티븐 마티아스 유엔 법률담당 사무차장보(앞줄 왼쪽부터 7,8,9번째)와 각국 서명권자 및 대표단장들이 조정에 관한 싱가포르 협약 서명식을 마친 후 사진 촬영을 하고 있다. 서명식은 2019년 8월 7일 싱가포르 샹그릴라 호텔에서 개최되었다. ⓒ 법무부

    싱가포르 조정협약은 2019년 8월 7일, 서명을 위해 개방되었을 때 매우 순조로운 출발을 보였다. 세력을 과시하기 위해 46개국이 새 협약에 서명했고 추가로 24개국이 자신들의 지지를 보여주기 위해 서명식에 참석했다. 아울러, 그날 이후 5개 국가가 추가로 협약에 서명했다. 조만간 진정한 국제 협약으로 자리 잡기를 기대한다.

    여기서 과업이 끝나는 것은 아니지만 싱가포르 조정협약은 이미 세계 지도위에 싱가포르를 올려놓았으며 싱가포르를 협약의 가치인 다자주의 및 법의 지배와 굳건히 연결시키고 있다.

나탈리 와이 모리스 샤르마(Natalie Y. Morris-Sharma)는 현재 법무부의 국제법 담당 과장이다. 그녀는 다수의 양자 및 다자 협상에 싱가포르를 대표해 왔다. 또한 유엔에서의 여러 회의를 주재하고 관리해왔다. 싱가포르 조정협약으로 이어진 UNCITRAL 회의를 주재한 것에 더해 유엔 제6위원회(법률문제 담당) 사무국의 부의장 역할과 유엔총회의 해양 및 해양법에 관한 일괄 결의 채택 시의 촉진자 역할을 수행했다.

VI. 공공 기반 시설

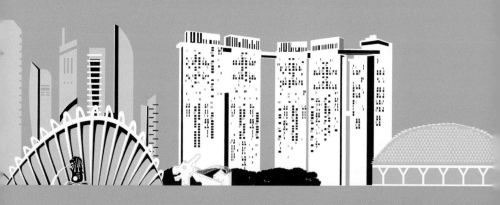

37

싱가포르의 교통 체제

고피나쓰 메논(*Gopinath Menon*)

많은 시간을 사용하지 않고서도 다양한 교통수단을 통해 주변을 안전하게 여행할 수 있는 것이 행복한 삶의 조건이라면 싱가포르는 살기에 아주 좋은 도시라고 말할 수 있다. 이 같은 성과를 거양한 비결은 바로 싱가포르 통치 체제의 특징인 세심한 계획과 그 이행에 있다.

1965년 신생 독립국이던 싱가포르는 다양한 분야에서 불확실한 미래에 직면해 있었다. 영국의 식민 정부는 1900년에서 1940년까지의 기간 동안 현지 주민의 필요에 대해서는 별 신경을 쓰지 않고 자신들의 상업적이고 방어적인 목적에 필요한 기본적인 교통 기반 시설만을 건설했다. 상황 개선을 위한 영국의 관심은 제2차 세계대전 이후 더욱 시들해졌는데 이미 제국의 시대가 끝나가는 것이 확실해졌기 때문이었다.

20세기 중반까지 많은 선진 도시들에서는 버스, 전차, 기차가 주요 교통수단이었다. 전후 1950년대의 경제부흥기에는 자동차가 지배적인 교통수단으로 등장했는데 흔히 이는 교통 체증 문제를 발생시켰다. 당장의 수요에 맞춰 조금씩 단편적으로 도로를 건설하는 것만으로는 이런 현상을 완화시킬 수 없었다. 새로운 접근법이 필요했으며, 물리적인 토지 사용(사람들이 어디에 머무르고, 일하며, 즐기는지)과 교통에 대한 수요의 통합이 필요하다는 점을 이해하게 되었다. 토지 사용과 교통에 관한 연구가 1960년대 이후 하나의 유행이 된 것이다.

이런 새로운 접근법을 활용해 정부는 국토 계획의 미래 방향을 설정하기 위해 1967년 싱가포르 개념 계획(Singapore Concept Plan)을 시행했다. 4년에 걸친 연구는 인간 활동의 최적의 장소, 다시 말해 중심상업지구, 신도시, 공항, 항만, 산업 단지 등을 도로망과 대량 수송(대중 교통) 체계를 통해 모두 연결시키는 것에 대한 건의로 나타났다. 연구는 "자동차 지향적인" 교통 정책은 제한된 국토를 가진 작은 나라에는 맞지 않으며 따라서 좋은 대중교통 체계를 공급하는 것이 중요하다는 점을 강조했다.

이 개념 계획은 수용되었으며, 교통과 관련된 계획의 일반 철학 속에 다음과 같이 포함되었다.

1. 토지 사용을 세심하게 배치해 도로 교통망은 평범한 수준으로 유지하되 광범위한 대중교통 기반시설망이 각 토지 사용을 연결시킴으로써 통행 수요를 최소화함.
2. 훌륭한 대중교통 운행이 지배적인 교통수단이 되도록 함.
3. 낭비적인 개인 차량 사용, 특히 출퇴근용의 개인 차량 사용을 억제함.

이후 50년을 지나오면서 생활방식의 변화와 기술 발전 및 주민들의 더 큰 기대수준 등으로 이 철학에도 조정이 있었다. 이 개념 계획이 건의한 내용은 다음과 같은 방식을 통해 현실화되었으며 이는 계속 변화 없이 유지되고 있다.

도로 교통망과 교통 관리

도로 교통망에는 도로에 필요한 시설물(인도, 배수시설, 가로등)을 잘 설치해 개인 소유 자동차, 상업용 차량, 버스 등이 국토의 모든 곳을 합리적인 기동성(안전하면서도 꽤 괜찮은 속도로 이동하는 능력)을 유지하면서 접근할 수 있게 했다. 개념 계획 연구 당시에 존재했던 도로들은 개선되고 새로운 네트워크 속으로 흡수되었다.

오늘날에는 다른 도로로부터는 접근이 제한된 총연장 165km의 9개 고속도로(속도: 70~90km/hr)가 전국을 열십자 모양으로 교차하면서 인간이 활동하는 모든 주요 지점을 연결한다.

2012년 2월 아침 혼잡 시간대에 PIE 고속도로의 잘란 토아 파요 지역 부근 교통 흐름이 원활히 진행되고 있다. ⓒ 싱가포르 프레스 홀딩스

다음 단계로는 좀 더 낮은 속도(50~60km/hr)와 함께 교통신호등 분기점이 설치된 600km의 실용적 간선도로망이 있다. 이 도로망은 다음과 같은 기능을 한다.

1. 시내에서는 사각형 격자구조의 도로망을 제공하고,
2. 이동 승객을 가장 많이 끌어들이는 시내 쪽으로 방사형 도로가 이어지게 하며,
3. 시내 중심을 통하지 않고 우회하는 두 개의 외곽순환도로를 제공하고,
4. 신도시 내의 주요 중추도로와 신도시 사이의 연결도로를 제공한다.

일부 간선도로는 교통량을 고속도로로 연결시킨다.

교통망 네트워크의 나머지 부분은 연결도로 또는 지역접근로인데 주거지, 공장, 상업지역으로부터 차량을 간선 도로로 내보내거나 끌어들이는 도로이다.

도로교통망은 뛰어난 접근성을 제공하지만 사용할 수 있는 토지의 12% 정도를 차지하고 있으며 이는 다른 나라에 비해 높은 비율이다. 네트워크가 효율적이고 안전하게 운영되도록 운영통제센터들을 설치해 교통 이동상황을 감시하고, 신호등을 통제하며, 문제를 일으킨 차량들을 구호하고, 여행자 정보를 제공한다. 엄격한 운전자 훈련 및 자격증 발급, 안전교육, 강제적 집행 등을 통해 교통 법칙은 전반적으로 잘 준수된다.

잠재적인 차량 주차문제를 완화시키기 위해 새로 개발되는 모든 주거/상업/산업용 시설은 수요를 충족할 자체 주차장을 확보해야 한다. 정부는 제한된 수의 유료 노변 주차장을 제공하고 있다.

대중교통 네트워크

개념계획은 활동이 이루어지는 지역을 지원할 대규모의 철도망을 권고했다. 1983년부터 건설이 시작된 철도망은{여기서는 대량 고속 수송 시스템(Mass Rapid Transit: MRT)으로 명명} 총연장 230km에 180개 역으로 구성되어 있으며 대중교통의 근간을 이룬다. 물론 버스도 무시될 수 없으며 350개 노선에

투입되는 5,800대의 버스는 버스전용 노선과 신호등을 통해 속도를 올리면서 MRT 시스템을 보완한다.

이런 조치와 함께, 대부분의 주민은 버스정류장이나 철도 역사로부터 400m 이내에 거주한다. 이 마지막 거리가 힘들지 않도록, 지붕이 덮인 인도나 보행자/자전거 공유 도로가 광범위하게 연결되어 있다. 대중교통 요금은 감당할 수 있는 가격이며 노인, 학생, 장애인, 저임금 노동자에게는 할인 가격이 적용된다.

2만 대에 이르는 택시와 약 7만 대에 이르는 개인고용차량들은 가격은 조금 비싸지만 개인의 필요에 맞춘 대중교통 서비스를 제공한다. 이와 같이 양질의 대중교통이 제공되기에 출근자 10명 중 7명은 대중교통을 이용하며 이는 다른 여러 도시에 비해 높은 비율이다.

낭비적인 개인 차량 사용을 억제하기

개인 차량 사용을 억제하는 방법에는 두 가지가 있다.

매년 정부는 연간 쿼터라고 불리는 그 해에 허용할 수 있는 추가적 차량의 숫자를 발표한다. 차량소유권/차량 숫자에 대한 통제는 1990년부터 차량 쿼터 시스템을 통해 실행되는데 이에 따르면 차량을 소유하고자 하는 사람은 먼저 차를 구매할 수 있는 권리를 2주에 한 번씩 실시되는 경매를 통해 사야 한다. 현재의 총 차량 숫자인 97만대는 앞으로 더 줄어들 것으로 예상하는데 그 이유는 연간 차량 쿼터가 현재 0으로 될 때까지 그간 계속 줄어왔기 때문이다.

1975년부터 도로사용은 혼잡통행세제도에 의해 운영되는데(1998년부터는 전자식 도로통행세 제도로 전환) 이에 따르면 각 차량은 자체적으로 야기한 혼잡도에 비례해 요금을 지불한다. 교통 문제를 관리하기 위해 혼잡세를 걷는 문제는 한 세기 이상 논의되어 온 사안이나, 싱가포르가 최초로 이를 도입한 도시가 되었다. 두 번째로 혼잡세를 도입한 도시는 영국 런던으로서 2003년에 이를 시작했다. 많은 도시가 아직도 이 제도에 대해 고려하면서도 실제적인 도입은 꺼리고 있는데 그 이유는 인기가 없는 제도이기 때문이다.

상기 두 제도는 싱가포르에서 차량을 소유하거나 사용하기 위해서는 비용을 많이 치르도록 만든다. 그러나 이 제도는 교통 문제를 관리 가능한 수준으로 유지할 수 있게 하고 더 많은 사람들이 훨씬 개선된 대중교통을 이용하도록 유도한다.

결론

싱가포르의 개념 계획은 우리를 올바른 방향으로 이끌었는가? 답은 그렇다이다. 도로 안전은 아시아에서 일본에 이어 2위 수준으로 개선되었다. 도로에서의 차량 속도는 시내의 경우 25~30km/hr 수준이고, 다른 주요도로에서는 45~65km/hr 수준으로 여타 도시들과는 달리 격심하게 오래 지속되는 혼잡이 없는 준수한 수준이다. 대중교통은 출퇴근 수요의 70%를 차지하는데 다른 주요 도시와 비교할 때 높은 수준이다.

미래의 우리 앞에는 어떤 것이 놓여 있는가? 국가는 자동차가 적은 (car-lite) 미래를 향해 나아갈 것인데 여기에는 새로운 공공기반시설, 다양한 기술, 정책 등을 통해 시민들이 대중교통, 공유교통과 여타 적극적인 기동방식(걷기, 사이클링, 개인이동수단 등)을 활용하도록 유도할 것이다.

고피나스 메논(Gopinath Menon)은 자유 계약 방식으로 교통공학을 상담하고 있다. 그는 1991년부터 2001년까지 싱가포르의 수석 교통공학 기술자였으며 1991~2019년간 난양공대 특임 부교수를 역임했다. 그는 2010년 Bintang Bakti Masyarakat 공공서비스 메달을 수상했다.

38

도시 재개발

쿠 텡 치에와 탄 완 린(*Khoo Teng Chye and Tan Wan Lin*)

싱가포르의 도시 재개발 이야기는 1950년대 후반 1백만 명이 넘는 인구에 과도하게 붐비고 지저분한 상태에 있던 도시를, 오늘날 인구 570만 명에 세계에서 가장 살기 좋고 지속 가능한 도시로 변모시킨 연대기이다. 싱가포르는 국제 인적자원 자문사인 머서사의 2019년 삶의 질 설문조사(Mercers' 2019 Quality Living Survey)의 아시아−태평양지역 내 생활수준에서 가장 높은 등위를 차지했다. 싱가포르의 도시재개발 여정에서 필수적인 요소는 도시 재개발 체계와 이를 실행할 핵심 기관인 도시 재개발청(Urban Redevelopment Authority: URA)을 발전시켜 온 것이다.

1819년 싱가포르가 무역항으로 개항된 이후 스탬포드 래플스 경은 1822년 자신의 구상에 따라 최초의 도시 계획을 준비할 위원회를 설치했다. 1828년 출간된 잭슨계획(Jackson Plan)은 서로 다른 공동체에 대한 주거지, 싱가포르 강 남쪽 사면의 상업지구(오늘날 래플스 플레이스), 그리고 시민적 공간 등을 제공했다. 시민적 공간은 후에 개발된 구 시청과 대법원(오늘날의 국립미술관), 황후 궁전, 빅토리아극장 겸 콘서트홀 및 파당지구를 포함한다. 그런데 싱가포르는 래플스의 초기 구상을 넘어 기하급수적으로 커졌으며, 1950년대에는 통탄할 정도로 부적절한 공공기반시설로 인해 곧 터질 것 같이 꽉 들어찬 상황이 되었는데 제2차 세계대전에 따른 파괴로 인해 더욱 악화된 상황이었다.

1958년에 수립된 종합 계획은 잭슨 계획 이후 처음으로서 질서 있는 개발을 유도하고 섬 전체에 대한 생활환경 개선을 목표로 했다. 다만 동 종합 계획은 싱가포르가 필요로 하고 있는 도시 개발의 규모를 감당하기에는 부적절했다. 1950년대와 1960년대에는 때때로 100명 이상의 사람들이 무너져 가는 상가의 조그만 방에 포개져 살고 있는 모습이 발견되었다. 도시는 상상할 수 있는 도회지의 모든 병폐를 안고 있었는데 질병, 비위생적인 생활환경, 오물로 가득찬 강, 가뭄, 홍수, 형편없는 대중교통으로 혼잡스러운 도로, 녹지 부재 등이 일반적인 상황이었다.

사자의 도시를 다시 구상하기

초대 리콴유 총리는 1959년 오늘날의 싱가포르 건설을 시작했는데 자신의 구상대로 콘크리트 정글이 아닌 깨끗하고, 푸르며, 현대적인 도시를 만들어 게토가 아닌 잘 통합된 고층 공동체에서 사람들이 사는 것을 상정했다. 50여 년이 지난 후인 2012년 살만한 도시 센터(Center for Liveable Cities)와의 인터뷰에서 리 전 총리는 "나는 우리가 기회가 있었을 때 도시를 재개발할 수 있었던 것에 대해 기쁘게 생각합니다. 그것은 인생에 단 한 번 있었던 기회였습니다."라고 언급했다.

도시 재개발 절차에 시동을 건 핵심 정책들은 공공주택과 토지취득 사안이었다. 주택개발청이 1960년 설립되었고 5년 이내에 5만 4천 호의 아파트를 건설했다. 이를 통해 거주자를 전기와 깨끗한 물이 공급되고 위생적이며 직장에도 쉽게 접근할 수 있는 새 집으로 신속히 이주시킬 수 있었다. 또한 토지도 취득하고 결합해 공공주택과 도시 재개발을 이어나갔다.

그러나 급성장하는 도시는 장기 계획을 필요로 했다. 기획본부(Planning Department: URA의 전신)는 젊은 기획자, 건축가, 기술자로 이루어진 팀으로 유엔개발계획(UNDP)의 팀과 함께 1971년 첫 번째 개념계획을 작성했다. 개념 계획은 대담하고 장기적인 구상하에 싱가포르를 인구 400만 명이 여러 개의 위성 신도시에서 살며 섬 전반에 걸쳐 산업단지와 오락단지를 갖추도록 하는 것이었다. 이들은 도로, 고속도로, 대량고속운송시스템(MRT)과 공항 같은 중요 공공 기반 시설을 통해 연결되는데 특히 공항은 많은 사람들이 모여 사는 새롭고 현대적인 시내중심지로부터 새로 매립한 땅인 창이로 이전했다.

새로운 싱가포르는 기본적으로 공공 기관에 의해 건설되었다. 예를 들면 싱가포르 민항국(CAAS), 주택개발청, 주롱타운집단{나중에 JTC코퍼레이션 (JTC Corporation)으로 변경}, 육상교통청, 국가공원국(National Park Board), 항만 청{나중에 국제항무집단(PSA Singapore)으로 변경}, 공공사업국(나중에 PUB로 변경), 그리고 도시재개발청 등이 주도적 역할을 했다. 도시재개발청은 1964년 주택 개발청 내의 도시 재개발 부서로부터 시작해 점차 확대된 후, 1974년 새로운 별도의 법정기관으로 탄생했다. 재개발청은 시내중심부 개발 계획을 설계했고, 상세한 설계 계획에 따라 도시를 개발하고, 재개발청의 지침에 부합한 민간 개발을 위해 입찰자들에게 토지를 매각했다. 무엇보다 훌륭한 디자인을 특히 강조했다. 그래서 개발자들은 싱가포르와 해외로부터 최고의 건축가를 데려와 황금신발(Golden Shoe)이라는 별칭을 가진 새로운 시내 중심지에 상징적인 건물들을 지었다. 새로운 시내 중심지는 래플스 플레이스{과거 1858년까지는 상업지구(Commercial Square)로 명명}로부터 쉘톤웨이를 따라 탄종 파가에 이르는 거리이다. 1989년 도시재개발청은 도시 계획 기능을 통합하기 위한 목적으로 계획연구통계부서(Planning Department and Research and Statistics Unit)와 통합되어 오늘날의 싱가포르 국가계획보전청(National Planning and Conservation Autority of Singapore)을 탄생시켰다.

1990년대 초반까지 개발이 충분히 잘 수행되자 정부는 이제 단순히 살기 좋고 지속가능한 도시를 만드는 것뿐만이 아니라 싱가포르의 정체성과 유산이 반영될 수 있는 개발을 해야 한다는 점을 심각히 고민했다. 1991년 개념계획은 재검토되고 갱신되어 "기본적인 욕구를 충족시키는 것으로부터 일, 놀이, 상업, 문화가 균형을 이루고, 자연과 물과 도시개발이 서로 매끄럽게 엮여진 도시를 창설하는 방향으로" 하는 장기 구상이 전개되었다. 더 많은 신도시가 새로운 북동개발지구를 따라 계획되고 상업 중심지를 분산시켜 일자리를 좀 더 집에 가깝게 가져오며 시내 중심지의 교통 체증을 완화시키기로 했다. 항만은 탄종 파가로부터 훨씬 서쪽인 파시르 판장으로의 이전이 계획되었다. 대량 고속 수송 시스템은 총 연장을 두 배로 늘리기로 계획했다. 지속가능 개발을 위한 청사진인 그린 앤 블루 플랜(Green and Blue Plan)은 자연녹지공간과 물길을 서로 연결하는 네트워크로 구상되었고 역사적인 지역과 건물을 보전하기 위한 보전계획도 마련했다.

1970년대 골든 슈 지역 내 옛 상가 건물의 밀집된 생활환경. ⓒ 도시재개발청

　　새로운 도시 중심은 마리나베이 주변의 간척매립지 위에 발전시키는 것으로 예정되었다. 많은 설계가 도시재개발청에 의해 만들어졌고 최고의 건축가들이 아이디어를 제공했다. 에스플러네이드, 마리나베이 샌즈, 마리나베이 금융지구와 같은 최신의 상징적 건물들이 만(灣) 주변을 둘러 건설되었지만, 플러턴 호텔(옛 일반 우체국 건물), 세관, 클리포드 피어, 그리고 싱가포르 강을 건너지르는 아름다운 다리들을 멋지게 개보수해 싱가포르의 정체성과 유산이 반영되도록 했다. 일반인들이 접근해서 즐길 수 있는 해안가 산책로를 조성하거나 싱가포르 강 입구에 멀라이온 파크(인어몸통에 사자머리를 한 석상이 물을 품어내는 공원)를 설계할 때에는 신중히 생각하며 진행했는데 현재 이곳은 싱가포르의 특징적인 스카이라인에 대한 파노라믹 뷰까지 즐길 수 있어 관광객에게 매우 인기 있는 곳이 되었다.

미래를 위한 계획

　　미래를 바라볼 때, 싱가포르의 거주지는 더 이상 단순 고층 아파트 단지가 아니라 점차적으로 자연과 스마트 기술을 결합한 "에코 타운"이 되어 특색 있는 주변 환경 속에 더 살만한 곳으로 변모할 것이다. 두 개의 저수 지와

중앙 상업 구역의 스카이라인 전경과, 멀라이언 공원으로 이어지는 주빌리 다리의 2015년도 사진. ⓒ 도시재개발청

마을을 가로지르는 물길에 둘러싸인 풍골(Punggol) 지구의 경우 수변 생활 지역으로 잘 알려져 있고, 텡가 숲속도시(Tengah Forest Town)는 주변의 녹지와 생물다양성을 도시 구성 속에 함께 통합시키고 있다. 운송 수단으로서 자동차의 중요성은 점차 약화되고 대량신속운송 네트워크가 배가되며 광범위한 자전거 도로가 건설되어 차 없는 도시(car-lite)를 목표하고 있다.

그러나 그 다음은 무엇인가? 도시재개발청의 업무는 결코 끝나지 않는다. 싱가포르는 세계의 도시로서 계속 성장하고 발전해야 한다. 설계자들의 임무는 성장보다 몇 걸음 앞서야 하고, 추세를 예측하고 이에 따른 계획을 세워야 하며, 도시가 인구 고령화, 기후변화, 그리고 급속한 기술 변화와 같은 변화와 도전을 수용할 수 있도록 가정, 일터, 공공기반시설을 갖추어야 한다.

2019 기본 계획 시안(Draft Master Plan 2019)은 공개 전시되고 있다. 싱가포르 전역에 걸쳐 향후 10~15년간에 걸친 개발 계획을 아우르는 것인데 일반인도 쉽게 접근 가능하고 투명한 방식으로 보여준다. 현재 가장 최신화된 개념 계획을 작성 중에 있는데 아마도 변화하는 수요와 장기적 미래 성장에 부응할 능력을 염두에 두고 만드는 것으로 생각된다. 섬나라인 싱가포르는 멀리 앞선 계획을 필요로 하는데 1950년대 및 1960년대 초반에

경험했듯이 적절한 집과 기반시설 없이 도시가 무계획적으로 성장함으로써 발생되는 혼란을 피하기 위해서이다.

싱가포르는 모든 연령대의 사람을 위한 도시가 될 것이다. 노인들도 활동적이거나 노쇠하거나 모두 적합한 집에 살면서 적극적이고 성취감 있는 삶을 영위할 수 있도록 할 것이다. 모든 사람에게 친화적이고 접근 가능하도록 설계된 도시 환경은 요양서비스, 생물다양성, 공원과 물길, 원 탐피네스 허브(One Tampines Hub)나 캄퐁 애드미랄티(Kampong Admiralty)와 같은 지역공동체 통합 허브를 갖추게 될 것이다.

지대가 낮은 섬이고 물, 음식, 에너지와 같은 자원을 수입해야만 하는 싱가포르는 지구온난화와 그 결과에 매우 취약하다. 해수면 상승, 높은 기온, 기상이변은 가뭄이나 홍수로 이어질 수 있다. 그러나 세심하고 미래를 내다보는 계획을 세울 경우 도전은 새로운 기회가 되어 미래의 계획안에 기후복원력 문제까지 포함하도록 할 것이다. 마리나 둑(Marina Barrage)은 오늘날 좋은 사례가 된다. 이 둑은 저지대인 싱가포르 중심지를 홍수로부터 보호하고, 시내에 저수지를 형성해 식수 공급을 늘리며, 시내 중심부에 매력적인 수변 공간을 제공했다. 해수면 상승에 대한 대처의 일환으로 싱가포르는 저지대인 동부 해안지대 보호를 위한 창의적이고 야심찬 계획을 검토하고 있다. 아마도 언젠가는 네델란드 스타일의 해안 간척지인 폴더(polder: 해수면보다 낮은 해안 간척지로 바닷가 제방과 펌프로 보호됨)를 만들거나, 해안선 앞에 일련의 인공섬과 저수지를 만들고 마리나베이 동쪽으로부터 창이까지 이어지는 둑으로 연결하는 작업을 하게 될 것이다.

인구 밀도가 높아짐에도 불구하고 보다 더 살기 좋은 곳을 만들고자 하는 싱가포르의 도전은 녹지대의 확장과 함께 활발하고 아름답고 깨끗한 물 계획{Active, Beautiful and Clean Waters (ABC) Programme}을 통한 수변지구 확대 방식 등으로 해소해 나갔다. 보다 더 가치 있는 도전은 도시화가 계속 진행되는 상황에서도 싱가포르를 자연속의 도시(City in Nature)로 발전시키는 것이다. 싱가포르는 비록 크기는 작지만 여러 곳에 분산된 자연 지구가 도회지와 서로 뒤섞이면서 공원과 공원연결로, 수변지구, 자연의 길, 건물, 공공기반시설, 잘 설계된 녹지와 물길 등으로 구성된 커다란 생태계를 창출한다.

마리나 둑은 싱가포르 중앙구역 내 저지대를 물의 범람으로부터 보호하고, 음용수 공급을 증가시키기 위한 저수지 역할을 하며, 시내 중심부에 멋진 수변 공간을 제공한다. ⓒ 공공사업국(PUB)

싱가포르는 살기 좋고 지속가능하며 복원력 있는 도시가 되었다. 이는 도시 혁신을 시스템 차원에서 이루어지게 한 훌륭한 통치 및 계획과 개발 간의 통합된 접근이 있었기에 가능했다.

도시재개발청 및 살기 좋은 도시센터(Center for Livable Cities)와 같은 연구기관이 수행할 도전은 앞으로도 계속 배우면서 도시 체계에 대한 지식을 계속 쌓아나가는 일환이 될 것이다. 싱가포르가 다른 도시들보다 계속 앞서나가기 위해서는 혁신을 계속할 수밖에 없기 때문이다.

쿠 텡 치에(Khoo Teng Chye)는 국가개발부 산하 살기 좋은 도시센터 소장이다. 그는 국가 물 관리 기관인 공공사업국(PUB)의 최고경영자와 메이플트리(Mapletree) 투자사의 사장, 테마섹 홀딩스의 특별사업담당 관리이사, 국제항무집단(PSA)의 최고경영자 겸 사장, 도시재개발청의 최고경영자겸 수석입안자를 각각 역임했다. 현재는 테마섹 재단, 국립대 보건 시스템, 부동산 연구소, 싱가포르국립대 열대해양과학연구소의 각 이사직을 맡고 있다. 그는 싱가포르 정부로부터 2018년 근무공적훈장, 1996년 공공행정 메달 금장, 1987년 공공행정메달 은장을 각각 수상했다.

탄 완 린(Tan Wan Lin)은 살기 좋은 도시센터의 초빙 도시계획자 겸 연구원이다. 그녀는 도시재개발청의 선임 입안자로서 전략적 계획, 기본 계획 및 지속가능한 도시 연구 등 광범위한 분야를 담당했다.

<h1 style="text-align:center">39</h1>

창이 공항: 싱가포르의 세계와의 연결성

류 문 렁(Liew Mun Leong)

항공 부문에서 허브 역할을 하는 것은 세계와의 연결성이라는 측면에서 싱가포르에게는 중요한 경제적 전략이다. 세계에서 7번째로 바쁜 공항이고 아태지역에서는 가장 연결성이 좋은 창이공항은 100개 이상의 항공사가 전 세계 400개 이상의 도시를 연결시키고 있다.

1981년 개항 이래 다양한 평가기관으로부터 600개 이상의 "세계 최고 공항" 상을 수상한 창이 공항은 세계에서 상을 가장 많이 받은 공항으로도 유명하다.

싱가포르의 공항 개발

싱가포르를 항공 부문 허브로 만들겠다는 구상은 아주 오래 전부터 있어 왔다. "미래를 바라볼 때 저는 싱가포르가 전 세계에서 가장 크고 중요한 공항 중 한 곳이 될 것으로 예상합니다." 이 같은 예언적 성명은 해협식민지(영국 식민지인 싱가포르, 페낭, 말라카, 라부안)의 총독이던 세실 클레멘티 경(Sir Cecil Clementi)이 1931년 8월 31일 칼랑(Kallang) 지역에 싱가포르 최초의 민간 공항을 공식 개장하면서 언급했던 내용이다. 그 같은 구상은 50년이 지난 1981년 창이에 새로운 공항이 완공되어 싱가포르의 항공 역사에 새로운 장이 열리면서 실현되었다.

창이 공항은 리콴유 초대 총리의 작품인데 그는 기존의 파야 레바(Paya Lebar) 공항을(1981부터 군 공항으로 변경) 확장하는 대신 창이에 새로운 국제공항을 건설할 것을 제안했다. 리 총리는 미국 보스턴의 로간 공항 상공을 비행할 때 세 방향에서 보스턴 항으로 둘러싸인 공항을 내려 보면서 국토가 좁은 싱가포르로서는 해안 쪽에 공항을 건설해야 한다는 발상을 떠올렸다. 신 공항을 창이의 해안 쪽에 건설하는 것은 미래에 항공 수요가 증가하여 공항을 확장하고자 할 때 활주로를 바닷가 쪽으로 몇 개 더 만들 수 있는 유연성을 발휘할 수 있었다. 아울러 향후 도시 개발로 인한 고도 제한을 피할 수 있었고, 시내 전체가 소음 공해에서 벗어날 수도 있었다.

창이 공항 건설 시 어려웠던 점

창이에 건설될 신공항은 1975년 싱가포르에서 가장 크고 야심적인 건설 프로젝트였다. 처음에는 공항 건설을 떠맡았던 공공 사업부(Public Work Department)가 그 일을 제대로 해낼 수 있을지에 대해 정부 일각에서 깊은 우려가 있었다. 프로젝트가 기술적으로 복잡한 데다 예산 범위 내에서 특정한 품질을 유지하면서 그리고 급속한 승객 증가에 맞춰 제시간 안에 완공될 수 있을지에 대한 걱정이었다. 무엇보다도 당시 가장 오래된 정부 기관이었던 공공사업부는 그와 같이 크고 복잡한 프로젝트를 한 번도 맡아본 적이 없었다. 기껏해야 도로, 배수시설, 통상적인 공공 기반시설, 하수처리시설, 정부사무실, 학교, 병원과 같은 기관건물 정도를 건설해 왔다. 초기에는 호에 윤 총(Howe Yoon Chong) 사무차관이 그 이후에는 심 키 분(Sim Kee Boon) 사무차관이 얍 넹 츄(Yap Neng Chew) 과장이 이끄는 공공사업부 건축가 및 기술자들과 동 국책사업 완수를 위해 쉬지 않고 일했다.

공항 부지의 70% 정도는 바다를 매립해 조성했다. 이는 심각한 공학적 도전을 야기했는데 매립지 아래쪽에는 약 60m 깊이에 이르기까지 부드러운 바다 진흙층이 자리하고 있어 만일 지질공학적인 처리가 없으면 부지가 허용할 수 있을 만큼 안정화될 수 없었기 때문이었다. 매립간척 사업은 항만청 소속 기술자들에 의해 성공적으로 마무리 되었다.

다른 기술적인 도전들도 많았는데 당시 30만m³ 크기로 싱가포르에서 가장 규모가 컸던 첫 번째 여객터미널을 계획하고 설계한 일, 지상 78m 높이로 세계에서 가장 높았던 컨트롤 타워를 건설한 일, 대형 점보기가 공항 연결로를 가로질러 이동할 수 있도록 유도로 교량을 건설한 일등 다양했다.

6년으로 예정된 건설 기간은 매우 촉박한 시간이었기에 건설은 설계와 동시에 진행되어야 했다. 개발 팀은 동서양의 여러 국가를 광범위하게 출장해 모범 사례를 연구하고, 최신 공항 계획과 설계를 이해하고, 피해야 할 실수를 배웠다.

1975년 6월에 시작해 한 개의 국제선 터미널과 한 개의 활주로를 갖춘 공항을 완성하는 데까지 6년이란 세월이 소요되었다. 공항은 예정대로 정확하게 1981년 7월 1일 개장했는데, 6월 30일 밤에 파야 레바 공항으로부터 아무런 장애 없이 공항 업무가 이관된 직후였다.

리 총리는 그의 회고록 『제3세계에서 제1세계로: 싱가포르 이야기 1965~2000』의 제2권에서 창이 공항을 "우리가 지금까지 한 일 중에서 가장 잘한 15억 달러짜리 투자"라고 하면서 "아마도 1975년 파야 레바 공항을 포기하고 창이를 개발하기로 한 것은 정부가 취한 가장 대담한 결정"이었다고 부연했다.

창이 공항의 급속한 팽창

초기에 창이 공항은 3개의 터미널을 갖추고 연간 예상 승객 3천만 명 수용을 목표로 계획되었다. 창이 공항에 대한 항공 수요는 급속히 증가해 우리의 예상을 훨씬 앞지른 2004년에 이미 3천만 명의 목표치를 달성했다. 우리는 항공 수요에 앞서 공항을 건설해야 한다는 믿음에 따라 이런 성장 추세에 대비했다. 제1터미널이 1981년 7월 1일 업무를 시작한 이후 곧바로 제2터미널 계획을 진행해 1990년 11월 개장했다. 2006년에는 저 비용 항공사 터미널을 완공해 날로 증가하는 저비용 항공사 수요에 대처했다. 동시에 건설이 진행되었던 제3터미널은 2008년부터 영업을 시작했다. 일반 항공사와 저비용 항공사를 함께 수용하는 제4터미널도 철거된 저 비용 항공사 터미널 부지에 2013년까지 건설될 예정이었다. 제4터미널은 2017년 10월 31일 영업을 개시했다. 연간 승객 처리능력 8천 5백만 명에 해당하는 4개의 터미널은 2018년 한해에 6천 6백만 명의 승객 처리를 기록했다.

2018년 11월 촬영된 창이공항의 공중사진 ⓒ 싱가포르 프레스 홀딩스

항공 허브로서의 싱가포르의 매력을 높이기 위해 우리는 2019년 4월 주얼 창이 공항(Jewel Changi Airport)을 개장했다. 공항 한가운데에 있는 이 다목적 건물은 제1·2·3터미널을 서로 연결시키고, 2,500 대의 차량을 주차시킬 수 있으며, 항공관련 부가 기능, 소매와 식음료, 실내 숲과 세계에서 가장 높은 실내 폭포, 공항 호텔, 놀이시설 등 여행객들의 경험을 증진시켜 줄 다양한 시설을 자랑한다.

2009년 정부는 재무부가 소유하는 민간 기업인 창이공항 그룹(Changi Airport Group)을 만들어 공항을 법인화하고 싱가포르 민항국은 교통부 산하로 편입시켰다. 창이 공항 그룹은 공항을 운영하고 항공 허브 개발을 담당하는 일종의 기업이며, 민항국은 정부 법정기관으로서 항공 규제업무와 항공교통 관제문제를 담당한다.

창이 공항에서의 영업

공항은 독립적이거나 상호의존적인 여러 시스템이 서로 얽혀있는 복잡한 체계로 구성되어 있다. 승객 처리, 수화물 처리, 검색 절차, 비행 정보 등 여러 상이한 접점에서 광범위한 기술과 절차가 적용되는 곳이다. 승객, 수하물, 항공 화물을 처리하는 데 있어 산업적인 효율성이 발휘되어야 하고 모든 하부 시스템이 서로 조율되어 부드럽고 소란 없는 운영이 이루어져야 한다.

창이 공항은 모든 접점에서 엄격하게 실적을 추적하는 체계에 중점을 두고 있다. 또한 앞선 기술을 통해 공항 운영 성과를 변혁시키고 있는데 제4터미널에서 시행중인 빠르고 매끄러운 여행 프로그램(Fast and Seemless Travel Programme)과 같이 완전히 통합된 셀프 서비스 진행 시스템과 안면 인식 기술도 도입했다.

창이 공항은 오늘날의 수준에 도달하기 위한 "하드웨어"나 기반시설 투자 면에서는 이미 특정 수준을 넘어섰다. 또한, 특히 필요한 "소프트웨어" 및 체계나 절차, 그리고 업무 이행 시의 규율 같은 것으로서 우리는 이미 여행객들이 세계적 수준의 경험을 할 수 있도록 이를 갖추고 있다. 종합적인 훈련과 제일선 근무자들에 대한 정기적인 우대 정책 제공 이외에도 전체 공항 공동체를 변함없이 격려하고 다양한 이해당사자들에게 공통의 서비스 문화를 북돋아 나간다. 여기에는 항공사, 지상조업자, 소매상인, 출입국과 세관업무를 담당하는 정부 기관이 다 포함된다. 우리는 싱가포르의 독특한 노사정관계를 수용해 노사쟁의 행위에 따른 혼란 없이 운영이 부드럽게 이루어지도록 최선을 다한다.

우리는 국제 허브공항으로 성공하려면 단순히 승객들을 효율적으로 처리하기 위한 기본적인 기반시설만 가지고는 안 된다는 점을 강하게 인식하고 있다. 허브 공항은 여행객뿐만 아니라 비여행 공항 사용자들의 쇼핑, 식사, 오락, 여가 시설 경험을 향상시켜 주는 것이어야 한다.

우리는 공항 터미널 설계 시에 여행에서 오는 불안감을 줄이기 위해 창의적인 방식으로 사람 위주의 디자인들을 결합했고 극장, 체육관, 수영장, 나비 정원 및 제3터미널 내에 세계에서 가장 높은 실내 미끄럼틀 설치 등 독특한 여가 시설을 도입했다. 주얼 창이는 가장 최근 개발 사례로 우리의 모든 창의적 노력의 최정점에 있는 것으로 생각된다.

개발의 다음 단계

사람이 너무 붐비는 공항은 매력적인 허브 공항이 될 수 없다. 수요에 훨씬 앞서 계획하는 창이의 능력은 국제 허브 공항으로서의 지위를 유지하는 데 도움을 주었다. 1981년 제1터미널을 완공시킨 이후 우리는 국제 항공의 성장과 그것이 공항 수용능력에 미치는 수요를 예의 주시했다. "공급이 수요를 창출한다"는 우리의 계획 철학은 핵심 기반 시설을 적기에 충분한 수용능력으로 건설할 수 있게 해주었다. 아태지역에서 승객들의 요구가 폭발했음에도 불구하고 터미널 빌딩, 활주로, 승객탑승교, 개선된 수화물 처리시스템 등의 시설들은 이를 충분히 수용했다.

창이 공항은 이제 다음 개발 단계로 진입해 제5터미널과 제3활주로를 계획하고 건설하는 작업을 진행 중인데 이 역시 싱가포르에서 가장 큰 개발 사업이 될 것이다. 2030년대 초에 제5터미널이 개장하게 되면 창이 공항은 5천만 명의 수용 능력을 추가해 연간 총 1억 3천 5백만 명의 승객을 처리할 수 있게 된다. 이렇게 되면 싱가포르는 역내의 급속한 항공 성장세를 붙잡을 수 있는 선진적이고 전략적인 위치를 차지할 수 있으며 국제 허브 공항으로서의 위치를 강화할 수 있게 된다.

공항은 그 자체로 경제적 전략이 된다. 특히 싱가포르와 같이 작은 도서 국가의 경우에는 더욱 그러하다. 싱가포르와 국제 경제와의 연결성이 향상되면 경제에는 승수효과가 발생한다. 아울러 공항은 "국가의 얼굴"로서 방문객들이 처음이자 마지막으로 접촉하는 지점이 되어 그 나라에 대한 첫 인상과 마지막 인상을 주는 곳이다. 45년 전에 파야 레바 공항에서 창이 공항으로 이전한다는 정부의 대담한 결정이 창이 공항을 세계에서 가장 많은 상을 받게 하고 가장 연결성이 좋은 국제 허브 공항으로 만들었으며 싱가포르가 성공적인 항공 역사를 쓸 수 있도록 도와주었다.

류 문 렁(Lew Mun Leong)은 토목 공학자로 훈련받았으며 1975년부터 창이 공항 개발에 관여했다. 그는 현재 창이 공항 그룹과 서바나 주롱 그룹의 회장이며, 캐피탈랜드(Capitaland)의 설립 회장 겸 최고경영자를 역임했다. 그는 싱가포르-중국 재단과 중국 개발지원위원회의 이사이며, 테마섹 재단 육성 CLC(Temasek Foundation Nutures CLC Limited)의 이사회 의장이다. 싱가포르국립대 경영대학의 프로보스트 석좌교수 및 공과대학과 리콴유 공공행정대학원의 교수진이며, 싱가포르대 리지 뷰 기숙형 대학의 학장이다.

40

항구도시와 해양센터

앤드류 탄(*Andrew Tan*)

리콴유 초대 총리는 언젠가 싱가포르의 존재 이유는 항구에 있으며 해양 싱가포르를 발전시키는 것은 미래를 예측하고, 변화에 적응하며, 기회를 만들고 포착하며, 탁월함을 추구하는 것이라고 이야기했다. 그러나 성공은 항상 보장되는 것이 아니다.

역사는 국제 교역의 부침에 따라 흥망성쇠를 하게 된 수많은 항구도시 이야기로 가득하다. 알렉산드리아, 아테네, 베니스, 드부로브니크(크로아티아), 로탈(인도), 콴조우(중국의 泉州), 팔렘방(인도네시아) 등은 그 당시 주요 항구였다. 고대의 많은 항구도시처럼, 과거 테마섹으로 알려졌던 싱가포르는 자연적인 심해항(深海港)과 말라카 해협의 남쪽 끝에 전략적으로 위치한 지리적 여건으로 인해 항구로서 매력을 지니고 있었다. 말라카 해협은 이미 아랍, 중국, 인도, 말레이, 유럽 상인들을 전 세계로부터 끌어들이는 중요한 뱃길이 되어 있었다.

많은 항구 도시들의 운명처럼 싱가포르의 운명도 13세기 후반부터 18세기까지 영고성쇠를 거듭했다. 지역 및 유럽 열강들에 의한 치열한 영향력 경쟁 가운데 스템포드 래플스 경이 이끄는 영국이 1819년 무역 거점을 수립하고 근대 항구로서의 기반을 만들었다. 증기선의 도착과 함께 이집트의 수에즈 운하가 19세기에 개통됨으로써 재급유, 수리, 동서 교역로상의 화물을 싣고 부리기와 관련된 싱가포르의 역할은 강화되었고 오늘날까지도 그 중요성이 유지되고 있다. 싱가포르는 중요한 상업적 역할에 추가로 영국의 중요한 해군 기지로서의 역할도 수행했는데 "수에즈 동부"에서 제2차 세계 대전에 이르기까지 그리고 그 이후 1970년대까지 영국군의 주둔을 지원했다.

1965년 독립 이후 새로 선출된 정부는 국제 교역의 중요한 허브로서 싱가포르의 지위를 강화시킬 필요성을 충분히 인지하고 있었다. 그것은 바로 생존의 문제였다. 항구에 대한 투자는 싱가포르를 허브 공항과 국제 금융 중심지로 개발하는 것과 함께 생존 전략의 주춧돌이 되었다.

해양 산업의 개발

정부는 몇 가지 전략적인 내기를 걸었다. 섬 서쪽에 위치한 주롱지역 산업화를 지원하기 위해 벌크 화물을 처리할 목적으로 주롱 항(Jurong Port)을 1965년 개항했다. 일 년 전에 만들어진 싱가포르 항무집단(이하 PSA)은 싱가포르의 옛 항만국을 대체했으며 수요를 앞질러서 동남아 지역에 첫 번째 컨테이너 터미널을 건설했다. 당시는 화물 수송의 컨테이너화가 실제로 이루어지게 될지 아직 확실하지 않은 상황이었다. 탄종 파가 터미널은 1972년 6월 24일 첫 번째 컨테이너 선인 M V 니혼(M V Nihon)을 맞이하는 첫 항구가 되었다.

1997년 PSA는 법인화가 되었고 정부는 늘어나는 화물을 처리하기 위해 파시르 판장에 새로운 터미널을 건설하기로 결정했다. 2000년대 초에는 시내에 위치한 터미널(탄종 파가, 케펠, 브라니)을 섬의 서쪽 끝단에 위치한 투아스로 이전하기 위한 추가적인 결정이 이루어졌다. 투아스 차세대 항구는 20피트 컨테이너(TEU) 6천 5백만 개를 꾸준히 처리할 수 있는 메가 포트로서 단일 장소로는 세계에서 가장 큰 컨테이너 항구 중 하나이다. PSA가 처리하는 컨테이너 수량은 1970년대 수십만 개로부터 오늘날 3천 5백만 개로 증가해 싱가포르를 세계 최대의 환적 항이자 용량 면에서는 상해에 이어 세계 제2위의 컨테이너 항으로 자리매김하게 했다. 싱가포르 항구는 18,000TEU급과 그 이상의 메가 컨테이너 선박을 처리할 수 있으며 가장 큰 해운 동맹들은 싱가포르에서 영업을 하거나 허브 항구로 활용하고 있다.

항구의 변혁과 함께 싱가포르는 틈새시장을 공략하는 능력을 통해 해양 산업을 발전시켰다. 전후 작고 지역적인 선박 수리 및 건조를 수행하던 곳에서 오늘날 해저 석유굴착 장비나 부유식 석유생산저장 및 하역설비(FPSO) 생산으로까지 분화했다. 케펠 해양과 셈브코프 해양{Keppel Offshore and

Marine(O&M)과 Sembcorp Marine}은 세계적인 회사가 되었다. 여정은 쉽지 않았는데 특히 조선 산업이 한때 "사양산업"으로 널리 인식되었기 때문이다. 그러나 조선 산업은 회의론자들이 틀렸다는 것을 증명했다.

항구와 조선소 이외에도 싱가포르는 다양한 해양 서비스 클러스터를 양성했는데 해운회사, 중개업, 해운은행, 해상보험, P&I 클럽(회원들에게 보호와 면책을 제공), 선급회사, 법률 서비스 등이 이에 포함된다. 오늘날 5천 개가 넘는 해양 및 연관 회사가 싱가포르 해양 클러스터에 포함되어 있다. 전체 해양 클러스터는 국내 총생산액(GDP) 중 약 7%를 기여한다. 정부는 안전하고 효율적인 허브 항구가 주요 해운회사를 싱가포르로 끌어들일 수 있다고 믿고 있다. 그런데 이는 활기찬 해양 클러스터를 만들기 위한 보조 서비스와 결합되어야 하며 싱가포르의 탁월한 국제/지역적 연결성과 친기업적 환경 및 신뢰성과 효율성에 관한 과거 실적 등도 충분히 활용되어야 한다.

성공적으로 헤쳐나가기

세계 산업의 일부로서 싱가포르의 해양산업 분야는 국제 환경의 변화에 크게 노출되어 있다.

지정학적 불확실성, 대체 무역로의 개설, 여타 해양 허브와의 경쟁, 생산과 소비 패턴의 변화, 유가의 변화, 전자상거래의 증가와 디지털화로부터 초래된 혼란 등 많은 변화가 현재 진행되고 있다. 그러므로 해양 국가로서의 싱가포르의 장래는 어떻게 헤쳐 나갈 것인가에 달려 있다.

네 가지의 핵심 사항이 싱가포르의 성공을 위한 요소로 설명된다.

1. 무사안일 배제: 조선과 석유시추 산업은 과거 몇 년간에 걸쳐 연속적으로 호황과 불황의 사이클을 겪었다. 해양 산업의 경기가 순환적인 성격을 갖는다는 것은 이 산업이 살아남기 위해서는 그 중요성을 계속 유지해야 함을 끊임없이 상기시킨다. PSA, 주롱 항, 케펠 해양, 셈브코프 해양 등은 시장과 금융분야로부터 엄격한 규율을 받아야 한다. 2000년대 초에 PSA가 주요 고객인 머스크(Maersk) 해운과 에버그린(Evergreen) 해운을

말레이시아 조호르에 있는 탄종 펠레파스 항에 빼앗긴 것은 정신을 똑바로 차리라는 경고였다. 2014년 원유가가 폭락하자 석유시추 산업부문이 침체기를 맞게 된 것도 마찬가지였다. 각각의 경우는 산업을 재조정하는 것으로 이어졌고 얼마 후 두 개 부문 모두가 다시 강해졌다.

2. 먼 미래를 바라보고 투자하기: 정부는 항상 장기적인 시각을 갖고 해양 산업에 투자해왔다. 투아스 메가 포트를 위해 토지와 매립 간척지를 제공하고, 새로운 기술에 투자하며, 내국인의 다양한 능력을 배양하면서 동시에 국제적인 산업경쟁력을 유지하기 위해 능력 있는 외국인을 고용해 왔다. 산업이 더 많은 기술을 활용함에 따라 앞으로 미래 기술에 대한 투자가 핵심 사안이 된다.

3. 혁신성과 경쟁력을 유지하기: 오늘날 싱가포르가 활기찬 해양 클러스터를 구축한 것은 눈에 보이는 것뿐만 아니라 보이지 않는 것에도 초점을 맞춰 생태계를 구축한 결과이다. 다양한 이해당사자의 노력을 포함해서 항구 – 해운 간의 전체 가치 사슬을 긴밀히 연계시키고, 서로 다른 분야에서 유사한 생각을 갖고 있는 사람들을 연구 개발에 함께 협력하게 하며, 새로운 구상을 만들어내기 위해 산업과 협력을 강화해 왔다. 특히 새로운 투아스 메가 포트는 세계적 수준이며, 자동화되고 효율적일 뿐만 아니라 지능적이고 환경적으로도 지속가능한 항구이다. 더구나 새 항구는 다가오는 해양 산업의 디지털화에 미리 대비하고 있다.

4. 화합적인 해양 공동체: 특유의 노사정 협력 체제를 통해 항만청(Maritime and Port Authority of Singapore: MPA)은 산업계 동반자들과 긴밀히 협력해 산업의 변혁을 촉진하고 강력한 해양 정체성을 구축해야 한다. 싱가포르 해운 협회(SSA), 싱가포르 해양산업 협회(ASMI), 싱가포르 해운사관 노조(SMOU), 싱가포르 선원 노조(SOS), 싱가포르 부두 노동자 노조(SPWU) 등이 그 대상이다. 협력 체제는 싱가포르가 하고자 하는 모든 노력에 있어 그 기반이 되어야 한다.

중국과 인도의 부상 및 지역통합의 심화 결과로 아시아 경제가 부상함에 따라 싱가포르에게는 새로운 시장, 그리고 국제교역의 네트워크와 연결할 수 있는 새로운 기회가 생겼다. 해양 싱가포르의 성공적인 미래는 먼 앞을 내다보는 사고, 미래 인재들에 대한 지속적인 투자, 각종 도전을 떨쳐버릴 강하고 화합적인 해양 공동체가 상호 결합되어야 가능할 수 있다.

싱가포르는 견고한 국제적 명성이 있기에 향후 몇 년간 주요 변혁을 겪게 될 해양 산업의 미래를 형성해 나가는 과정에서 핵심역할을 수행할 좋은 위치에 있다. 열심히 일하고, 상상력을 발휘하고, 열성적으로 탁월함을 추구함으로써 천연자원이 부족한 점을 만회해야 한다. 이것이 바로 해양 싱가포르의 정신이다.

앤드류 탄(Andrew Tan)은 싱가포르 항만청의 최고경영자(2014~18)와 국가 환경국(National Environment Agency)의 최고경영자(2009-2013)를 각각 역임했다. 그는 또한 외교부, 총리실, 국방부, 정보예술부 등에서 근무했으며 현재 테마섹 인터내셔널의 기업개발그룹과 전략사무실의 운영 이사로 일하고 있다.

41

전자식 도로 통행세

크리스토퍼 탄(*Christopher Tan*)

도로와 같은 공공재에 요금을 부과하려는 생각은 인기가 없다. 수많은 도시가 도로에 요금을 부과하려는 생각을 했지만, 왜 소수의 도시만이 이를 시행하고 있는 것인지에 대한 이유가 바로 거기에 있다. 아마도 용어를 조금 바꾸면 이런 생각에 대한 부정적인 인식이 덜할지도 모르겠다. 예를 들어 혼잡통행세라는 용어는 좀 더 받아들이기 쉬운데, 어느 시점에 누군가가 천천히 움직이는 교통에 대한 원인을 제공했을 때에만 요금이 부과되기 때문이다.

이런 생각의 기원은 1920년대 영국의 경제학자 아서 피구(Arthur Pigou)가 사람들은 자신이 야기한 부정적인 외부효과에 대해 비용을 지불해야 한다고 주장한 때로 거슬러 올라간다. 30년 후 미국의 경제학자 윌리엄 비커리(William Vickery)는 뉴욕시 지하철의 혼잡 문제를 해소하기 위해 요금 부과를 제안했다. 이후 그는 도로 교통문제에도 이 개념을 적용했다. 1964년 영국의 교통 연구원인 류벤 스미드(Reuben Smeed)는 도로에 요금을 부과하는 방식에 관한 정부발주 연구를 이끌었다. 그러나 런던이 2003년 도로 요금제를 도입하기까지에는 근 40년이 더 소요되었다.

이 연구를 원용해 싱가포르는 1975년 지역면허 계획(Area Licensing Scheme)을 도입했다. 그 당시 포퓰리즘적인 압력에 덜 취약했던 싱가포르는 광범위한 차원에서 요금 부과를 통해 도로 혼잡문제를 해결하고자 한 최초의 국가가 되었다. 그런데 이 제도는 싱가포르가 도로 교통의 자유스러운 흐름을 위해 조치를 취했던 최초의 사례는 아니었다. 그리고 분명히 최종적인 조치도 아니었다.

1960년대 후반, 싱가포르는 자동차에 대한 등록세 부과를 시작했다.

차량 숫자에 대한 통제는 사용에 대한 통제(유류세 등)와 함께 상당한 효과를 보였으며 이후 경매를 통해 차량소유권을 통제하는 차량 쿼터제로 발전했다. 이 조치는 싱가포르를 전 세계에서 차량을 소유하기 위해 가장 비싼 돈을 지불해야 하지만 운전하기에는 가장 쾌적한 도시 중 하나로 만들었다.

지역면허 계획은 잘 작동했지만 이를 강제하기 위해 관리인들을 고용하는 등 많은 노동력을 필요로 했기에 번거로운 점이 있었다. 1980년대부터 싱가포르는 자동화된 대안을 검토하기 시작했다.

싱가포르는 1980년대 중반에 홍콩이 가장 기본적인 형태의 전자식 도로 통행세 제도(Electronic Road Pricing: 이하 ERP)를 실험하는 것을 주시했다. 그런데 홍콩은 더 이상 나아가지 않았고 당시 또는 그 이후에 도로 통행세 제도를 연구하던 다른 많은 도시들도 이를 도입하지는 않았다.

싱가포르 정부는 강한 확신과 함께 강력한 정치적 의지를 바탕으로 ERP를 도입하기로 결정했다. 당시 여 닝 홍(Yeo Ning Hong) 정보통신부 장관이 일을 시작했고 후임자인 마 보우 탄(Mah Bow Tan) 장관이 1998년 4월, 시스템을 실행했다.

지금은 섬 전체에 약 80개에 이르는 청백색의 ERP 징수 구조물이 설치되어 있는데 주로 중앙상업지구(Central Business District)와 고속도로에 배치되어 있다. 이 요금 징수 구조물은 멀라이언 동상처럼 쉽게 인식할 수 있다(멀라이언은 싱가포르가 만든 신화적인 짐승으로서 얼굴은 사자이고 몸은 인어로 되어 있으며 짤방을 만드는 사람들에게 최고 인기 있는 대상이다).

ERP 시스템을 운영하고 관리하는 규제기관인 육상교통청도 이런 익살에 참여했다. 2009년 육상교통청은 "전 세계에서 가장 유명한 아치들"이라는 찻잔 받침대를 인쇄하면서 ERP 구조물을 다른 유명한 랜드마크들과 함께 그려 넣었다.

그러나 날이면 날마다 이 구조물을 통과해야 하는 운전자들에게는 결코 농담할 사안이 아니다. 가장 비싼 곳은 한번 통과에 6달러를 지불한다. 북부 중앙 지역의 앙모키오 주택단지에서 남쪽의 중앙상업지구로 아침 혼잡시간대에 가려면 ERP를 세 번 거쳐 총 10달러나 그 이상을 지불해야 한다. 그것도 단 하루에 말이다. 저녁 혼잡시간대에 집으로 돌아갈 때는 낮은 요금이기는 하지만 또 다시 통과료를 지불해야 한다.

혼잡을 줄이기

아직도 ERP는 운전자가 구조물을 지날 때마다 듣게 되는 '삐' 소리만큼이나 싫어하는 한 가지를 해소해주고 있는데 바로 혼잡스러움이다. 항상 분명하지는 않지만 운전자들이 아침 8시 30분경에 중앙고속도로를 지나갈 때마다 혼잡시간대 평균 속도는 준수하게 유지되고 있다. 육상교통청에 따르면 2014년도의 통계는 간선도로의 경우 시속 28.9km, 고속도로의 경우 시속 64.1km로 나왔다. 이는 2005년 기준 통계인 시속 26.7km와 62.8km에서 각각 증가한 것이다.

좀 더 최근 통계는 ERP의 효율성을 증명한다. 육상교통청에 따르면 2017년의 경우 매일 중앙상업지구에 진입하는 차량은 평균 30만 4천 대였는데 2015년에 비해 2.2% 증가한 것이었다. 그러나 혼잡시간대의 중앙상업지구 내 평균 속도는 시속 30km로 2%가 증가했고 다른 간선도로에서도 마찬가지였다. 고속도로에서의 ERP의 영향력은 크지 않았다. 동일한 2년간의 기간 동안 고속도로에서의 평균 시속은 오히려 2.7% 정도 감소한 시속 60.2km가 나왔다. 그러나 육상교통청은 이 숫자가 아직은 "최적 범위" 내에 드는 것이라고 이야기한다.

보다 넓은 맥락에서 볼 때 ERP는 바람직한 결과에 기여했다. 싱가포르의 총 차량대수는 2005년에서 2014년 기간 동안 23% 이상 증가했으나, 도로망은 동일한 기간 동안 9%만 확대되었다. 그러나 평균 속도는 아직도 "최적" 수준을 유지하고 있다. 반면 런던이나 동경 같은 도시의 경우 평균 시속은 20km 이하이고, 자카르타나 마닐라의 경우는 그보다 절반 정도의 속도를 유지한다. 그러나 평균 속도는 "최적"으로 유지되고 있다.

그런데 인간의 경험은 평균과는 거의 연관관계를 잘 보여주지 못한다. 2018년 스트레이츠 타임스 신문이 싱가포르 자동차 협회(AAS)와 함께 진행한 여론 조사에 따르면 대다수의 운전자는 ERP가 자신의 여행 양태에 큰 영향을 미치고 있다고 답변했다. 답변에 참여한 자동차협회 회원 1,230명 중 77%가 ERP가 자신의 운전에 영향을 미치고 있느냐는 질문에 대해 서열

6번째나 그 이상이라고 답변했다(서열 1번은 가장 낮은 영향력, 서열 10번은 가장 높은 영향력을 의미). 그러나 대부분의 응답자는 동 시스템이 전반적으로 혼잡문제를 통제하는 데에는 효과적이지 않다고 답변했으며, 1/3에도 못 미치는 (32%) 사람들만이 평균 이상의 평점을 주었다.

더 설득력이 있기 위해서는 ERP 시스템이 지금까지보다 훨씬 더 효과가 있어야 할 것이다. 그런데 그것이 가능할까? 2008년 2월 리콴유 조언자 장관(Minister Mentor)은 정책연구소가 주최한 세미나에서 정부는 ERP를 이행할 당시 판단을 잘못했다고 언급했다.

"소비자 행태에 대한 우리의 예측은 꼭 들어맞지 않았습니다. 이제는 이해하게 되었는데 사람들은 차를 사게 되면 ERP의 비용이 얼마가 되든지 그 차를 사용하려 한다는 것입니다. 그래서 우리는 문제가 있습니다."

경제학자들은 리 전 총리의 관찰을 "매몰비용 효과(sunk cost effect)"라고 부른다. 이 경우 사람들이 차를 사용하는 것은 자기가 차를 구입하는 데 얼마를 지불했느냐에 따라 부분적으로 결정된다. 합리적으로 생각하면 매번 추가 여행 시에 드는 비용과 편익만을 고려해야 함에도 그렇다.

싱가포르에서는 변변치 않은 일본제 세단 한 대 값도 쉽게 10만 달러에 이른다. 법률로 규정된 차량 수명인 10년 기간 동안 이를 유지한다고 가정하면 이 차는 매일 25달러 이상을 지불하는 것과 같다. 이것과 비교하면 6달러에 이르는 ERP 비용은 별로 중요하지 않게 된다. 사실 주차비와 ERP 비용을 합산하더라도 소유자가 지출하는 총 차량 운영비의 단 10% 정도만 차지한다. (차량 소유자가 10만 달러 차량을 10년간 소유한다고 가정했을 때)

그렇지만 위와 같은 설명도 25만 달러 이상의 고급 승용차를 모는 운전자가 혼잡시간대의 종료로 ERP 구조물의 불빛이 꺼질 때까지 노변에 차를 세워놓고 기다리는 현상에 대해서는 설명하지 못한다. 이는 아직도 혼잡통행료가 일정 역할을 하고 있다는 것을 말해주고 있다.

아마 더욱 비판적인 관찰은 중앙상업지구를 진입하면서 이미 요금을 지불한 운전자는 자기가 원하는 만큼 마음대로 돌아다닐 수 있으므로 오히려 시내 중심부의 혼잡에 기여한다는 지적도 있다.

전자식 도로 통행세 제도의 개선

그래서 물리적인 구조물의 숫자만 확대하는 것이 아닌 더 예리한 반혼
잡 수단이 현재의 ERP 시스템을 대체해야 한다. 이것이 ERP 2.0이 들어설
수 있는 근거가 된다. 제2세대 시스템은 위성과 비콘 위치추적체계(beacon-
traced location system) 등을 통해 육상교통청이 시간과 장소만을 기준으로 요
금을 부과하는 것이 아니라 측정된 거리도 기준에 포함시키는 것이다.

1998년 이전에도 육상교통청은 위성기반 시스템을 실험해 보았다. 이
는 당국이 운전자의 행태를 조금 변경시킬 수 있도록 해 도로 공간을 최
적으로 활용하게 하는 방안이었다. 최소한 이론적으로는 그랬다.

그와 같은 시스템은 이제 기술적으로 성숙되어 실질적인 도입이 진행

되고 있다. 빠르면 2021년부터 운전자들은 새로운 ERP를 보게 될 것이다. 그것은 도입된 지 20년이 된 현재의 ERP시스템보다 더 정확하고 공정하다. 신중하게 운전하는 사람들은 오늘날 자신들이 지불하는 요금보다 덜 지불 하겠지만 주행거리가 많은 사람들은(택시 운전자나 개인고용 운전자 등) 더 많은 요금, 아마도 훨씬 많은 요금을 지불하게 될 것이다.

그렇지만 우리가 아서 피구의 전제, 즉 사람들은 자신이 야기한 부정적 외부효과에 대해 비용을 지불해야 한다는 이론으로 되돌아가더라도 이는 훨씬 공정한 시스템이 될 것이다. 피구는 기술적인 진보를 통해 자신의 원 칙이 이처럼 세밀하게 조정된 방식으로 실현될 수 있으리라고는 상상하지 못했을 것이다.

싱가포르가 거리 기준 요금지불제를 일찍 시작하면 시작할수록 훨씬 좋겠지만 육상교통청은 신중하게 이를 진행하고 있다. 동 기관은 ERP 징수 구조물이 없는 위성 기반 시스템이 조그마한 결함도 없어야 한다는 점을 이중 삼중으로 확인하려 한다. 그리하여 현행 고정식 요금부과 체제를 대체하고 거리기준 요금부과 체제로 이동하는 ERP 2.0을 시작하려는 것이다.

그동안에 런던, 스톡홀름, 밀란, 오슬로 등 여러 도시들도 혼잡통행세 제도를 도입했다. 아마도 이들 도시들은 부분적으로나마 지난 20년간 싱가포르가 이룬 성과에 영향을 받았을 것으로 보인다. 분명 더 많은 도시가 뒤따를 것으로 예상한다.

남들보다 일찍 출발해서 갖는 유리함은 분명 싱가포르에 좋은 전망을 가져다준다. 경제학자들은 사람과 재화를 효율적으로 운송하는 것이 경제성장에 기여한다는 점을 널리 인식하고 있다. 싱가포르의 국내총생산은 지난 20년 동안 4배 이상으로 증가했다. 세계은행 통계에 따르면 1998년 미화기준 850억 달러 수준으로부터 2018년 3,640억 달러 수준으로 증가했기 때문이다.

물론 ERP는 이러한 성과를 이루게 한 커다란 기계장치 내의 한 개의 톱니에 불과하다. 그러나 그 역할을 과소평가해서는 안 된다. 그 역할은 경제적 지표를 뛰어넘어 덜 혼잡스러운 도시가 혼잡스러운 도시에 비해 기여할 수 있는 삶의 질이라는 측면에서 평가되어야 할 것이다.

크리스토퍼 탄(Christopher Tan)은 1983년부터 싱가포르 프레스 홀딩스에서 기자로 일해 왔다. 그는 페이지 디자인, 편집 교열, 잡지 업무, 사진데스크 등 여러 업무를 수행했다. 그러나 그가 진정으로 열정을 갖고 있는 분야는 글쓰기이며 특히 자동차운행과 운송관련 부문이다. 이런 열정으로 50세의 나이에 싱가포르국립대에서 도시 교통관리 분야 석사학위를 취득했다.

VII. 환경

42

깨끗한 녹지 환경

케네스 얼(Kenneth Er)

식민지로부터 독립한 직후인 1960년대의 싱가포르는 더럽고 비위생적인 생활환경 속에 놓여 있었다. 호커 및 노점상들은 가축들이 돌아다니는 길거리에 음식물 쓰레기들을 함부로 내다 버렸다. 쓰레기가 배수시설을 막아버려 비가 오면 자주 범람하는 원인이 되었다. 싱가포르 강에서 나오는 악취는 몇 마일을 뒤덮었다. 도시 국가는 1959년 국내적으로 완전한 자치정부를 수립했고 1965년에는 너무 이르게 독립도 했다. 정부는 긴급하게 2백만 명의 거주자를 위한 경제성장과 일자리 창출을 이루어내야 했다.

이런 도전과 초보 국가 내의 여러 경쟁적 요구들에도 불구하고 초대 리콴유 총리는 다른 제3세계 국가들과는 달리 싱가포르를 깨끗하고 녹지로 덮인 생활환경으로 만드는 일에 초점을 맞추었다. 이것은 싱가포르를 동남아의 오아시스로 만들고자 하는 그의 전략 중 하나였는데 제1세계 정도의 수준을 갖추면 기업인과 관광객도 끌어들일 수 있었기 때문이다. 그는 1963년 나무심기 캠페인과 1967년 정원도시 계획을 시작했다. 리 총리는 1968년 싱가포르를 깨끗하게 만들자는 캠페인을 시작하면서 다음과 같이 역설했다. "우리를 동남아에서 가장 깨끗하고 녹지가 많은 곳으로 자리매김하는 것보다 더 분명하고 의미 있는 성공보증서는 없을 겁니다."

흔히 경제적 측면에서의 긴박성이 싱가포르를 깨끗한 녹색 도시로 만들고자 한 동인으로 언급되지만, 더 중요하면서도 덜 알려진 사회적 측면에서의 긴박성이 있었다. 이는 깨끗한 녹색의 생활환경이 사회를 평등하게 만들어주는 중요한 요소라는 것에 대한 인식이었다. 이런 인식은 식민지 싱가포르의 경험에서 비롯되는데 영국인 집단 거주지인 탕린 지역과 정부 청사(1959년 이스타나 네가라 싱가푸라로 개명) 부근은 다른 지역에 비해 훨씬 산뜻

하고 깨끗하며 녹색으로 뒤덮여 있었기 때문이다.

싱가포르를 깨끗한 녹색 도시로 만드는 작업에는 정부 전체 차원에서 합심한 노력이 있었는데 이런 전통은 아직도 싱가포르 사람들의 DNA 속에 내장되어 남아있다. 리 총리는 개인적으로 직접 관여하고 작업이 성공을 거두도록 이끌었다. 이는 선견지명이 있는 지도력의 적절한 예시를 보여준 것일 뿐만 아니라 투지, 끈기, 공공서비스에 대한 도전을 극복하고자 하는 의지 등을 나타낸 것이었다.

리 총리는 국가개발부의 후원으로 설치된 정원도시 행동 위원회(Garden City Action Committee: 이하 GCAC)를 주재하면서 1971년도의 영연방 총리 회의에 대비한 녹화 작업을 조정하고 촉진해 나갔다. 그는 싱가포르의 도시 경관을 살려나가는 데 깊은 관심을 보였으며 애정 어린 명칭인 싱가포르의 최고 정원사(Singapore's Chief Gardener)로 불리게 되었다. 그는 1975년 GCAC에 보낸 메모에서 "우리는 올바른 토양, 햇빛 노출, 습도 등에 적합한 올바른 나무, 관목, 덩굴식물, 담쟁이 식물을 심어야 합니다."라고 기록했다.

나중에 국가공원국으로 명칭이 변경된 공원오락국의 직원들은 식물을 공급하기 위한 목적으로 아시아, 아프리카, 중남미의 열대 및 아열대 지역 소재 묘목장, 식물원, 수목원으로 출장을 갔다. 계속된 식물 탐색 노력의 결과 식목되는 나무의 종류도 1970년대에 가장 흔히 심어졌던 레인 트리(Rain Tree: Samanea saman)나 앙사나(Angsana: Pterocarpus indicus)를 넘어 다양화되었다. 꽃이 만발하는 나무인 옐로우 플레임(Yellow Flame: Peltophorum pterocarpum), 트럼펫 트리(Trumpet Tree: Tabebuia rosea), 로즈 오브 인디아(Rose of India: Lagerstroemia spp) 등이 있는가 하면, 과일 나무인 망고(Mangifera spp), 잠부(Syzygium spp)가 있었고, 토착 삼림수인 싱걸 파시르(Cengal Pasir: Hopea spp), 메란티(Meranti: Shorea spp) 및 야생 넛멕(Nutmeg: Horsfieldia spp)이 추가되었다.

오늘날 싱가포르의 정원, 공원, 도로에는 1천 종 이상의 나무 종류가 2백만 주 이상 심어져 있다. 시간이 지남에 따라 전문적인 수목재배사 자격증 도입과 검사를 위한 기술 활용 등 나무를 관리하는 능력도 발전했다.

도시 경관의 도전을 극복하기

식물 자체만이 싱가포르를 정원도시로 만들지는 않았다. 창의성, 독창성, 혁신성이 급속히 변화하는 도시 경관을 푸르게 만드는 도전에 맞설 수 있게 해주었다. 이는 우선 도로 및 개발지 옆에 나무를 심기 위한 충분한 공간을 유지하도록 의무화하는 것으로부터 시작했다. 도시 기반시설을 녹화하는 작업에는 강렬한 강박관념까지 작용했는데 보행자를 위한 육교를 따라 나무를 심는 홈통을 설치하거나, 차량 충격을 완충해주는 가드레일을 약간 뒤로 빼고 앞에 관목을 심어 이를 덮도록 했다. 또한, 고가 도로를 둘로 나누어 그 사이에 나무가 자라도록 하는 작업까지 이루어졌다. 최근에는 건물지붕과 수직벽을 녹화하는 작업이 지하철 역, 버스승강장, 덮개를 씌운 보행로, 거주 및 상업 건물 등에서 진행되어 하늘로 치솟은 녹지가 100헥타르 이상 만들어졌다. 이는 도로를 뒤덮고 있는 광범위한 녹지와 결합되어 싱가포르를 세계에서 가장 녹화가 잘 된 도시로 만들었다.

아마도 최근에 이루어진 가장 중요한 혁신은 단순한 정원 도시로부터 정원 속에서 자연과 어우러져 사는 도시(biophilic city)로의 변환일 것이다. 이 새로운 구상을 통해 싱가포르는 녹지를 공급하는 것으로부터 지속가능한 도시 생태계로의 발전 및 도시 내의 자연과 친밀감을 더 높이는 방향으로 변화하고 있다. 각 공원을 녹색의 통로로 연결시키는 공원연결망 (The Park Connector Network: 이하 PCN)은 이런 변화를 구현하는 것으로서 녹지가 도시와 생활환경에 필수 불가결한 것임을 보여준다. 1992년에 시작된 PCN은 주롱 호수에서 코니 섬에 이르는 자연탐방로인 코스트 투 코스트 트레일(Coast to Coast Trail)과 더불어 300km에 이르는 자연산책로를 구성하면서 자연보호구, 정원, 공원들을 서로 연결한다. 향후 등장하게 될 싱가포르 섬을 빙 둘러 건설되는 라운드 아일랜드 루트(Round Island Route)와 구 철도부지에 건설되는 레일 코리도(Rail Corridor)는 자연산책로를 400km 이상으로 늘릴 것이다. PCN은 녹색공간을 사람들이 좀 더 편안하게 접근할 수 있도록 함으로써 그 범위를 확장한다. 목표는 90% 이상의 가구가 공원까지 도

2010년도에 촬영된 우드랜드 공원 연결로로서 11개의 공원을 이어주는 25km 길이 북부 탐사 공원연결망의 일부이다. ⓒ 싱가포르 프레스 홀딩스

보로 10분 이내 또는 400m 이내에 도달할 수 있도록 하는 것이다. 주로 배수를 위한 예비지로 예정되었던 PCN은 토지를 최적으로 활용하는 사례가 되었다.

싱가포르를 깨끗한 녹색 도시로 만들고자 했던 야망은 싱가포르 전체 면적의 약 1/5을 차지하는 싱가포르 강과 칼랑 유역(Kallang Basin)을 성공적으로 정화하지 않고서는 달성될 수 없었다. 칼랑 유역은 로서 강, 왐포아 강, 칼랑 강, 펠톤 운하, 그리고 게이랑 강으로 구성되어 있다. 이 강들은 싱가포르 강에 연결되며 마리나 베이를 통해 바다로 유입된다. 우후죽순으로 늘어나는 선박건조와 수리작업, 뒤뜰거래, 가내수공업, 화장실, 호커, 돼지와 오리 농장, 강 주변의 불법 거주자들로 인해 싱가포르 강은 극도로 오염된 폐기물 투척장이 되었다. 강을 정화하는 일은 엄청난 과업이 되었는데 상기와 같은 활동들을 그곳에서 다른 곳으로 이전시켜야 했기 때문이다. 1977년 리 총리가 개시한 작업은 환경부가 주도하고 초급생산부문(Primary Production Department), 주택개발청, 도시재개발청 등 여러 부처가 함께 참여하는 작업이었으며 완성에 10년이 소요되었다. 4만 6천 명의 불법

거주자, 2만 6천 명의 거주 가구, 610개의 돼지 농장, 2,800명의 뒤뜰거래자와 수공업자, 60개의 조선소가 다른 곳으로 이주되었다. 아울러 길거리 호커들은 면허증을 받고 호커 센터로 이전해야 했는데 이 호커 센터는 이제 싱가포르의 음식 부문에서 상징적인 위치를 차지한다. 이런 노력의 결과 수질이 개선되었고 강둑은 아름다운 산책로, 공원, 그리고 해변으로 변모했다.

국민을 위해 그리고 국민에 의해

이런 사업의 초기부터 싱가포르인들은 깨끗하고 푸른 싱가포르의 주인이 되어야 한다는 인식이 중심에 있었다. 리 총리는 이를 정확히 이해하고 있었는데 1968년 싱가포르를 깨끗하게 유지하자는 캠페인을 진행할 때 그는 다음과 같이 언급했다. "싱가포르는 우리 모두를 위해 하나의 집, 하나의 공원이 되었습니다 … 모든 사람들은 공동으로 사용하는 지역을 자기

보트 키 지역을 흐르는 싱가포
르 강의 1953년도 사진(좌측)과
2014년도 사진(우측). ⓒ 싱가포
르 프레스 홀딩스

자신의 집과 같이 깨끗이 유지하고 관리하는 습관을 배우고 익혔습니다." 이
런 이유 때문에 식목 행사도 초기부터 일반인들의 참여를 바탕으로 진행되었
다. 일반 시민들은 자기 주변 지역에 나무를 심어 녹화하도록 독려되었다. 나
무들은 싱가포르 보태닉 가든에서 한 주당 1.5달러를 넘지 않는 가격으로 공
급되었다. 대규모 군중이 참여하는 나무 심기 행사는 모든 싱가포르인들이
함께 간직하는 경험이 되었고 오늘날 국가환경국(National Environment
Agency)이 주관하는 연례 클린 앤 그린 싱가포르(Clean & Green Singapore) 행
사의 일부가 되었다. 초기의 싱가포르를 깨끗하게 유지하기 캠페인에서 발
전한 동 행사는 젊은이, 학교, 지속가능한 삶을 증진하는 활동공동체 등이
참여하는 축제가 되었다. 가장 깨끗한 구역과 주택단지를 가리는 경쟁 행
사도 진행되어 싱가포르인들이 자기 주변을 깨끗이 하도록 유도했다.

　함께하는 공동체 의식을 함양하고, 함께 깨끗한 녹색 환경을 창출하기
위해 최근에도 몇 가지 새로운 계획들이 뿌리를 내렸다. 한 가지 성공적인

계획은 꽃이 핀 공동체 계획(Community in Bloom Programme)이다. 동 프로그램은 공공장소에 나무를 심고자 하는 공동체의 열망을 활용하기 위해 2005년 처음으로 시도되었다. 국가공원국(NParks)은 공동체 그룹과 함께 사용되지 않는 토지에 정원을 조성하고, 정원이 계속 유지되도록 훈련도 시키고 몇 종류의 나무도 제공했다. 이 사업은 매우 인기가 있어서 10년 이내에 약 1,300개의 지역공동체 정원이 주택, 학교, 병원, 기업체 내에 급격하게 증가했다. 정원관리에 관한 일반인들의 관심도 계속 증가했다. 싱가포르 내 여러 공원에서 시작된 정원 부지 할당과 관련해 있었던 강력한 경쟁이 이를 잘 말해준다.

깨끗함과 초록은 오늘날 싱가포르 생활환경의 높은 질과 동의어이다. 싱가포르가 계속 성장하고 도시화함에 따라 우리는 미래세대가 깨끗한 녹색의 도시 국가를 즐길 수 있도록 더욱 노력을 배가해야 한다. 리 총리가 1995년 국립 난 공원 개막식에서 다음과 같이 이야기한 것처럼, 이는 명령이나 마찬가지이다. "나는 황폐화된 도시 환경과 콘크리트 정글이 인간의 정신을 파괴한다고 항상 믿어왔습니다. 우리의 정신을 고양시키기 위해서는 자연의 녹지가 필요합니다."

케네스 얼(Kenneth Er)은 20년 이상 싱가포르를 녹화하는 데 관여해 왔다. 산림 생태학자로서 교육받았고 도시 환경에서 도시 녹화와 자연 보전에 관한 책을 널리 출간했다. 그는 현재 국가공원국의 최고경영자이다.

43

공공사업국(PUB): 물 이야기

응 주 히(*Ng Joo Hee*)

문명적으로 물을 잘 관리하는 것은 싱가포르에서의 일상생활을 가능하게 할 뿐만 아니라 국가의 성공과 번영을 지속적으로 현실화시켜 준다. 초대 리콴유 총리는 처음부터 이를 잘 인식하고 있었으며 싱가포르 내 물의 미래를 위해 평생 지치지 않고 노력했다. 그의 유명한 어록 중에는 다음과 같은 말이 있다. "물은 다른 모든 정책을 지배해 왔습니다. 다른 모든 정책은 물이 살아남을 수 있도록 무릎을 꿇어야 합니다."

실제로 물 안보를 보장하는 것은 싱가포르 지도자와 행정가들에게 매우 중요했다. 물은 싱가포르 사람들이 국가적으로 집착해왔고, 하고 있으며, 앞으로도 하게 될 대상이다.

부족함

물과 관련해 싱가포르의 핵심적 도전은 부족함을 해소하는 것이다. 비록 이 도시국가가 습기 차고 비가 많은 열대지방에 위치했지만 현실이 그렇다. 물리적으로 작은 크기라는 제약은 싱가포르가 필요로 하는 빗물을 모아 저장할 공간이 부족함을 의미한다.

물론 물 부족 문제가 싱가포르에게만 고유한 특성은 아니다. 세계는 지금 물 위기를 향한 위태로운 질주를 하는 것처럼 보인다. 2018년 남아프리카의 케이프타운은 물이 바닥났다. 인도의 첸나이나 필리핀의 마닐라도 2019년 이를 따랐다.

지금까지 크고 끔찍한 경고의 목소리가 계속 나오고 있다. 세계 자원연구소에 따르면 세계 인구의 1/4이 물로 인한 심각한 스트레스로 영향을 받고 있다. 유엔은 지속가능한 발전 목표 중 6번째인 깨끗한 물과 위생으로의 접근이 목표 연도인 2030년까지 달성되지 못할 것으로 평가하고 있다. 인구 증가, 제약 없는 도시화, 기후 변화, 그리고 단순히 빈약한 관리 등이 결합되어 세계적 차원에서 물 자원에 엄청난 압력을 가하고 있다.

싱가포르의 물과 관련된 초기 도전 역시 고유한 것이 아니었다. 가뭄, 홍수, 공중위생 문제는 어느 개발도상국에게나 일반적인 현상이었고 앞으로도 그렇게 될 것이다. 그러나 싱가포르가 이런 어려움을 극복하고 물 관리의 달인이 되기 위해 취했던 방식은 아마도 매우 예외적일 것이다.

네 가지의 국가적 수원

첫 번째로 그리고 무엇보다도 싱가포르는 수입 용수에 의존하고 있다. 이는 흔치 않은 사례가 아니다. 큰 도시는 예외 없이 도시 내부 시민들의 갈증을 해소하기 위해 외부에서 물을 끌어올 수밖에 없다. 홍콩, 런던, 뉴욕, 동경 및 수많은 도시들이 전체까지는 아니더라도 상당 부분의 물을 시 경계선에서 멀리 떨어진 큰 산림 분수령이나 강으로부터 끌어오고 있다.

싱가포르의 독립을 공식화한 말레이시아와의 분리조약은 이 도시국가가 하루 2억 5천만 갤런의 원수(原水)를 말레이시아 조호르 강에서 가져올 수 있는 권리를 보장했다. 이 수입된 물은 중요한 수원이자 싱가포르가 현재 필요로 하는 일일 4억 3천만 갤런의 물 가운데 쉽게 절반 정도를 충족시킬 수 있는 양이다. 대략적으로 보면 올림픽경기 공식 수영장을 800개 정도 채울 수 있는 물의 양과 같은 정도이다.

두 번째로, 싱가포르는 자체 생산을 최대화하기 위한 모든 노력을 경주한다. 내리는 빗물 한 방울 한 방울을 다 모으고 도수관을 통해 저수지에 저장한다. 이는 필연적으로 조그만 싱가포르를 물길이 갈라지는 유역으로 만들고 배수관, 운하, 물길 등이 자연 그대로의 청결함을 유지하도록 하는 것을 의미한다.

세 번째로, 싱가포르는 세계 어느 나라에 비해 물을 끝없이 재사용할 수 있는 자원으로 생각하며 항상 재생하고 재처리해 다시 마실 수 있도록 한다. 싱가포르의 국가적 물 관리 기관인 공공사업국(이하 PUB)은 아주 경제적으로 하수를 마실 수 있는 물로 변환시킬 수 있다. 믿기 어려울 정도로 싱가포르는 하수의 한 방울까지 모아 다시 재생하는데 상당 부분의 물을 마실 수 있는 수준으로 변환한다.

네 번째이자 중요한 출처인 대규모의 바닷물 담수화이다. 인공막을 통한 분리 기술이 염분 제거를 가능하게 하자 싱가포르는 큰 열의를 가지고 이를 도입했다. PUB는 현재 세계에서 가장 크고 현대적인 담수화 공장을 운영하고 있다. 우리는 계속적으로 담수화 연구에 많은 투자를 해, 보다 적은 비용으로 염분을 제거할 수 있는 기술을 발전시킬 것이다.

물론 그와 같은 전략은 완벽히 수행된다 하더라도 물을 얻을 수 있다는 사실을 보장할 뿐이다. 필연적인 결과는 이런 물을 가장 효율적이고 생산적인 방식으로 사용해야 한다는 데 있다. 특히 싱가포르의 물 부족 현상이 인구와 경제성장의 증가와 더불어 더욱 극심해지는 상황이기 때문이다.

가정용이 아닌 상업용과 산업용 용수는 전체 하루 물 소요량의 절반 이상을 차지한다. 산업에서 사용되는 물의 대부분은 냉각과 가공 과정에서 소요된다. 여기에 쓰이는 물의 많은 양은 단 한 차례 사용된 후 대기 속으로 사라지거나 아니면 버려진다. 이는 불필요한 낭비이며 더 나은 공학적 기술과 대체재의 사용을 통해 축소되어야 한다. 싱가포르인들이 가정에서 소비하는 물의 양은 2018년 기준 1인당 하루 141L로서 국제적 기준에서 보면 이미 낮은 수준이지만 아직도 낭비로 여겨진다. 싱가포르의 대중들은 계속적으로 물을 더욱 절약하고 신중하게 사용해야 하는 도전에 직면해 있다.

새지 않는 수자원 고리

물의 순환 고리가 새지 않도록 한 것이 싱가포르의 비결이다. 빗물은 배수로를 통해 모아 저수지로 보내지고 저장된다. 저장된 빗물은 음용수로 만드는 처리과정을 거쳐 개인, 상가 및 공장에 보내진다. PUB는 좋은 물을 공급하며 사용된 물은 다시 우리에게 되돌아온다. 사용된 물은 모아지고 처리되어 다시 좋은 물로 전환된 후 사람들의 사용을 위해 공급되거나 저수지에 저장된다. 이와 동시에 바닷물은 담수화 과정을 거쳐 좋은 물이 되며 또 다른 수원이 되어 이 순환과정 내로 공급된다.

물의 순환 고리는 매우 단순하다. 그러나 대부분의 곳에서 물의 경제라는 것은 단선적이다. 즉 좋은 물은 자연에서 얻어지고, 인간에 의해 한 번 사용되며, 사용된 물은 단순히 버려진다. 많은 곳에서 상수도 부서는 하수처리 부서와 분리되어 있으며 하수처리 부서는 다시 배수처리 부서와 분리되어 있다. 그리고 예외 없이 세 개의 부서는 서로 대립하고 어긋나기 마련이다. 지속가능한 물 공급을 위한 싱가포르의 비결은 물의 순환 고리를 새지 않게 하고 전체 물 관리 시스템을 하나로 통합해서 관리하는 것이다. 이렇게 함으로써 싱가포르의 물 경제는 순환성이라는 말이 유행되기 훨씬 이전에 완전히 순환적인 것이 되었다. PUB에게 있어서 좋은 물을 공급하고, 사용된 물을 재생하며, 빗물을 처리하는 것은 하나의 임무를 떠받치는 세 개의 다리와 같은 것이다.

지면에서 가장 깊은 곳에 있는 것

빗물은 무료이며 상대적으로 적은 비용으로 음용수로 만들 수 있다. 바닷물을 담수화하고 뉴워터(NEWater: 사용된 물을 PUB가 고도로 처리하고 재생한 물로서 마실 수 있을 정도의 품질)를 생산해 마실 수 있는 물로 만들기까지에는 비용이 많이 든다. 1입방 미터의 빗물을 처리하기 위해서는 한시간에 0.2kWh의 전력만 소요되는데 하수를 NEWater로 전환하는 데는 1kWh, 바닷물을 음용수로 만드는 데에는 3.5kWh의 전력이 소모된다.

후자의 두 가지 "제조한" 물 공급 방식은 비록 날씨와는 무관하지만 자본과 에너지 집약적이며 당연히 비용이 많이 든다. 그렇다 하더라도 싱가포르에서의 물의 미래는 의심할 여지없이 재사용과 담수화에 달려 있다. 우리는 NEWater와 담수화가 다가오는 2061년 싱가포르 물 수요량의 85%를 차지할 것으로 예상한다. 그 해가 되면 말레이시아로부터의 물 수입이 중단되고 물에 대한 수요는 현재의 두 배에 달할 것이다.

우리는 부족한 것을 풍족한 것으로 변경하는 과정에서, 한때는 비용이 많이 들었던 것도 저렴하게 만들 수 있다. 심도가 깊은 곳에 설치된 하수 터널이 좋은 예이다. 최신 처리 기술로 인해 NEWater를 생산할 수 있게 되었는데 이는 산업적인 규모로 만든 최고 수준의 재활용 물이다. 이는 하수가 단순히 낭비될 물이 아닌 좋은 물을 위한 주요 원천이 될 수 있음을 의미한다. 이런 기술 발전에 따라 싱가포르는 깊은 터널 하수 시스템(deep tunnel sewerage system: 이하 DTSS)을 가장 일찍 도입한 국가 중 하나가 되었다.

싱가포르 DTSS의 제1단계 사업은 2008년에 완공되었다. 대부분의 사람들에게는 알려지지 않았지만 지하 깊은 곳에서는 폭 6m의 터널이 크란지(Kranji)에서 창이(Changi)까지 열십자형으로 설치되어 있다. 그 터널을 따라 중력의 도움으로 엄청난 양의 하수를 조용히 모으고 이동시킨다. 48km에 이르는 하수관을 이동해서 창이 공항 부근에 있는 종말 처리장에 도달하면 DTSS 터널은 지하 50m(20층 이상의 깊이)까지 도달하며 매일 백만 톤에 가까운 하수를 처리한다. 엄청난 펌프가 하수를 지상으로 끌어 올려 창이 물 재생공장(Changi Water Reclamation Plant)에서 이를 처리한다. 처리된 오수는 옆에 있는 NEWater 공장으로 보내져서 추가로 처리 작업을 거친 후 마실 수 있는 물로 변환된다.

PUB는 두 번째 DTSS 구간 건설을 진행 중인데 이는 시내 중심부 서쪽에서 섬 서쪽 끝에 위치한 투아스로 이어진다. 2025년에 이 구간이 완공되고 두 개의 터널이 서로 연결되면 최신 물 재생공장과 NEWater 공장이 투아스에서 가동을 시작할 것이다. PUB는 말 그대로 버려지는 물 한 방울까지 모아 좋은 물로 재생시킴으로써 물 분자를 끝없이 재활용하겠다는 우리의 목적을 완성시킬 것이다.

　　싱가포르의 DTSS는 현대 공학이 이룬 경이로운 성과로서 적은 비용으로 국가 전체에서 발생시키는 하수의 양을 효율적으로 이동시킨다. 이는 또한 어떻게 과학, 신기술, 공학이 독창성 및 결단력과 결합되어 물 관리 비용을 엄청나게 줄일 수 있었는지를 보여주는 멋진 사례가 될 것이다.

오폐수는 깊은 터널 하수 시스템의 1단계 시설인 크란지에서 창이에 이르는 지하 하수로를 이동해, 펌프를 통해서 2009년 6월 개장된 창이 물 재생공장으로 끌어 올려진다. 처리된 오폐수는 옆에 있는 NEWater 공장으로 보내지는데 이 공장은 창이 물 재생공장의 지하 시설 위쪽에 건설되어 2010년 5월 및 2017년 1월에 각각 개장되었다. ⓒ 싱가포르 프레스 홀딩스

어떻게 계속 나아갈 수 있을 것인가?

싱가포르는 물이 충분하게 없는 상태나, 오물이 도로 위를 흐르거나, 홍수가 손상을 가하는 상황을 감당하기 어렵기에 흔치 않게 몇 십 년을 앞서 계획하고 장기적인 시각에서 물을 관리한다. PUB의 설계자들은 싱가포르의 물 시스템이 적합하고, 회복력 있으며, 지속가능해야 한다는 점을 잘 알고 있다. 그래서 우리는 일찍부터 음용수 재사용과 바닷물 담수화가 싱가포르 물의 미래에 주역을 담당하는 방향을 결정했다.

지리적인 측면에서 심각한 제약 요소가 있음에도 불구하고 싱가포르는 아직 물 위기 상황에 처해 있지는 않다. 이는 싱가포르가 주변 상황에 냉철하고 현실적으로 대처한 결과이다. 아울러 지혜와 상상력을 활용하고 끊임없이 연구와 실험을 해왔기 때문이다. 의지를 갖고 끈질기게 물 정책을 지속적으로 추구하고 이를 이행한 것도 중요한 이유가 된다.

싱가포르가 물 상황에 대해 명민하고 현실적으로 접근하며 계획을 끈질기게 추진할 경우 물은 언제나 충분히 확보될 수 있을 것이다. 이런 놀라운 방식을 통해 싱가포르는 불리함을 강점으로, 그리고 극복하기 어려운 취약점을 끝없는 기회로 전환시켰다.

응 주 히(Ng Joo Hee) 씨는 국가 물 가관인 PUB의 최고경영자이다. 이전에는 경찰관이었으며 2010~15년 기간 중 경찰청장을 역임했다.

44

화장실

잭 심(*Jack Sim*)

나는 1957년 태어나서 어퍼 파야 레바 로드(Upper Paya Lebar Road) 외곽 로롱 옹 리에(Lorong Ong Lye) 지역의 슬럼가에서 성장했다. 위생 수준은 매우 열악했다. 그 당시 사람들은 영국식 버킷시스템으로 된 공동 화장실을 사용했다. 어린이들은 화장실에 가는 것 자체가 공포였다. 버킷에는 구더기, 생리대 등이 가득했으며 크고 밝은 녹색으로 빛나는 파리가 윙윙거리며 돌아다녔다.

어떤 어린이들은 벌거벗은 채로 돌아다녔고 항문으로 장내 기생충들이 빠져나오기도 했다. 콜레라와 장티푸스도 자주 발생했다. 적절한 위생 부족으로 인한 질병률과 사망률은 의료비와 정신적인 충격이라는 측면에서 많은 비용을 야기했으며 생산성과 생명의 손실로 이어졌다.

2007년 영국의 메디컬 저널(BMJ)이 독자 1만 1천 명에게 실시한 여론 조사에 따르면 지난 166년 동안 가장 큰 의학적 진보를 이루게 한 것으로 수세식 화장실이 선정되었다. 진정으로 화장실은 세계에서 가장 저렴한 의약품이라 할 수 있다. 위생의 가치와 그것이 없었을 경우의 비용에 대해 이해하고 있던 싱가포르 정부는 적절한 화장실이 갖추어진 공공 주택을 건설하기 시작했다.

6살 때에 나는 방 3개짜리 HDB 아파트로 이사했다. 개인 수세식 화장실을 갖는다는 것은 일종의 기적과 같았다. 나는 "이제 우리도 영국인처럼 상류층이 되었구나."라고 느꼈다.

싱가포르가 깨끗한 물과 위생 부문에 투자한 이후, 외국인 투자자들이 생산과 이윤 추구를 위해 싱가포르인들을 고용하고 훈련시키고자 할 때 건강한 노동력을 공급할 수 있게 되었다. 기술이 진보함에 따라 싱가포르는 오폐수 처리를 노출된 하수관로에서 덮개가 씌어진 하수관로로, 그리고 최종적으로 최신의 깊은 터널 하수 시스템(DTSS)으로 개선해 왔다. DTSS는 또한 가치 있는 많은 토지를 주택용, 산업용, 그리고 공용 장소로 사용할 수 있게 풀어주었다. 싱가포르는 물 부족 문제를 역삼투 재생 방식을 도입해 해결했으며 그 결과 NEWater를 생산했다.

싱가포르의 공공정책은 상업용 건물과 음식 매장들이 일반인들의 사용을 위해 자신들의 화장실을 개방하도록 요구하고 있는데 이는 정부가 수많은 돈을 들여 공공화장실을 지어야 하는 수고를 덜어준다. 정부는 또한 화장실 소유자가 잘 관리하도록 의무를 부과하고 있으며 그렇지 않을 경우 벌금 등의 처벌을 할 수 있다. 이렇게 함으로써 화장실 부족 사태는 없으며 쇼핑과 외식이 국가적 문화가 되도록 하는 데 기여했다. 이와 동시에 싱가포르는 깨끗한 도로 유지를 위해 쓰레기 투기에는 높은 벌금을 부과한다.

넓은 의미에서 볼 때 "깨끗함"의 문화는 싱가포르인들의 모든 삶 속에 스며들었으며 깨끗한 정부, 깨끗한 사회에까지 이어지고 있다. 싱가포르는 경찰, 교사, 의사 및 전체적인 공무원에게 나은 급료를 제공하고, 비밀 조직이나 범죄를 엄중 단속해 부패를 일소했다.

싱가포르는 외국인 투자를 유치하는 과정에서 주변 도시들을 물리치기 위해 1967년 정원도시 이미지를 도입했다. 리콴유 총리는 도처에 꽃과 나무를 심어 외국인 투자자와 그의 아내의 마음을 사도록 했고 다른 어느 도시보다 더 살만한 도시로 만들어 나갔다. 이런 구상이 모든 이들에게 직업을 주고 1인당 GDP를 늘렸으며 싱가포르를 제3세계에서 제1세계 국가로 변환시켰다.

공공 화장실을 더욱 개선하기

싱가포르 경제가 급속도로 성장함에 따라 나는 24살에 시작한 무역 사업과 다른 15개의 성공적인 사업으로부터 40살에 금융적인 측면에서 독립을 달성했다. 비록 내가 중등학교 과정 졸업장인 GCE O-레벨 시험에서는 실패했지만 사업에서는 성공한 것이다. 그 이후 나는 모든 사업을 다 처분하고 극심한 생존경쟁에서 은퇴한 후, 다음 40년간의 인생을 사회에 되돌려주는 것에 바치기로 결심했다.

바로 직후, 당시 고촉통 총리가 싱가포르 사람들은 공중 화장실의 깨끗함으로 품위의 척도를 재야 한다고 언급한 것을 읽고, 이것이 나의 소명이라고 느꼈으며, 공중화장실을 깨끗이 하기 위한 싱가포르 화장실 협회(Restroom Association of Singapore) 일을 시작했다. 언론과 대중으로부터의 반응은 힘을 북돋아주었다. "누군가가 진즉에 이 일을 시작했어야 했다."라는 것이었다.

나는 환경부의 다니엘 왕 난 치 국장을 찾아 갔고 그는 각 정부기관의 장이 참여하는 회의를 주선한 후, 나에게 깨끗한 화장실을 만들기 위한 나의 로드맵 구상을 발표하도록 했다. 나는 단순한 "ABC" 계획을 제시했다.

건축(Architecture): 화장실은 좀 더 쉽게 청소할 수 있고 건조한 상태를 유지하며 사용자의 좋은 행태를 유도하는 환경 조건을 조성할 수 있도록 설계되어야 한다.

행태(Behaviour): 5성급 호텔의 로비에 있는 화장실을 사용하는 사람은 지저분한 화장실을 사용할 때보다 좋은 행동을 보일 것이다. 그래서 사용자의 행태에 영향을 미치기 위한 화장실 디자인과 주기적인 청소가 필요하다.

청소(Cleaning): 청소원들은 별다른 기술이 없는 노동자로 취급받는다. 그들은 전문적으로 훈련받아야 하며 기술이 향상되면 더 나은 급료를 주고 유니폼을 제공해서 자신의 업무에 긍지를 느끼도록 해주어야 한다.

나는 각 이해당사자들에게 그들의 요구에 맞게 "판매를 위한 설득" 방안을 만들었다. 예를 들어 쇼핑센터에는 고객들이 화장실 사용을 위해 다른 상가로 가야 한다면 그들은 많은 수입을 잃게 되는 것이라고 설득했다. 깨끗한 화장실은 고객을 더 오래 붙잡아 놓을 것이기 때문이다. 메시지는 명확했고 쇼핑센터는 최상의 화장실 상태를 유지하기 위해 전문 청소회사를 접촉하기 시작했다. 버스 터미널과 지하철역도 화장실을 개선했는데, 만일 쇼핑센터와 동일 건물에 있을 경우 양측이 함께 협력했다.

나는 많은 학교도 방문해 교장 선생님들을 설득했다. 학교에 더 많은 화장실을 설치하고(특히 구내식당 옆에) 수업 중에 화장실 가는 것에 대한 규칙도 완화해 주도록 요청했다. 나는 학생들의 집중도와 이를 통한 학습 성과는 학교

시간 내내 방광을 붙들고 참아야 하지 않는다면 더 개선될 것이라고 설명했다. 또한 어린이들의 경우 볼일을 오래 참으면 건강에도 좋지 않다.

세계 화장실기구의 소프트 파워

나는 전 세계에 15개의 화장실 관련 협회가 있지만 국제적 본부는 없다는 것을 알게 되었다. 그래서 나는 2001년에 세계화장실기구(World Toilet Organization)를 창설하고 그해 11월 19일 2001 세계 화장실 정상회의(World Toilet Summit)를 개최했다. 림 스위 세이(Lim Swee Say) 환경 장관이 주빈으로 참석했는데 그는 어느 커피숍 주인이든 가게 내에 있는 화장실을 개보수할 경우 5천 달러의 대응 교부금을 지급하겠다는 제안을 내놓았다. 400명에 달하는 커피숍 주인들이 그 제안을 받아들여 화장실을 개보수했다. 림 장관은 내 일에 대한 열렬한 지지자가 되었으며 다니엘 왕 국장 역시 적극 지원해 주었다.

2003년 중증급성호흡기증후군(SARS)이 싱가포르를 강타했을 때 나는 림 장관과 화장실 평가 계획을 가지고 일을 했다. 동 계획은 싱가포르 오케이(Singapore OK) 표식을 주는 것으로 시작했고 나중에는 해피 토일렛 프로그램(Happy Toilet Programme)으로 발전했다. 우리는 호텔 평가와 유사한 방식으로 화장실을 평가하면서 별 셋부터 별 여섯 개까지 네 단계로 차등을 두었다.

림 장관은 전국노동조합총협의회(NTUC)의 사무총장이 되었을 때 일본의 화장실 관리 훈련사를 초청해 싱가포르 측 훈련사를 교육시키기 위한 자금 모금도 지원해 주었다. 이와 함께, 나는 싱가포르 폴리테크닉과의 협업을 통해 세계 화장실 대학(World Toilet College)을 시작했다. 아무 것도 없던 것으로부터 이제 우리는 교과 과정, 폴리테크닉 내의 학교 부지, 그리고 급료를 받고 일하는 싱가포르 훈련사까지 보유하고 있다.

비록 초기에는 여기저기 옮겨 다니는 유랑 대학으로 시작했지만 오늘날 인도에는 두 개의 상설 캠퍼스가 있다. 하나는 우타라칸드(Uttarakhand) 주에 있는 리시케시(Rishikesh)에, 다른 하나는 마하라슈트라(Maharashtra) 주에 있는 아우랑가바드(Aurangabad)에 있으며, 오디샤(Odisha) 주에 세 번째 학교를 계획 중이다.

마리나 베이 샌즈 쇼핑센터 내에 있는 3개소의 화장실이 화장실협회가 2003년 시작한 화장실평가 자원봉사 프로그램에 따라 2018년 4월 처음으로 최고 등급인 별 6개 평가를 받았다. 별 6개 화장실은 암모니아 수준을 추적하는 센서를 갖추고 있다. 암모니아 수준이 어느 한도를 넘어서면 문자 메시지를 통해 청소원에게 경보가 발송된다. 이 시스템은 또한 이용자의 규모도 측정하는데 이를 통해 손세정제나 화장지 등의 소모품이 언제쯤 떨어지게 될지를 예측할 수 있다. ⓒ 싱가포르 화장실 협회

그동안 우리는 매년 세계 화장실 정상회의를 여러 도시에서 개최했다. 호주의 멜번, 중국의 하이난/마카오/상하이, 인도의 델리와 뭄바이, 인도네시아 솔로, 말레이시아의 쿠칭, 북아일랜드의 벨파스트, 미국의 필라델피아, 러시아의 모스크바, 싱가포르, 남아프리카의 더반, 한국의 서울, 타이완의 타이페이, 태국의 방콕에서 개최했으며 2019년에는 브라질의 상파울로에서 개최했다. 인도의 압둘 칼람 대통령, 네덜란드의 윌리엄 알렉산더 오렌지 왕자, 요르단의 엘 하산 빈 탈랄 왕자 등이 각각의 회의에 주빈으로 초청되었다. 다수의 장관, 주지사, 시장들도 초청자로 참석했다.

2011년까지 세계화장실기구는 세계 화장실의 날(World Toilet Day) 행사를 통해 매년 약 30억의 인구에 다가가고 있으며 이는 오늘날까지 계속 이어지고 있다. 이런 방식으로 세계화장실기구는 싱가포르가 다른 나라와의 외교관계를 강화하고, 세계 속으로 소프트파워를 확장해 나가는 데 도움을 주고 있다.

외교부와 환경부는 국제적으로 11월 19일을 세계 화장실의 날로 지정하는 유엔 결의를 제안하기로 결정했다. 동 유엔 결의를 채택하는 과정에서 전 세계 싱가포르 대사관은 유엔 회원국의 지지 확보를 위해 정말로 열심히 뛰었으며 공식 제안에 앞서 122개국이 공동 제안국으로 이름을 올렸다. 동 결의는 2013년 7월 유엔 총회에서 어떤 반대도 없이 만장일치로 통과되었다.

그 직후 인도에서는 마렌드라 모디 총리가 총선에서 압도적인 승리를 거두었는데 그는 모든 가정에 화장실 설치를 약속했다. 모디 총리는 지금 인도에서 1억 1천만 개의 화장실을 건설 중이다. 이는 인류의 역사에서 가장 대규모의 화장실 건설 프로젝트이다. 중국의 시진핑 주석도 그의 화장실 혁명 프로젝트를 통해 관광지와 농촌지역의 화장실을 단장하는 등 화장실 투사가 되었다.

나는 세계에서 가장 인구가 많은 두 국가의 지도자들이 화장실 투사가 되었기에 유엔의 지속가능한 발전 목표(SDG) 6번째인 2030년까지 모든 사람이 깨끗한 물과 위생으로 접근할 수 있도록 하겠다는 목표가 달성될 것으로 확신한다.

잭 심(Jack Sim)은 싱가포르국립대학교 경영대학 초빙 부교수이자 여러 사회적 기업가이다. 그는 세계화장실기구를 창설했고 11월 19일을 세계 화장실의 날로 지정할 것을 제안했으며 동 기념일은 추후 유엔에 의해 국제적으로 채택되었다. 그는 2006년 슈왑 재단이 사회적 기업인을 위해 제정한 금년도 사회적 기업인으로 지명되었으며, 타임지에 의해 "2008년 환경 영웅들"의 한 사람으로 선정되었다. 그는 영연방의 포인트 오브 라이트 상과 룩셈부르크의 뛰어난 평화 운동가 상을 각각 수상했다.

45

싱가포르의 생물다양성 지수

레나 찬(*Lena Chan*)

도시에서는 토종의 생물다양성이 존재할 수 없다는 일반적인 통념에 도전이라도 하듯 싱가포르는 자체 생물다양성을 보존했을 뿐만 아니라 국제적으로 인정되는 생물다양성 보존 노력에 대한 평가 수단을 고안해 냈다. 도시의 생물다양성에 대한 싱가포르 지수(Singapore Index on Cities' Biodiversity)는 유엔 생물다양성협약(UN Convention on Biological Diversity: CBD)의 서명 국가들이 싱가포르의 이름을 따서 지었으며 2010년에 공식적으로 승인되었다.

지수의 씨앗을 뿌리기

지수는 몇 가지 중요한 발전이 이루어지던 2008년도에 씨앗이 뿌려졌다. 그해 두 명의 미국 박사인 에릭 쉬비안(Eric Chivian)과 아론 번슈타인(Aaron Bernstein)이 '생명을 유지하기: 어떻게 인간 건강은 생물다양성에 의존하는가'(Sustaining Life: How Human Health Depends on Biodiversity)라는 획기적인 책자를 공저로 내놓았다. 이후 많은 연구가 생물다양성과의 연계가 인간의 물리/정신/심리적 행복에 필수적이라는 사실을 입증해 주었다. 따라서 생물다양성을 보전하는 것은 훌륭한 삶의 질을 위해 필수적인 것이 되었다.

2002년 헤이그에서 개최된 생물다양성 협약 제6차 당사국 회의(COP 6)에서 당사국들은 동 협약의 세 가지 목표(**보전, 생물다양성의 지속가능한 활용, 혜택의 공정한 배분**)를 효율적이고 일관성 있게 이행해 2002년 기준 생물다양성 상실비율을 2010년까지 최대한 감축시킬 수 있도록 함께 노력하기로 약속했다. 그런데 2008년이 되자 이 목표를 달성할 수 없다는 것이 분명해졌다.

아울러 2008년에 발표된 세계 인구데이터 표(World Population Data Sheet)는 "사상 처음으로 세계 인구의 절반이 도시 지역에 살게 되었다."라고 강조했다. 비록 보다 많은 사람이 현재 도시 지역에 살고 있지만 생물다양성 상실 문제는 도시의 보전노력에 따라 충분히 대처할 수 있다. 싱가포르에서 자연보전을 담당하는 기관인 국가공원국은 토착 동식물상에 대한 자료를 수집해 왔는데 이 자료는 인구가 밀집된 도시 국가 안에서도 풍부한 생물다양성이 존재할 수 있음을 보여주는 것이다. 우리는 자연 녹화와 생물다양성을 강화하는 접근법을 채택했다. 특히 2008년 처음으로 도입된 구상인 정원도시로부터 정원 속에서 자연과 어우러져 사는 도시(Biophilic City in a Garden)로의 진전을 통해서다. 그 이후 싱가포르는 생물다양성 보전에 더욱 전념했으며 2015년에는 자연 보전 기본 계획(Nature Conservation Masterplan: NCMP)을 마련했다.

생물다양성협약 사무국의 아메드 조그라프 사무총장은 토미 코 외교부 본부대사의 초청으로 2008년 1월 싱가포르에서 개최된 지역워크숍에 참석했다. 공원관리국의 응 랑 당시 최고경영자는 동 사무총장이 싱가포르의 도시 생물다양성 모델에 큰 인상을 받고 싱가포르가 동 협약의 제9차 당사국 회의 때 자신의 경험을 공유해 달라고 요청했음을 회고한다.

2008년 5월 제9차 당사국 회의에서 당시 국가개발부의 마 보우 탄 장관은 싱가포르가 생물다양성에 관한 지수 개발을 이끌고 싶다는 제안을 했다. 그해 국가공원국은 그와 같은 지수가 도시에 대한 평가와 감독의 수단이 될 수 있다는 생각을 품게 되었다. 이의 근거로는 '만일 우리가 정량적으로 측정하지 않거나 장기적인 기준으로 생물다양성을 추적하지 않는다면 어떻게 이를 효율적으로 보전할 수 있겠는가?'라는 것이었다.

처음으로 생물다양성협약 당사국들은 국가 차원의 생물다양성 전략과 행동 계획을 이행하는 데 있어 도시와 지방 당국의 역할을 인식했으며 이로써 제9차 당사국 회의는 도시 생물다양성 보전을 위한 분수령이 되었다.

지수의 싹을 틔우기

2009년 국가공원국은 생물다양성을 위한 지역 및 국가하부지역의 행동을 위한 국제 동반자(Global Partnership on Local and Subnational Action for Biodiversity) 단체, 그리고 생물다양성협약 사무국과 공동으로 도시 생물다양성 지수 개발을 위한 첫 번째 워크숍을 주최했다. 이는 도시 생태계 내의 생물다양성 상실 비율을 줄이는 데 있어 국가 및 지방당국이 기준점을 잡거나 평가절차를 진행하는 것을 지원하고자 하는 것이었다. 이 지수는 또한 각 도시가 생물다양성협약의 세 가지 목표를 달성하기 위한 생물다양성 행동계획을 준비하도록 지원하고, 토착 생물다양성에 관한 정보상의 중요한 괴리를 식별할 수 있도록 하고자 했다.

2010년 10월 생물다양성협약 제10차 당사국 회의에서 당사국들은 생물다양성을 위한 국가 내 지역 정부, 도시, 여타 지역당국의 행동 계획에 대해 승인하고 지수를 개발하기 위한 싱가포르의 노력을 평가하면서 지표의 이름을 도시 생물다양성에 관한 싱가포르 지수(Singapore Index on Cities' Biodiversity: SI)라고 거론했다. 동 행동 계획은 SI를 감시의 수단으로 활용하도록 권장했다.

지수의 과실

SI의 지표를 미세 조정하기 위한 다른 두 개의 워크숍이 2010년 7월과 2011년 10월에 각각 개최되었다. 23개의 지표가 3개의 그룹으로 분류되었다. '도시에서 발견되는 토종 생물다양성', '도시에서 발견되는 생물다양성에 의해 제공되는 생태계 서비스', '도시의 훌륭한 운영과 관리'가 그것이다. SI의 장점으로는 다음과 같은 것이 있다.

1. 현재 가장 포괄적인 도시 생물다양성에 관한 지수로서 전 세계적으로 적용되고 있음.
2. 정량적으로 점수를 보여줌.

3. 자체 평가 도구로서 쉽게 적용 가능하고, 과학적으로 믿을 수 있으며, 객관적이고 공정함.

4. 열망을 담고 있음.

5. 다양한 이해당사자들의 관여를 권장함.

6. 무수히 많은 다른 곳에 적용 가능함. 도시 계획과 자원 할당, 다른 환경 지수의 구성 요소, 지역 생물다양성 전략 개발을 위한 지침 등으로 활용 가능함.

7. 도시 수준 이상으로 확대할 수도 있고 개발 프로젝트 수준으로 축소할 수도 있음.

SI에 관한 사용 설명서(도시 생물다양성 지수로 알려짐)는 2014년 출간되어 SI 적용을 지원하고 워크숍에서 진행된 매우 유용한 토론을 공유하게 한다.

학자들과 학생들의 지원을 받아 30개 이상의 도시가 SI를 이미 적용했고 10개 이상의 도시가 현재 적용 중이다. 비영어권 국가 도시를 지원하기 위해 SI 사용설명서는 중국어, 프랑스어, 독일어, 일본어, 스페인어, 태국어, 베트남어 등 여러 언어로 번역되었다.

SI는 지난 10년간 여러 대륙의 많은 도시에 적용되었다. 따라서 생물다양성협약이 주관해 협상을 진행하고 있는, 2020년 이후를 위한 국제생물다양성 체계에서 다양성을 감시할 도구로 사용될 만큼 충분히 시험된 강력한 지표이다. 특히 2019년 10월 국가공원국과 생물다양성협약 사무국이 공동으로 주최한 SI 10주년 기념 워크숍을 통해 SI가 더욱 강화되었기에 그러하다.

국제 전문가와 SI를 적용한 도시의 대표자들은 기존 지표들을 검토했고 논점이 되는 사항을 더 잘 평가할 수 있는 새 지표를 포함시켰다. 새로운 지표로는 기후변화에 대한 자연 기반의 반응, 서식지 복구, 생물다양성과 건강, 자연 기반의 해법, 시민과학자, 녹색의 공공기반시설, 자연자본 평가 등이 있다.

SI는 두 가지의 신조에 기반하고 있는데 풍부하고 자연적인 생물다양성이 도시 내에 존재할 수 있다는 것과 개발은 생물다양성 보전과 공존할 수 있다는 것이 그것이다. 국가공원국이 이행하고 있는 도시 생물다양성 모델은 이 두 가지 원칙을 모두 구현하고 있다.

싱가포르의 도시 생물다양성 모델의 확산과 발전

세상 어느 곳에서 수달을 중앙상업지구에서 볼 수 있으며, 복잡한 쇼핑몰 바깥의 버스승강장 위로 코뿔새(hornbill)가 날아가는 것을 목격하고, 유행의 첨단을 걷는 상가지역으로부터 도보로 15분 걸리는 곳에 위치한 보태닉 가든에서 원생의 열대우림 속을 걸어갈 수 있겠는가? 싱가포르가 잘 간직하고 있는 비밀 중 하나는 아직까지 과학계에 알려지지 않았던 새로운 종이 현재에도 도시 국가 내에서 발견된다는 것이다. 토착종의 숫자는 풍부하고 자연적인 생물다양성이 도시와 공존할 수 있다는 것을 입증한다.

토착 종의 수	세계적 종 수 대비 토착 종의 비율
조류(bird) 403종	3.8%
잠자리(dragonfly) 122종	2.4%
딱딱한 산호(hard coral) 255종	31.9%
해초(seagrass) 12종	16.7%
200종 이상의 해면동물(sponge)	4.0%

우리는 어떻게 이를 가능하게 만들었는가? 국가공원국은 싱가포르를 정원 속에서 자연과 어우러져 사는 도시로 만들었다. 인구밀집 도시환경 속에서도 지속가능한 경제성장, 높은 거주적합성, 생태적 복원력, 기후복원력, 사회적 복원력 등을 달성하기 위해 녹지를 재창조하고 생태적, 사회적 측면을 현존하는 녹지 위에 중첩시켰다.

국가공원국은 생물다양성 노력을 체계적으로 통합하고 조율하며 강화했는데 이는 앞서 설명한 자연보존 기본 계획상에 네 가지 요지로 압축되어 있다. 핵심 서식지의 보존, 서식지의 개선/복원과 종의 회복, 보전 생물학과 계획에 대한 응용 연구, 공동체에 대한 관리와 자연 속으로 다가가기 등이 그것이다.

부킷티마 고속도로 위의 생태학적 연결로는 2013년에 완공된 길이 62m의 생태 교량이다. 이 연결로는 1986년 건설된 부킷티마 고속도로로 인해 서로 분리된 부킷티마 자연보호구와 중앙집수구역 자연보호구를 다시 연결시켰다. 이로써 양쪽 지역의 야생 동물들이 자유롭게 건너다닐 수 있게 했다. ⓒ 국가공원국

이는 국가공원국의 녹지 공간 관리 작업으로 구체화되었으며 대상으로는 플라우 우빈, 350파크, 3,500km의 도로변 수목, 300km 이상의 공원연결로 등 네 곳의 자연 보전지구가 포함된다. 네 곳의 자연 보전 지구를 포함해 플라우 우빈, 시스터스 아일랜드 해양공원 등 네 곳의 핵심 지역은 싱가포르 토착 생물다양성의 대부분을 품고 있으며 핵심 유전자 저장소 및 공급원으로 기능한다. 여기에는 원생 건조지 삼림, 오래되고 성숙한 이차 삼림, 어린 이차 삼림, 담수성 늪, 담수성 습지, 망그로브 숲, 모래사장, 개펄, 암석 해변, 해초목초지 등 다양한 생태계가 포함되어 있다.

핵심 지역의 온존함을 보전하기 위해 국가공원국은 자연공원과 여러 공원들을 세심하게 계획하고 설계하고 관리함으로써 이 핵심 지역에 대한 완충 기능을 제공한다. 여러 공원 연결로와 함께 부킷티마 고속도로를 건너질러 부킷티마 자연보호구와 중앙집수구역 자연보호구(Central Catchment

Nature Reserve)를 이어주는 생태학적 연결로 Eco-Link@BKE 등과 같은 생태학적 연결 통로도 잘 기능하고 있었다. 도로변 나무 심기도 다층적인 식목을 통해 다양화했는데 특히 좀 더 토착적인 종이나 새, 나비, 꽃가루 매개자를 많이 불러들이는 종으로 식재했다. 건물이 가득 들어선 환경 내로 서식지를 확대하기 위해 국가공원국은 고층건물 내의 녹지 설치를 권장하고 있으며 이미 주택용 건물, 병원, 호텔, 학교에서 크게 번성하고 있다.

2015년 10월, 방문객들이 코니 아일랜드의 무성한 원시 초목을 감상하고 있다. 이 공원은 코니 아일랜드 해변에 50헥타르 규모로 자리하고 있으며, 서쪽의 풍골 산책로와 동쪽의 파시르 리스 해안 산업 공원 제6지구에서 각각의 다리로 싱가포르 본섬과 연결되어 있다. ⓒ 싱가포르 프레스 홀딩스

서식지 복원과 개선 작업은 우리의 자연 생태계가 손상되지 않고 잘 기능할 수 있도록 수행되어야 한다. 서식지 복원 사업의 몇 가지 예로는 보태닉 가든 내의 학습삼림에 있는 습지, 주롱 호수공원 내의 담수 늪, 코니 아

일랜드의 해변 생태계 등을 들 수 있다.

우리의 사업을 더욱 효율적이고 효과적으로 만들기 위해 현대 기술도 활용되었다. 카메라 덫 설치, 개체군 모델링, 생태계 모델링, 에이전트 기반 모델링, 지리정보시스템(GIS), 환경 DNA(eDNA), 레이저를 활용해 거리 등을 측정하는 LiDAR 방식은 우리의 생물다양성 조사와 운영계획에 관한 설계가 신뢰할 수 있는 과학 기술에 기반하고 있음을 보여준다. 국가공원 국은 생물다양성 연구를 공동체, 학교, 비정부기관, 일반 대중, 여타 정부 기관, 지역 기관, 국제적 기관등과의 협력과 제휴를 통해 진행한다. 우리가 추진했던 자연속의 공동체(Community in Nature), 꽃 속의 공동체(Community in Bloom), 생물다양성을 위한 학교의 녹화(Greening of Schools for Biodiversity) 등은 매우 성공적인 프로그램이었다.

싱가포르는 비록 조그만 붉은 점에 불과할지 모르나 국제 생물다양성 공동체에 매우 중요한 푸른색과 녹색의 기여를 했다. 실행할 수 있는 도시 생물다양성 모델과 도시 생물다양성에 대한 싱가포르 지수가 바로 그것이다.

레나 찬(Lena Chan) 박사는 국가공원국 내 국제생물다양성보존과의 선임 과장으로서 SI 개발, 자연보존 기본계획 성안, 팔라우 테콩 해안보호, 망그로브 숲 개선 프로젝트 등에 참여했다. 그녀는 또한 생물다양성협약의 국가연락 담당관이며, 지속가능을 위한 지방정부 회의체의 공동 의장이자 자연과 어우러져 사는 도시네트워크 자문위원회의 회원이다. 그녀는 생태학, 기생충학, 여성과 환경 등에 관한 과학논문을 다수 출간했고, 보존 생물학 책자에도 논문을 기여했다. 부킷 티마 자연보호구에 대한 포괄적인 생물다양성 조사를 목적으로 한 『가든스 블레틴 싱가포르(Gardens' Bulletin Singapore)』의 부록도 공동 집필했다. 캐나다 맥길대학에서 이학석사를, 영국 임페리얼 칼리지에서 박사를 각각 취득했다.

46

성장을 추구하면서 자연을 관리하기

유스턴 콰(*Euston Quah*)

1965년 독립 이래 50여 년 만에 싱가포르는 2018년 기준으로 1인당 GDP 1,581싱가포르 달러에서 2018년 8만 7,108싱가포르 달러로 엄청난 경제 성장을 달성했다. 2018년의 구매력 기준 1인당 GDP는 전 세계 3위이자 아시아에서 1위를 기록했고 삶의 질이라는 측면에서는 전 세계 25위를 기록하고 있다.

싱가포르 경관의 대부분도 엄청나게 변화되어 녹지에 둘러싸인 번성하는 현대 대도시가 되었다. 이는 우연히 만들어진 것이 아니며 지속가능한 개발과 성장이 함께할 수 있도록 세심하게 계획한 결과이다.

역사적으로 보면 경제 성장이라는 것이 항상 중앙 무대를 차지했고 국가가 물질적 진보를 이루는 근간이 되어 왔다. 여기에는 그럴만한 이유가 있다. 독립 직후 시기의 싱가포르는 항상 실존 문제에 대한 도전에 직면했다. 1인당 실질 소득은 어림잡아 오늘날의 1/12에 불과 했다. 실업률은 10에서 12% 수준이었다. 당시 채택했던 정책들을 살펴보면 경제 성장에 중점을 두었던 것을 쉽게 관찰할 수 있다. 문호가 개방되었고 외국인 직접투자(FDI)를 끌어들이기 위해 붉은 양탄자를 깔았다. 경제개발청을 설립해 특히 외국인 직접투자 유치업무를 담당하도록 했으며 이 중요한 임무는 오늘날까지도 거의 변함없이 유지되고 있다. 외국과의 무역협정도 적극 진행해 싱가포르의 수출 시장을 늘려왔다.

그러나 경제 성장 그 자체는 환경 문제에 대한 주요 우려사항을 인정함이 없이 추진되지는 않았다. 싱가포르의 작은 지리적인 규모는 생활환경과 산업 활동이 상호 의존할 수 있는 공간을 찾아야 함을 의미했다. 그래서 패러다임은 경제성장이 매우 중요하며 적극 추진되어야 하지만, 살아있고 자연적인 환경에 대한 진지한 고려 역시 이루어져야 한다는 것이었다.

토지용도 지정이 이루어졌고 효율적인 토지 사용 계획이 장기적인 개념 계획과 중기적인 기본계획에 반영되었다. 매립간척을 통한 토지공급 증대 필요성에도 많은 관심이 기울여졌으며, 종적인 도시화와 최근에 강조되는 환경 친화적인 건물 및 환경적으로 현명한 생활방식을 통해 토지 사용을 개선했다. 오염을 유발하는 산업은 거주 지역으로부터 가급적 멀리 보내졌다. 개발도상국에서는 잘 찾아보기 어려운 쓰레기와 오염 방출에 대한 기준이 처음부터 강제되었다.

집중적인 산업화로 인해 경제가 갈색화하는 현상은 곧바로 경제를 녹색화하는 방식으로 이어져서 환경 악화라는 비용을 치르지 않고서도 경제성장을 추구할 수 있게 했다. 1971년부터 식목일을 제정해 경제 녹색화에 일반인들의 참여를 장려했다. 이에 수반해 싱가포르를 깨끗하게 하기(Keep Singapore Clean) 캠페인은 깨끗한 생활환경 유지의 중요성을 강조했다. 심하게 오염되었던 싱가포르 강과 칼랑 유역도 10년에 걸쳐 정화되었고 1987년 일반인들에게 개방되었다. 1990년대에 싱가포르는 매력적인 국제도시가 되었으며 깨끗한 녹색의 환경은 싱가포르의 명성이 되었다.

선택과 대립되는 요소 간의 균형

경제와 환경 둘 사이의 갈등은 흔히 정부가 자원 배분에 있어 어느 하나를 다른 하나에 비해 우선시하는 결과를 초래한다. 모든 국가들이 이런 도전에 직면하지만 싱가포르라는 국가의 크기와 독특한 사정은 이러한 대립 요소 간의 균형 문제를 더욱 엄중하게 한다.

경제 성장은 재화와 용역을 더 많이 생산하고 소비하게 한다. 이는 필연적으로 높은 에너지 소비를 야기한다. 증대된 에너지 수요에 어떻게 가장 잘 대처할 수 있느냐가 싱가포르가 직면하고 있는 주요한 도전이다.

경쟁력을 유지하기 위해 싱가포르는 에너지 비용을 낮추어야 한다. 비용만이 유일한 고려 사항이라면 석탄이 절대적으로 선택될 수밖에 없는 연료이다. 그러나 석탄은 연소 시 이산화탄소를 가장 많이 배출하고 가장 많은 오염을 야기하는 화석 연료이다. 다시 한번 경쟁력을 유지해야 하고 환경적인 고려도 해야 한다는 압력이 싱가포르를 서로 다른 방향에서 잡아당긴다. 싱가포르에는 신재생 에너지가 부족하다는 점이 문제를 더욱 복잡하게 만든다.

반면, 폐기물 발생은 성장의 부산물이기 때문에 또 다른 도전을 야기한다. 성장과 함께 더 많은 산출물과 소비가 이루어지며 둘 모두는 낭비를 발생시킨다. 제한된 토지 공간 때문에 전통적인 매립은 좋은 방안이 될 수 없다.

싱가포르의 고령화되는 인구와 낮은 출산율 역시 심각한 도전을 야기하는데 노동력도 경제 성장을 위한 중요한 요소이기 때문이다. 에너지 및 인구에 제약이 있다는 것은 경제 성장이 둔화되고 심지어 부(否)의 성장이 이루어질 수도 있음을 의미한다. 이 모든 것이 싱가포르의 환경과 지속가능성에 대한 심각한 도전 요소가 되고 있다.

도전에 대처하기

우리가 잘 알다시피 싱가포르는 오늘날 현대적이고 번영하는 대도시로 성공적인 변혁을 이루어냈지만 이와 동시에 정원도시로 그리고 지속가능한 개발로도 잘 알려져 있다. 무엇이 이를 가능하게 한 "비밀 요소"일까? 나는 네 가지의 중요한 요소를 지적하고자 한다.

첫째는 경제성장이 좋은 삶의 질을 위한 모든 것이자 궁극적인 것이 아니라는 생각이다. 생명체와 자연 환경을 보전하는 것 역시 매우 중요한 요소이다. 그 점에 있어 싱가포르는 추가적인 경제 성장과 환경에 대한 부정적인 영향 사이에는 서로 주고받는 관계가 있다는 점을 인정해 왔고 지금도 이를 인정할 준비가 되어 있다. 독립 이래 현재까지 싱가포르는 추가적인 성장이 가져올 결과와 감소되는 녹지가 가져올 결과에 대해 신중히 저울질해 왔으며 발전과 성장으로부터 야기될 수 있는 심각한 피해를 경감시켜 왔다.

두 번째는 싱가포르 내부에서건 외부에서건, 그리고 민간 분야나 학계, 더 넓게는 시민사회로부터 전문가/지식인/과학자들을 관여시킨 것이다. 결정적인 것은 우선 중요한 자료를 모으고 분석해서 환경에 관한 기준치를 정했고, 아울러 공공기반시설과 상업적 프로젝트로부터 야기되는 환경 비용을 평가한 것이다. 수십 년 전에는 비용 효과분석을 했지만 1990년대 후반부터는 비용 편익분석을 했다. 전자는 어떤 목적 달성을 위해 최소한의 비용이 드는 선택에만 초점을 맞추었지만 후자는 어떤 정책의 비용에 더해 편익까지 검토해 사회를 위한 사회적 잉여가 창출되어야만 했다. 이런 변화는 재무부 산하에 공공 프로젝트 관리 센터(Center for Public Project Management)를 창설하는 것으로 이어져 어떤 양적 규모 이상의 제안이 있을 경우 동 센터로부터의 정밀 조사와 자문을 받아야만 진행될 수 있도록 했다. 훌륭한 자료와 조심스럽고 적합한 분석을 통해 대부분의 경우 싱가포르는 선택된 프로젝트가 지속가능하며 환경적 의무도 충족시키도록 할 수 있었다.

세 번째는 시장 기능을 활용하고자 하는 싱가포르의 의지이다. 다양한 인센티브 기반의 정책들이 토지 사용, 폐기물 관리, 교통 분야 등에 설계되었다. 교통 혼잡 증가를 관리하고자 전자식 도로통행세 제도와 경매를 통한 자동차 운행증명서 발급제도의 운영은 싱가포르만의 특징이다. 훌륭한 공기질을 유지하는 것은 기술과 공학적인 능력만을 요구하는 것이 아니라 배기가스의 원천에 대한 차등적인 세금부과도 필요로 한다. 예를 들어 현재 진행 중인 환불 및 할증료 제도와 최근의 탄소세 제도는 배기가스를 적게 배출하는 차량 사용을 촉진한다. 가장 핵심적인 부분은 법의 지배 원칙이 법과 규정이 준수될 수 있도록 보장하는 데 있어 절대적인 역할을 한다는 것이다. 초기부터의 엄격한 법 집행은 부패와 안이한 태도를 감소시키는 데 기여했다.

네 번째이자 중심적인 이유는 새로운 기술을 지속가능한 발전의 청사진에 도입할 수 있도록 연구와 개발을 통합적으로 활용한다는 것이다. 예를 들어 담수화 및 NEWater 기술이 개선될 경우 대규모의 물 회수를 싸고 가능하게 해 줄 것이다. 이 두 가지 방식을 통해 싱가포르는 머지않아 90% 이상의 물 자급도를 달성할 수 있을 것이다.

기후 변화 문제의 경우, 탄소세가 탄소 배출 감축에 도움을 주고 지구

온난화도 늦추겠지만 이미 온난화된 지구의 현실을 수용하고 적응해 나가는 것 역시 필요하다. 기존에 이미 있는 정책이지만 건물 기반을 높게 해물이 범람하는 것을 막고 해안선 개발을 규제하는 것과 같은 정책은 더욱 확대되어야 한다. 예상되는 해수면의 상승에 대응해 건물들은 더욱 육지 안쪽에 건설되어야 하고 간척은 토지 매립작업이 홍수를 야기하지 않는다는 점이 분명해질 때까지는 감축될 수도 있을 것이다.

싱가포르는 도시문제 해법이 성장을 가능하게 한 기둥이었다는 점과 지속가능성의 요소가 성장 잠재력을 향상시켰다는 점을 이해하고 있다. 싱가포르는 연구와 개발, 공공기반시설, 그리고 무엇보다도 인적 자본을 형성하여 연관된 산업을 계속 지원해 나갈 것이다.

결론

초점은 경제성장과 환경을 지속가능하게 하는 데서 발생하는 도전을 관리하는 것인데 여기에는 대립되는 요소 간의 균형 문제가 발생한다. 근본적으로 이는 최적화의 문제이다. 싱가포르인들은 과연 어느 정도의 경제성장과 이에 따른 높은 수준의 탄소 배출, 폐기물 발생, 녹지 상실, 그리고 환경악화를 수용할 준비가 되어 있는가? 실질 GDP의 추가적 증가가 사회적 효용을 증대시키는 것인가?

비록 과학과 기술이 삶의 질을 개선하기 위한 먼 길을 함께 가고 있지만 결국은 경제학, 비용과 편익에 대한 합리적인 사고, 서로 대립되는 요소 간의 균형문제 등이 차이를 만들어 과연 새로운 혁신을 정부나 사회가 받아들일지 여부를 결정하도록 한다.

싱가포르는 자원 배분에 있어 비용편익 분석을 광범위하게 활용하는 등 올바른 방향으로 가고 있지만 아직도 부족한 분야가 있다. 바로, 자료를 체계적으로 수집하는 것과 녹색의 공간이나 신선한 공기와 같은 비시장적 재화에 대한 일반인들의 선호를 간청해서 구하는 것이다. 이와 같은 가치평가 연구는 사회의 선호를 끄집어내는 데 필요하며 경제 성장과 환경보전 간의 균형이 최적의 상태로 결정될 수 있게 한다. 더욱이 일반인들의 선호를 입수하게 되면 이해당사자들에게 더 큰 영향력을 주고 결정에도 더 큰 투명성을 제공할 수 있다.

미래 싱가포르의 환경 분야 지형은 오늘날의 그것과 실제로 크게 다르지 않을 것이다. 선한 통치와 싱가포르 사회 내 사고방식의 변화를 중심에 두고 발전된 기술, 비용 편익분석이 중심이 된 실용주의, 효율에 기반한 정책결정 등이 싱가포르가 지속적인 경제 발전을 하는 가운데 그에 걸맞은 환경 지형을 계속 수용할 수 있게 할 것이다.

유스턴 콱(Euston Quah) 교수는 난양공과대학의 앨버트 빈세미우스 석좌교수이자 경제학과 학과장이다. 그는 싱가포르국립대산하 정책연구소의 외래수석연구원이며 과거 동 대학 경제학과 학과장도 역임했다. 그는 싱가포르 경제사회(Economic Society of Singapore)의 회장이며 주요 국제 저널에 100여 편 이상의 논문을 출판했다.

VIII. 대외 관계

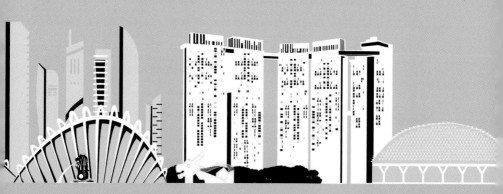

47

싱가포르와 아세안(ASEAN)

옹 켕 용(*Ong Keng Yong*)

동남아시아국가연합(The Association of Southeast Asian Nations: 이하 아세안)은 1967년 8월 8일 출범했다. 5개의 창설국가는 인도네시아, 말레이시아, 필리핀, 싱가포르, 태국이었다. 1984년에는 브루나이가 아세안에 가입했다. 베트남은 1995년에, 라오스와 미얀마는 1997년에, 캄보디아는 1999년에 각각 가입했다. 동남아 지역 유일의 정부 간 기구인 아세안은 싱가포르에게 매우 중요하다. 성공적인 아세안은 싱가포르의 국가이익에 도움이 되기에 싱가포르는 아세안을 효율적이고 유의미하게 만들기 위해 필요한 자원을 투자했다.

싱가포르의 아세안에 대한 기여는 아세안의 상이한 확대단계와 아세안이 지난 52년간 맞닥뜨린 위기에 따라 고려되어야 한다. 첫 번째 원칙은 아세안을 창설한 설립문서인 방콕 선언(Bangkok Declaration)의 내용과 정신을 계속 유지하는 것이다. 회원국 상호 간의 협력, 친선, 불간섭의 원칙이다. 설립 초기의 아세안은 공산주의의 진군을 막고 동남아에서의 냉전의 영향을 완화시키는 데 큰 역할을 수행했다. 아세안은 역내 공산주의 확대 억제와 공산주의의 반란 억제에 연대감을 발휘했다.

아세안을 섭립한 5개국의 창립 지도자 상호간의 동지애와 의지가 없었다면 동남아시아는 지금과 같이 발전하지 못했을 것이다. 싱가포르는 아세안이 공산주의 위협에 어떻게 대처해야 하는지, 특히 1978년 12월 베트남이 캄보디아에 무력 개입을 한 직후의 상황에 어떻게 대응할 것인지에 대한 냉철한 생각을 가지고 있었다. 당시 다른 아세안 회원국들과 함께 치열한 외교활동을 전개했으며(특히 유엔에서) 저항을 강화해 나가기 위해 일반인에게 적극 설명하고 조용한 표적지원을 해나갔다. 이를 통해 공산주의를 기정사실화하려던 소련, 베트남, 중국의 냉전 전사들의 시도를 막을 수 있었다.

함께 경제를 기하급수적으로 확대해 나가기

세계화와 더불어 1980년대에 국제 교역이 확대되고 제네바 기반 관세 및 무역에 관한 일반협정(GATT)이 세계 무역기구(World Trade Organization: WTO)로 변혁됨에 따라 싱가포르는 아세안이 시장을 개방하고 사업을 통합하며, 국경을 넘어 공급 사슬을 갖추는 다자협력의 시대에 대한 준비를 해나가도록 노력했다. 아세안 지도자들은 아세안 자유무역협정(AFTA)에 관한 협상을 시작했으며 1992년 당시 6개의 회원국 모두가 AFTA에 서명했다. 베트남, 라오스, 미얀마, 캄보디아가 아세안에 가입했을 때 이들 국가는 AFTA에 서명을 해야 했으며, 다만 AFTA의 관세 감축 의무를 충족시키기까지 좀 더 긴 시간적 여유를 허용 받았다.

싱가포르는 AFTA가 혁신적인 특성을 갖추도록 하는 데 있어 중요한 역할을 했다. 이중 핵심적인 요소는 원산지 규정(Rule of Origin)에 적용되었다. 즉, 어떤 특정한 아세안 회원국 내로부터 최소 40% 이상의 현지 조달이 있어야 한다는 일반적인 요건이다. 싱가포르는 부존자원이 없고 원자재를 주변 아세안 국가로부터 도입하고 있기에 AFTA가 아세안 국가에서 누적된 현지조달 원칙을 수용하도록 하는 것이 중요했다. 다시 말하면 다양한 아세안 회원국으로부터 투입된 요소의 가치를 모두 결합해 40% 규정에 합치하면 되도록 하는 것이었다. 이는 수년간에 걸쳐 싱가포르 제조업 분야에 외국인 직접투자를 유치해온 중요한 요소였다. 싱가포르 내의 공장들은 여러 다른 아세안 회원국으로부터 들여온 재료를 결합해 자신들의 투입물로 만들고 완성된 제품을 시장에 내놓을 수 있었다.

AFTA의 잠재력은 해외 직접투자를 동남아시아로 끊임없이 끌어들였다. 증대된 교역과 투자는 아세안 회원국의 경제 성장을 촉진시켰다. 세계화의 파도를 타고 중국과 인도도 자신들의 경제를 개방했기에 해외 직접투자를 유치하기 위한 치열한 경쟁이 시작되었다. 아세안이 1997~98년의 아시아 금융위기를 벗어나자 고촉통 총리는 다른 아세안 지도자들에게 중국과 인도 경제가 야기하고 있는 도전 속에서 아세안이 어떻게 경쟁력을 유지할 수 있을지를 특별히 연구해 보자는 제안을 했다. 이는 종국적으로 아세안 내의 경제통합 프로그램을 가속화시켰고 아세안 경제공동체(ASEAN Economic Community: AEC)의 기반을 마련했다. 동시에 고 총리는 아세안 통합 계획(Initiative for ASEAN Integration: IAI)을 주창했는데 이는 덜 발전된 아세안 회원국을 지원하기 위해 공동으로 노력하는 역량개발 계획이었다. IAI는 아세안 역내에서 기술지원과 협력을 위한 주요 플랫폼으로 계속 유지되고 있다.

초기에 싱가포르는 통합된 아세안 시장이 완성되기 이전에 폭넓은 아세안 공동체가 형성되는 것을 원치 않았다. 그러나 싱가포르는 아세안 경제공동체가 다른 회원국들의 눈에는 주로 싱가포르의 이익에만 부합하는 것으로 비칠 수 있다는 점을 인식했다. 이런 이유 때문에 정치/안보적, 사회/문화적 요소 역시 동시에 포함되어야 했다. 더욱이 시민 사회의 대두와 함께 환경보호나 인터넷 및 정보통신 기술의 급격한 발전과 같은 새로운 문제들은 역내 전체의 정책적 관심을 필요로 했다. 아세안 지도자들은 2003년 발리 정상회의에서 단계별로 아세안 공동체의 3대 축{Three Pillars: 아세안 정치안전공동체(APSC), 아세안 경제공동체(AEC), 아세안 사회문화공동체(ASCC)}을 수립하자는 컨센서스에 도달했다.

동시에 경제적 이점을 늘려나가고자 하는 아세안 내부의 움직임이 있게 되자 아세안 지도자들은 역내 시장의 잠재력을 활용해 아세안의 주요 교역상대국과의 자유무역협정(FTA)을 체결하자는 싱가포르의 주장에 동의했다. 중국, 일본, 한국, 호주, 뉴질랜드, 인도가 대상이었다. 개별적인 자유무역협정에 대한 협상이 진행됨에 따라 아세안 지도자들은 좀 더 공식적으로 조직을 형성하는 방향으로 나가기로 결정했다. 이에 따라 아세안 헌장(ASEAN Charter)을 위한 절차가 2005년 개시되었고 2008년에는 동 헌장이 채택되어 법에 근거하여 운영되는 아세안의 핵심 구성요소가 되었다. 이를 통해 아세안은 유연한 협력 조직에서 법률적으로 구조화된 조직으로 변혁을 이루었다.

국제적 위상 강화를 위해 단결하기

싱가포르의 아세안 내 역할은 동남아시아 지역의 집단적 행복을 위해 조직은 어떻게 이루어져야 하는가에 대한 원칙적이고 전략적인 입장을 밝히는 것이었다. 동남아 지역은 모든 주요 열강들의 전략적인 이해가 걸려 있는 곳이다. 그들은 자신의 존재를 유지하고 각자의 이해관계를 보호하고 자 한다. 이런 이유 때문에 아세안은 그들의 경쟁적 역학 관계를 이해하고 관리해야 한다.

싱가포르는 세력 균형을 지역 외교와 자위를 위한 필수적인 수단으로 생각한다. 이 원칙은 초대 리콴유 총리의 싱가포르 현실에 대한 날카로운 인식과 전략적 예지력에서 나온 것이다. 열강들은 시시때때로 전략적인 선택을 실험하고 자기중심적인 입장을 취한다. 소국들은 자기 자신의 전략적 자율성을 유지해야만 한다. 수렴된 이익을 바탕으로 집단적인 행동을 함으로써 아세안은 방어적이자 공격적인 기제로 기능한다.

지난 50여 년을 거치면서 아세안은 오늘날과 같은 독특한 조직이 되었다. 그런데 관료적인 측면에서 보면 미로와 같이 복잡한 조직이다. 이는 아세안 공동체의 구상이 정치/경제/사회적 측면을 모두 포함하고 동남아 지역의 다양성을 포괄하고 있기에 피할 수 없는 현실이다. 그러나 전략적인 수준에서는 복잡하고 난해한 조직이 아니다. 아세안 내에서 핵심적인 정책을 주도하는 사람들은 동료들과 체계적으로 일한다. 이런 노력에 있어서는 목적이 명료하고, 공통의 목표가 있어야 하며, 여러 노력들을 조율하는 작업이 필수적이다. 틀림없이 이는 많은 시간이 소요되고 절차에 따라야 하는 작업이다. 때로는 서로 다른 아세안 관리들이 혼란스러운 메시지를 발신해 헷갈리게 하는 상황이 연출될 수도 있다. 그러나 아세안 지도자들은 함께 일하며 중대한 시점에 연대감을 보여준다.

아세안의 성공을 위한 싱가포르의 처방은 다른 회원국을 설득해 생존을 위해 일치단결하도록 하는 것이다. 싱가포르는 세상을 있는 그대로 받아들이면서 도시국가가 최대한 잘 할 수 있는 것을 활용해 나가고자 한다.

다양한 시점에 지적인 차원의 투입과 지정학적 계산 및 투박한 벼랑 끝전술을 통해 싱가포르의 국가 이익이 손상되지 않도록 노력하고 있다. 동남아가 좀 더 비동맹적인 노선을 걷자고 하거나, 비핵화 지대를 만들자고 하거나, 새로운 회원국을 성급하게 받아들이라고 하는 것과 같은 압력이 있을 때 싱가포르는 붙잡는 자세를 취하면서 아세안이 민첩하면서도 비대해지지 않도록 노력해왔다.

이제 아세안 중심성이 이 그룹의 전략으로 홍보되고 있는데 이는 외부세력으로부터 지역 안보와 경제구조를 지키기 위한 새로운 구상에 상응하는 전략이라고 볼 수 있다. 싱가포르는 주요 강대국 간의 대립과 경쟁이 고조되는 시기에 지역기구가 타당성을 유지하려면 아세안 중심의 메커니즘을 활용하면서 아세안 회원국이 전략적 자율성을 추구해야 한다는 원칙을 일관되게 적용해왔다. 각 회원국 내의 민주적 선거절차에 따라 새로운 정부 수반이 주기적으로 나오며 아세안 지도자들 사이의 역학관계도 느슨해지면서 응집력과 단결을 유지하는 것이 점점 더 어려워지고 있다. 그러나 아세안은 있는 그대로 행동하고, 정직한 중개인으로서 동남아에 영향을 미치는 주요 강대국들을 중립적으로 관리할 때만이 성공할 수 있다. 아세안의 집단적 의지를 설득하고 만들어낼 수 있는 싱가포르의 능력이 아세안에서 싱가포르가 이룩한 성과의 핵심이다.

옹 켕 용(Ong Keng Yong) 대사는 1979년부터 직업외교관 생활을 해왔으며 2003년부터 2007년까지 제11대 아세안 사무총장직을 역임했다. 그는 현재 싱가포르 외교부의 본부 대사와 비상주 파키스탄 대사와 비상주 이란대사를 겸임하고 있다. 그는 또한 싱가포르 국제 재단의 회장이자 난양공대 산하 라자라트남 국제문제연구소(RSIS)의 집행부회장이다.

48

싱가포르와 주요 강대국: 가능한 균형

찬 헹 치(*Chan Heng Chee*)

　내가 주미 싱가포르 대사로 워싱턴에서 근무할 때 동남아 주요국 외교관들은 약간의 감탄을 하면서 어떻게 싱가포르는 미국 및 중국과 동시에 좋은 관계를 유지하는지 질문했다. 나는 좀 더 긴 설명을 이어가기 전에 먼저 즉각적으로 "어려움이 있어요."라고 반응하곤 했다.

　비록 공통의 이해관계가 있기는 하지만 미국과 중국의 이익이 항상 일치하는 것은 아니다. 2017년 도널드 트럼프 대통령이 취임한 이래 양국은 매우 심하게 경쟁하고 대립하는 사이가 되었다. 두 강국은 자신들의 우호국이나 동맹국이 양국과 동시에 협력하는 것을 점점 더 어렵게 만들고 있고 사실상 어느 한 쪽의 편을 들도록 강요할 것이다. 그렇다면 어떻게 싱가포르는 현재까지 두 강국과 우호관계를 유지하는 데 성공했는가? 앞으로도 이를 계속 유지할 수 있을 것인가?

타인과 친구관계를 유지하기

　1965년의 독립 당시 싱가포르의 대외 정책은 모든 나라들과 친구가 되는 것이었다. 국가의 크기와 취약점을 인식하고 있었기에 싱가포르는 영국의 군사기지를 유지했으며 1971년에는 호주, 영국, 말레이시아, 뉴질랜드가 포함된 5개국 방위협정에 서명했다.

　냉전은 절정으로 치달았으며 중국은 1949년 공산 정권을 수립했고 미군은 베트남에서 베트콩과 싸웠다. 1970년 싱가포르는 비동맹 운동(Non-Aligned Movement: NAM)에 가입해 새로 독립했거나 발전도상국 중 양극시대에 미국의 세력권이나 소련의 세력권 어디에도 들어가고 싶지 않던 54개국의 일원이 되었다. 1991년 소련이 붕괴된 이후에도 NAM은 아직까지 그룹으로 남아있으며 싱가포르도 회원국으로 남아 있다.

1967년 싱가포르는 비공산주의적이며 시장지향적인 동남아 국가들과 함께(인도네시아, 말레이시아, 태국, 필리핀) 아세안을 창설했는데 이는 외부의 간섭에 대항해 스스로를 강화하고자 하는 지역 모임이었다.

이 세 가지의 외교 정책 입장 정립이 싱가포르 미래의 안정/안보/번영에 결정적이었고 싱가포르를 서구동맹과 공산 국가 사이에서 균형된 위치를 잡도록 해주었다.

미국과 중국을 관여해 나가기

리콴유 총리에 의한 두 가지의 전략적 움직임도 있었는데, 이는 우리가 중요한 두 강대국과의 관계를 조심스럽고 성공적으로 균형을 유지하면서 관리해 나갈 수 있게 해주었다.

1967년 영국이 수에즈운하 동쪽에 주둔하고 있는 군대를 철수하겠다는 의사를 발표하자 싱가포르는 새로운 방위파트너를 물색했다. 리 총리는 미국만이 역내 공산주의 격퇴에 도움을 줄 수 있는 유일한 강국이라고 판단했다. 그래서 그는 체계적으로 미국을 좀 더 잘 알아가겠다고 계획했으며 미국의 지속적인 아시아 주둔을 지지했다.

싱가포르는 미국과 일본 간의 상호방위동맹이 역내 안정을 가져오는 것으로 인식했고 베트남 전쟁으로 인해 미국의 존재가 통상적으로 비난받을 때에도 두려워하지 않고 이에 대한 지지의 목소리를 높였다.

1990년 필리핀이 클라크 공군기지와 수빅 만에서 미군의 철수를 요구했을 때 싱가포르는 기꺼이 자국 내 군사기지를 미국이 이용하도록 제안했다. 미국은 역내 지휘 통제 기능을 싱가포르로 이전했고 이를 통해 계속적인 역내 발판을 만들었으며 싱가포르는 미국의 가치 있는 파트너가 되었다.

1979년부터 다음 10년 동안 싱가포르는 아세안의 일원으로 미국 및 중국과 협력하면서 성공적으로 베트남군의 캄보디아 철군을 유도하고 유엔 캄보디아 잠정기구 및 유엔 주도 선거가 수용될 수 있도록 지원했다.

2001년 9월 11일, 뉴욕 쌍둥이 빌딩에 대한 테러 공격이 발생하자 싱가포르는 두 번째의 전략적 움직임을 보여주었다. 조지 부시 행정부에 의해 추진되던 테러에 대한 국제사회의 투쟁인 의지의 연합(Coalition of Willings)에 참여했다.

2005년 싱가포르는 미국과의 전략 기본협정(Strategic Framework Agreement)을 체결해 기존의 군사적 협력과 함께 새로운 반테러 협력까지 추가했다.

2019년 싱가포르는 트럼프 정부와 동 협정의 양해각서를 갱신했는데 동 문서는 양국 간 군사적, 방위적 협력과 함께 새로운 사이버안보 협력까지 범위를 확대했다.

미국 관리들의 시각에서는 싱가포르가 아시아 내 미국의 친구이자 믿을 수 있는 파트너이기에 그들은 자주 싱가포르를 "제대로 이해하는 국가"라고 이야기한다. 일반적인 미국인들은 싱가포르의 경제 성장과 교육적 성취에 대해 감탄하곤 한다.

오랜 기간 동안 중국은 서방 세계 및 역내 국가들로부터 혁명을 해외로 확산시키는 공산주의 강국으로 여겨졌다. 싱가포르는 아세안 국가 중 중국과 제일 마지막인 1990년에 수교했다. 중국계 인구가 75% 이상을 차지하고 있는 상황에서 싱가포르는 독립 이후 제3의 중국으로 오해받는 것을 피하고자 했다. 그래서 우리는 단호하게 싱가포르의 정체성을 키워나갔다. 1978년 등소평이 현대화의 길을 선택하자 싱가포르의 중국에 대한 관여는 빠르게 증대되었다.

리콴유는 성공적으로 중국을 설득했는데, 두 개의 큰 말레이 국가 사이에 놓여있는 싱가포르의 지정학적 위치를 감안할 때 독립을 유지하고 싱가포르도 유지하는 것이 국가의 생존에 결정적이라는 점을 설명했다. 그는 중국인들에게 언제나 솔직했으며 그럴 정도의 위상을 지니고 있었다. 그는 등소평에게 중국 운남성(雲南省)에 위치한 말레이 혁명의 목소리(Voice of Malayan Revolution) 방송이 동남아에서의 혁명을 조장한다는 점을 지적하며, 이로 인해 여러 정부들이 중국을 의심하게 된다고 설명했다. 중국은 1981년 동 방송을 중단했다. 중국과의 양자 관계에서 싱가포르가 이룩한 독특한 성과는 국토가 좁은 싱가포르로서는 대만에서 군인들을 훈련시킬 수밖에 없다는 점을 중국이 수락하도록 설득한 점이다.

싱가포르는 또한 변화하는 중국을 서방국가에 설명하는 역할도 수행했다. 서방 분석가들이 중국은 위험할 정도로 빠른 성장을 이룬 이후 붕괴하거나 분열할 것이라고 성급하게 예상하는 것에 대해 리콴유는 객관적인 견지에서 볼 때 비록 중국이 한두 걸음 뒤로 물러서는 경우가 생기더라도 성장은 막을 수 없다는 점을 주장했다. 중국은 서방 지도자들과 마찬가지로 그의 관점이 도움이 된다고 판단했다. 다른 싱가포르 지도자들도 이와 같은 역할을 계속했으나, 미국과 유럽은 중국과의 빈번하고 폭넓은 접촉을 통해 점차 자신들도 중국을 잘 안다고 느끼게 되었으며 다른 이들의 의견을 구하는 것에 대한 관심도 줄어들었다.

수년간 싱가포르와 중국 간의 양자 관계는 다양한 상호 호혜적 협력 프로젝트로 채워졌다. 쑤조우 공업원구(Suzhou Industrial Park)로부터 시작해 천진환경도시(Tianjin Eco-City), 광저우 지식 도시(Guangzhou Knowledge City) 관련 협력이 이어졌고, 최근에는 충칭 연결 회랑(Chongching Connectivity Corrodor) 사업까지 협력관계가 진행되고 있다. 싱가포르는 중국의 주요 계획도 지지했는데 아시아인프라투자은행(AIIB)이 설립되자 이를 신속히 지지했으며 일대일로 사업에도 적극 참여하고 있다.

신뢰성과 환경

냉정하게 보았을 때 싱가포르가 두 강대국과의 관계를 계속 강화해 올 수 있었던 것은 싱가포르의 경제적 성공과 통치에 대한 좋은 평판 때문이었다. 경쟁력을 유지하기 위해 계속적으로 경제적인 재창조와 혁신을 하고, 기민하면서 규칙에 기반한 경제를 제도화하며, 훌륭한 통치를 해 온 것이 싱가포르를 가치 있는 대화 상대자이자 동반자라는 신뢰감을 심어주었다. 구체적이고 물질적인 성과가 없었다면 싱가포르의 무게는 덜 나갔을 것이다.

싱가포르가 미국 및 중국과 동시에 좋은 관계를 유지할 수 있었던 또 다른 이유는 국제 전략적인 맥락이 이를 가능하게 해주었기 때문이다. 중국은 1972년까지 세계와의 관계를 거의 갖지 않았는데 닉슨이 중국을 방문하고 그에 따른 데땅트가 이어지자 싱가포르를 포함한 다른 국가들도 중국에 관여하기 시작했다. 국제적 환경이 이를 가능하게 했다. 미국도 이를 수용했다. 중국은 가난하고 약했으며 미국은 강했다.

냉전은 자유주의적 세계질서로 대체되었고, 이를 세계의 패권국이자 극도로 자신감 넘치는 미국이 주도했다. 소련은 막 붕괴되었다. 사실 미국은 러시아와 중국을 자유주의적 세계질서로 데려와 그 규칙과 시장으로부터 혜택을 향유하게 했다. 중국은 미국과 개방된 전 세계 시장으로의 접근을 통해 엄청난 혜택을 입었으며 세계무역기구(WTO)의 승인하에 자유주의적 세계질서 속에서 투자와 교역을 할 수 있었다.

그런데 2009년 미국은 엄청난 재정적자와 경기후퇴에 짓눌렸다. 월가의 붕괴로 세계는 전략적인 충격을 받았다. 미국은 자신의 정체성과도 같은 큰소리칠 수 있는 호기를 상실했다. 이라크와 아프가니스탄에서의 끝없는 전쟁도 힘을 빼앗았다.

반면 중국은 미국이 한눈을 파는 사이를 활용해 힘을 계속 키워 나갔으며 어마어마한 경제 강국으로 등장했고, 전 세계적으로 왕성히 활동하며 남중국해에서는 군사적으로 활발해졌다. 중국이 아시아인프라개발은행, 일대일로, 중국제조 2025 등을 만들어 나가자 미국은 중국이 진정한 경쟁상대로 등장했음을 즉각 깨달았다.

트럼프 대통령은 중국과의 무역 분쟁을 끈질기게 진행하면서 유리한 거래를 하겠다는 공개적인 의도를 앞세우고 임기를 시작했다. 그의 행정부는 무역을 넘어서 투자, 기술 그리고 가치 문제까지 다루고 있다. 2019년에는 전통적으로 해왔던 중국에 대한 군사적 봉쇄에 이어 기술 봉쇄를 밀어붙이고 있는데 이것이 미국의 이익을 해치지 않고 어느 정도까지 갈 수 있을지에 대한 논의가 진행 중이다. 현재 워싱턴에는 중국에 대해 어떻게 대응할 것인가에 관한 일종의 "공황상태"가 있다.

중국에 대해 수많은 대립 정책을 취하고 있는 트럼프 행정부는 전 세계 국가들에게 있어 국제적인 맥락을 변화시켰다. 만일 우리가 선택을 강요받게 된다면 우리는 양쪽과 똑같이 좋은 관계를 유지하는 것이 점점 더 어려워지는 것을 느낄 것이다. 아직까지 우리는 무역, 국방, 제삼자 지원 등의 분야에서 협력적인 방안을 통해 양쪽의 계좌를 채우고 있고 가능한 공평함을 유지하고자 한다.

미국과 중국 모두와 우호관계를 모색하면서 양자택일을 수용하지 않으려는 일단의 아시아 국가 그룹도 나타나고 있다. 싱가포르의 리센룽 총리는 2019년 샹그릴라 대화 기조연설에서 이를 분명히 했다. 미국의 동맹국인 한국, 일본, 호주에게는 중국이 제1의 교역 상대국이며 아세안 국가들에게는 중국이 제1, 제2, 또는 제3의 교역 상대국이다. 사실 일본과 중국은 그들 사이의 분쟁을 조용히 진정시켜 나가고 있다. 2019년 10월 미국의 확고한 동맹국인 호주의 스콧 모리슨 총리는 "책임을 지지 않는 국제주의적 관료주의"와 "부정적인 세계화"에 관한 연설을 했는데 이는 일견 트럼프 대통령의 주장에 대한 동조처럼 보인다. 그러나 동 총리는 호주가 미국과 중국 간의 "전략적 경쟁에 대한 양자택일적 설명을 거부한다"고 강조했으며, 포용적인 인도태평양에 관한 아세안의 개념을 지지함으로써 봉쇄 개념을 거부하는 것처럼 보였다.

이는 현재 진행되고 있는 듯한 극명한 분열에 대해 저항이 있다는 것을 의미한다. 싱가포르는 유사 입장국들과 함께 강국들에게 기대를 낮추고 역내에서의 상호공존의 맥락이 유지되도록 협조해달라는 메시지를 전달해야 할 것이다.

찬 헹 치(Chan Heng Chee) 교수는 외교부 본부 대사 겸 싱가포르 기술 디자인 대학(SUTD) 내 리콴유 혁신도시 센터의 회장이다. 그녀는 1996년부터 2012년까지 미국주재 싱가포르 대사를 역임했다.

49

싱가포르와 유엔

버한 가푸어(*Burhan Gafoor*)

싱가포르가 독립한 이후 신정부가 첫 번째로 한 일 중의 하나가 유엔에 회원국 지위를 신청한 것이다. 신생독립국으로서 유엔 회원국의 지위는 독립과 영토주권을 국제사회로부터 인정받는 중요한 일이었기 때문이다. 1965년 9월 21일 오후, 유엔 총회는 만장일치로 싱가포르를 유엔의 새로운 회원으로 받아들였다. 같은 날 당시 부총리 토 친 치에(Toh Chin Chye) 박사와 시나쌈비 라자라트남(Sinnathamby Rajaratnam) 초대 외교부 장관이 임석한 가운데 싱가포르 국기가 유엔 본부에 게양되었다. 오늘날에도 싱가포르 국기는 공화국의 독립 및 책임 있는 세계시민으로서의 역할을 상징하면서 유엔에서 자랑스럽게 휘날리고 있다.

작은 나라들에게 있어 유엔은 "힘이 정의"라는 생각이 아닌, 국제법에 근거한 규칙 기반 다자 체제를 상징한다. 유엔은 또한 세계 여러 나라들과 관계를 쌓아 가는 중요한 포럼이다. 유엔 회원국이라는 의미가 승인을 받았다는 뜻을 내포하지만 유엔 내에서 좌석과 국기를 갖는다는 것은 단지 출발점에 불과하다. 존경을 얻고 영향력을 행사하기 위해서는 여러 세대에 걸친 외교관들의 명민한 전략과 노고가 있어야만 한다.

가끔 싱가포르는 국제적으로 "자신의 몸무게보다 더 센 주먹을 날린다"는 이야기를 듣게 된다. 그것이 사실이라면 이는 외교관들의 노고 때문만은 아닐 것이다. 우리의 유엔 외교, 더 나아가 외교정책은 근본적으로 국가로서의 싱가포르의 성공에 기반하고 있다. 본질적으로 싱가포르 외교관들은 진지하게 받아들여지고 있는데 이는 싱가포르가 국가로서 성취한 것, 그리고 싱가포르인들이 인간으로서 이룬 것들이 있기 때문이다.

지난 50년 동안, 싱가포르는 지속적으로 적극적이고 건설적인 역할을 수행해 왔다. 아마도 유엔에서 가장 작은 나라 중의 하나이겠지만, 목소리를 듣게 했고 존재감을 느끼게 했다. 싱가포르의 유엔외교는 어떠한 이유에서 성공적까지는 아닐지라도 효과적이었을까?

원칙에 입각한 입장 견지

우선 싱가포르는 유엔에서 원칙에 입각한 입장을 택한다. 두려워하거나 환심을 사려하지 않고 국가 이익에 따른 정책 결정을 한다. 어려운 문제들에 대해 원칙적인 입장을 취하는 것을 두려워하지 않는다. 예를 들면 1983년 미국이 그레나다를 침공했을 때 싱가포르는 동 행위를 명백한 국제법 위반이라고 규탄한 유엔 결의를 지지했다. 2014년 러시아가 크림반도를 합병했을 때 싱가포르는 우크라이나의 영토보전을 단언한 유엔 결의를 지지했다.

싱가포르에게는 법의 지배에 대한 존중이 국제관계에 있어 근본 원칙이다. 냉전이 절정을 이루던 1978년 베트남이 캄보디아를 침공했을 때 싱가포르는 아세안과 함께 유엔에서 연합세력을 구축하고 베트남이 지원하는 프놈펜 정권의 국제적 정당성을 부정했다. 싱가포르는 1991년 파리 협정이 서명될 때까지 이 입장을 확고히 유지했다. 싱가포르가 옹호한 원칙은 단순한 것이다. 영토주권과 국제법은 항상 존중되어야 한다는 것이다.

건설적인 역할 수행

두 번째로 싱가포르는 유엔에서 건설적인 역할을 수행해왔다. 매우 중요한 협상을 주재한 것을 포함해 어디든 가능한 곳에서 이견을 해소하고 합의를 도출했다. 이와 관련한 훌륭한 사례가 해양법에 관한 제3차 국제회의의 의장직을 수행한 토미 코 대사의 역할이다. 이 회의는 1982년 유엔 해양법협약(UN Convention on the Law of the Sea)의 채택으로 이어졌다. 오늘날 유엔 해양법협약은 "해양의 헌법"이 되었으며 국제 규칙기반 시스템의 핵심적인 기둥을 형성하고 있다.

코 대사는 또한 환경과 개발에 관한 유엔회의의 준비위원회 의장으로서 중요한 역할을 수행했는데 동 회의는 1992년 성공적인 리우 지구 정상회의로 이어졌다. 코 대사의 기민한 외교술은 싱가포르가 유엔에서 커다란 역할을 할 수 있도록 해주었으며 후임자들에게도 앞길을 열어주었다. 오랜 기간 동안 우리 유엔 외교관들은 뉴욕에서뿐만 아니라 스위스의 제네바와 오스트리아의 비엔나에서 다양한 주제와 관련해 싱가포르의 이름을 새기기 위해 열심히 노력해 왔다.

싱가포르의 유엔 외교는 2001~02년 기간 동안 유엔 안전보장이사회의 비상임이사국을 수임하면서 최전성기를 누렸다. 이 기간 동안 싱가포르는 안전보장이사회 의장을 두 차례 맡았는데 최대한으로 진지함을 유지하며 책무를 수행했다. 2년간의 안전보장이사회 기간은 국제무대에서 싱가포르를 크게 부각시켰으며 싱가포르의 차세대 외교관들을 유엔 외교를 통해 훈련시킬 수 있었다.

싱가포르는 유엔의 중요 기관이나 전문 기구에서 의장직을 수행하면서 족적을 남겼는데 몇 가지 사례를 들어보자면 세계무역기구(WTO)의 일반이사회, 세계무역기구 분쟁 패널, 세계보건기구(WHO) 집행이사회, 유엔국제무역법위원회(UN Commission on International Trade Law: UNCITRAL) 등을 꼽을 수 있다. 2017년 나는 법률을 담당하는 제6위원회의 의장직을 수임했는데 싱가포르 대표가 유엔 내 주요 위원회의 의장직을 수임한 것은 이때가 처음이었다. 2018년 검찰총장실의 레나 리(Rena Lee)가 국가관할권 이원지역의 해양생물다양성(BBNJ) 정부 간 회의 의장으로 선출되어 유엔해양법 산하에서 해양생물 다양성을 보전하고 지속가능한 활용을 위한 새로운 조약 성안을 협상했다. 이런 임무 수임은 유엔에서 법률 및 해양문제와 관련해 싱가포르가 오랫동안 유지해온 역할을 강화시켜 주었다.

회의를 주재하는 것 이외에 싱가포르 대표들은 국제 협상에서 선구적인 이론가나 촉진자로서의 역할을 수행해 왔다. 예를 들어 기후변화에 관한 유엔 기본 협약 관련 회의나 2015년 파리 유엔 기후변화 회의에서 싱가포르의 장관들과 관리들은 기후금융(climate finance), 감축 공약, 투명성 조건 등과 같은 어려운 주제의 협상을 촉진시켜 주도록 요청받았다. 뉴욕에서는 사이버 안보와 같이 새로 등장하는 주제에 대한 논의에 적극 관여해 이견을 해소하고 세계적 규범을 만들기 위해 노력했다.

싱가포르의 유엔 외교는 뉴욕을 넘어서까지 확장되었다. 우리는 주기적으로 유엔 전문기구 내의 집행이사국으로 선출되었는데 제네바의 세계보건기구(WHO), 런던의 국제해사기구(IMO), 몬트리얼의 국제민간항공기구(ICAO), 비엔나의 국제원자력기구(IAEA), 자마이카 킹스턴의 국제해저기구(International Seabed Authority: ISA) 등을 꼽을 수 있다. 이 모든 기구에서 싱가포르 관리들은 그들의 지식과 외교력을 동원해 싱가포르의 국익을 지키며 국제적인 해결책을 만들어 나가고 있다.

유엔에서는 연합체를 형성하는 능력이 우리의 이익을 확대해 나가는데 있어 핵심이다. 이 분야는 싱가포르가 자신의 흔적을 남기는 또 다른 영역이다. 1992년 츄 타이 수(Chew Tai Soo) 대사는 유엔 문제에 관해 소국들 간의 의견 교환을 위한 비공식 그룹인 소국 포럼(Forum of Small States: FOSS)을 만들었다. 소국 포럼은 세계 모든 지역으로부터 100여 개의 회원국이 참여했으며 뉴욕, 제네바, 런던에서 소국들에게 유용한 틀로 기능하고 있다. 또 다른 예는 2009년 뉴욕에서 바누 고팔라 메논(Vanu Gopala Menon) 대사의 주도하에 30개의 유사입장국으로 구성한 국제통치그룹(Global Governance Group: 3G)인데 G20 국가가 유엔과 좀 더 가깝게 일을 하도록 압력을 가하는 역할을 한다. 소국 그룹과 3G는 유용한 연합체로 기능하고 있으며 싱가포르의 유엔 내 회의 주도 능력을 잘 보여준다.

유엔에 대한 지지를 보여주기

효율적인 유엔 외교의 세 번째 측면은 유엔과 관련 기구의 활동을 지지하는 것이다. 우리는 안토니오 구테레스 사무총장이 유엔시스템을 개혁하고 강화하고자 하는 노력을 지지해왔다. 싱가포르는 중요 회의를 주최해 유엔에 대한 지지를 보여주었는데 1996년 세계무역기구 장관급회의와 2006년 세계지식재산권기구(World Intellectual Property Organization: WIPO)의 외교 회의를 개최했다. 후자의 경우 상표법에 대한 싱가포르 조약(Singapore

Treaty on the Law of Trade Marks)의 채택으로 이어졌다. 2019년 8월 싱가포르는 자신의 명칭을 딴 최초의 유엔협약 서명식을 주최했는데, 바로 조정에 관한 싱가포르협약(Singapore Convention on Mediation)이다. 동 협약은 유엔무역법위원회(UNCITRAL) 실무회의를 주재한 젊은 법률가 나탈리 모리스 샤르마의 훌륭한 작업이 낳은 결과물이라고 할 수 있다.

싱가포르는 아프가니스탄, 캄보디아, 이라크, 동티모르 등의 국가에서 진행된 유엔평화유지군 활동에 군인과 경찰을 지원했다. 2002년 탄 혹 킴 준장은 동티모르 주둔 유엔평화유지군의 사령관으로 임명되었는데, 싱가포르인으로서는 최초로 그와 같은 직위를 수임한 것이다. 최근 싱가포르 국방부는 소프트웨어 시스템인 NOTICAS를 지원했는데 현재 유엔 본부는 이 시스템을 전 세계 평화유지 활동 사상자를 실시간으로 감시하는 용도에 사용하고 있다. 이런 것들은 싱가포르가 자신의 경험과 기술을 비록 작지만 구체적인 방식으로 유엔에 제공하는 사례가 된다.

싱가포르의 유엔에서의 인지도는 외교관들이 하고 있는 업무 이상으로 높다. 많은 싱가포르인들이 유엔 시스템 내의 사무국에서 일했고 계속 일할 것이다. 새로운 젊은 세대들이 유엔에서 뚜렷한 족적을 남긴 앞선 세대의 뒤를 이을 것이다. 그들은 국제공무원이지만 자신들이 하는 일을 통해 싱가포르에 신용과 긍지를 가져다 줄 것이다.

독립 초기 싱가포르는 유엔개발계획(UNDP), 유엔아동기금(UNICEF), 국제보건기구(WHO) 등 많은 유엔 기구로부터 지원을 받았다. 오늘날 싱가포르는 유엔 기구 및 관련 프로그램에 대한 지원을 공약하고 있다. 최근 싱가포르와 UNDP는 공동으로 기술, 혁신, 지속가능한 개발을 위한 국제 센터를 싱가포르에 설립하고 자신의 개발경험을 전 세계와 공유하고 있다. 싱가포르는 유엔 인간주거계획(UN-Habitat), 세계 보건기구, 국제노동기구 등 다른 유엔 기구와 함께 개발도상국의 역량개발 프로그램도 지원하고 있다.

싱가포르 이야기는 언제나 유엔의 이야기와 밀접하게 연관되어 있다. 국가로서의 싱가포르의 성공은 우리가 유엔에서 효과적인 역할을 할 수 있게 해주었다. 동시에 우리의 유엔 외교는 싱가포르의 국제적 인지도를 높이고, 우방 네트워크를 확대했으며, 작은 국가인 싱가포르의 국익을 증진시켰다. 불확실성의 시대를 맞아 유엔은 싱가포르가 다자적 규칙 기반 시스템을 지켜나가고, 새로운 국제 규범을 만들어가며, 전 세계 국가들과 파트너쉽을 형성해 나갈 중요한 포럼으로 남을 것이다.

버한 가푸어(Burhan Gafoor) 대사는 수십 년의 경험을 지닌 직업외교관이다. 그는 현재 뉴욕의 주유엔 싱가포르 대사이다. 과거 호주 및 프랑스 주재 대사를 역임했고 기후변화협상 수석대표와 주제네바 대사도 역임했다.

IX. 행복

50

사회심리학적 자산과 싱가포르에서의 행복

데이비드 찬(*David Chan*)

싱가포르는 잘 통합된 도시 관련 해법을 효율적이고 효과적으로 창출해 칭찬받고 있다. 비록 다양한 인종으로 구성된 인구를 가지고 있지만, 오랜 기간 동안 살기 좋고 조화로운 도시로 만들어준 해법이다. 싱가포르의 성공과 국민들의 행복이 서로 연결되었음을 이해하는 것은 도시 국가에 대한 진정한 확신을 갖게 하는 데 도움이 된다. 싱가포르가 세계적인 도시일 뿐만 아니라 응집력 있는 국가로 번창하려면 싱가포르에 대한 확신이 근거에 기반해야 하고 국민들의 행복을 끊임없이 향상시키는 것에 뿌리를 두어야 한다.

더욱이 행복이 어떻게 개발될 수 있는지 이해하는 것은 정책과 공적인 행동의 실질적 적용에 도움이 된다. 이는 현재 및 미래의 사회적 도전과 연계된 불확실성과 복잡성으로부터 야기되는 새로운 요구를 충족시키기 위해, 싱가포르 및 다른 사회가 채택하거나 적응해야 할 적합한 원칙을 식별할 수 있도록 도와준다. 행복이라는 것은 그 자체가 긍정적인 목표이기도 하지만 또 다른 긍정적인 목표를 달성하기 위한 수단이기도 하다. 이 글은 사회적 자산과 심리적 자산이 중개변수로서 수행하는 중요한 역할에 초점을 맞출 것이다. 이 중개변수를 통해 정책과 공적 행동이 시민들의 행복에 기여하게 된다.

주관적인 행복

주관적인 행복이란 각 개인이 자신의 삶의 질에 대해 어떻게 생각하며 느끼고 있는가를 의미한다. 인지적 요소는 생활에 대한 만족도를 일컫는데 자신의 욕구, 희망, 기대, 선호가 얼마나 충족되었는지를 스스로 평가한 내용이다. 평가는 일반적이거나 가족이나 직장과 같이 특정적인 생활 영역을 대상으로 할 수 있다. 감정적 요소는 생활의 행복을 일컫는데 즐거움이나 성취감과 같은 긍정적인 감정이 상대적으로 존재하고, 분노나 방치된 느낌과 같은 부정적인 감정이 상대적으로 부재한 상태를 의미한다. 주관적인 행복은 팀, 조직 또는 국가적 차원에서도 조사할 수 있다.

국가 내(싱가포르 포함)에서나 국가를 넘어 조사한 많은 연구들은 주관적 행복이라는 것이 기본적 욕구의 충족, 좋은 건강, 안정된 사회, 긍정적인 사회적 관계, 타인에 대한 신뢰, 자원봉사, 장기 목표를 향한 성과 등과 확실히 연계되어 있음을 보여준다. 또한 자기 효능감(self-efficacy)이나 적응성과 같은 개인적인 속성이나 기능도 중요하다. 사회적인 자산과 심리적인 자산은 개인과 집단에게 문제를 해결하고 행복을 증진시킬 중요한 자원을 제공한다.

사회적 자산

경제적 자산이 "우리가 무엇을 가지고 있는가?"에, 그리고 인적 자산이 "우리는 누구인가?"에 의존하는 것이라면 사회적 자산은 "우리가 누구를 알고 있는가?"에 관한 것이다. 우리는 사회관계망으로부터 많은 것을 얻고 있는데 이는 우리가 직접적으로 알고 있거나 남을 통해 간접적으로 알고 있는 사람들과의 관계를 의미한다. 이로 인한 혜택은 고용과 같이 유형의 것일 수도 있고 사회적 지지와 같은 무형의 것일 수도 있다. 우리가 신뢰와 상호주의에 기반한 질 높은 사회관계망을 발전시키면 사회적 자산은 증가한다.

사회적 자산은 싱가포르의 정책결정 과정에 언제나 아주 중요했다. 왜 냐하면 단체 행동, 문제 해결, 협박과 위기로부터의 회복력과 같은 사안에 대해 큰 영향력을 갖고 있기 때문이다. 싱가포르에서 사회적 자산을 개발 하는 노력은 통합에 기반한 정책, 상호작용에 초점을 둔 계획을 통해 분명 하게 나타나는데 이는 서로 다른 인종과 종교로 구성된 이질적인 사람들 간에 사회적 조화와 응집력을 형성하기 위한 것이다. 여기에는 주택 배정, 인종에 기반한 자조 그룹, 다문화주의 등이 해당한다. 또 다른 예는 노사정 삼자주의 모델로서 노사관계의 합의도출 과정에 정부, 기업, 노동자들을 관여시키는 것이다.

점차 싱가포르뿐만 아니라 다른 지역 지도자들도 사회적 자산 중 하나 인 대중의 신뢰가 정책 결정이나 도시 문제 해결에 있어 매우 중요하다는 점을 인식하고 있다. 신뢰가 낮은 환경에서는 투자자 및 개발자를 끌어오 고, 법을 통과시키며, 어떤 계획을 이행하고 위기를 관리하는 것이 매우 어 렵다. 신뢰에서 중요한 것은 신탁수탁자를 믿을 수 있을지에 대한 신탁설 정자의 인식인데 이는 능력, 진실성, 자비로움이라는 세 가지 중요한 측면 을 갖고 있다.

정부의 경우, 능력에 대한 신뢰는 통치 기구에 대한 대중의 믿음을 의 미한다. 공공기반시설, 대중교통, 공적서비스와 같이 사람들의 삶에 영향 을 미치거나 위기와 문제점들을 해결할 수 있는 능력과 관련된다.

진실성에 대한 신뢰는 공무원이나 정치 지도자에 대한 믿음과 진실성 을 위반했을 때 이를 어떻게 다루어나가는가에 대한 일반인들의 인식과 관 련된다. 싱가포르에서는 부패로 붙잡힌 사람에 대해 그가 누구이건 간에 정부가 강력한 조치를 취하는 것이 진실성 위배에 따른 신뢰 약화를 해소 해주고 잘못에 대한 정부 무관용 정책의 입지를 강화시켜 준다.

자비로움에 대한 신뢰는 정부가 특정한 행동이나 정책을 수행할 때 진 정성이 있고 좋은 의도나 동기가 있다고 대중이 인정하는 신뢰를 일컫는 다. 그와 같은 신뢰는 사람들이 어떤 정책에 관해 자신들의 이익을 위한 것 이며 기득권을 위해서가 아닌 시민들의 행복에 대한 진정한 관심에서 비롯 된 것이라고 믿게 될 때 증가한다. 반면, 사람들이 어떤 정책이 엘리트에 의해 만들어졌고 일반 시민들과는 공감할 수 없거나 공감할 생각이 없는 것으로 믿게 될 때 이러한 신뢰는 훼손된다.

싱가포르 정부는 시민들의 행복, 사회적 이동성, 질 높은 대중 참여, 공공서비스에 있어 겸손과 공감 등의 주제를 점점 더 강조해왔다. 도시계획, 주택 공급, 건강과 교육 등의 분야에서도 상당한 정책 변화가 있었는데 정책의 내용이 보다 분명하게 시민들의 관심사항에 초점을 맞추었으며 정책 설계와 이행에 앞서 시민들의 광범위한 관여를 허용했다. 이런 강조점과 정책의 변화가 지속가능하며 시민들에게 혜택을 주는 결과로 나타난다면 자비로움에 대한 신뢰는 증가할 것이다. 시민들이 싱가포르 정부가 자신이 의미하는 것을 말하고 말한 것을 실천한다는 증거를 보게 되기 때문이다.

심리적인 자산

연구에 따르면 네 가지의 상호 연관된 사고방식과 태도(자기 효능감, 낙관주의, 희망, 복원력)가 심리적인 자산을 구성하며 사람들을 순응적인 방식으로 기능하게 한다고 한다. 이들은 훈련과 교육을 통해 길러지며 실제 경험을 통해 습득된다.

자기 효능감이란 자기가 문제를 해결할 수 있고 사안을 자신이나 남을 위해 더 낫게 변화시킬 수 있다는 사람들의 믿음이다. 자기 효능감은 자기 자신의 실질적 능력이나 주변 상황에 기반해야 한다. 그렇지 않으면 사람들은 자만하거나 망상에 젖게 된다. 실패가 계속될 경우 자기 효능감이 상실되고 실망과 의욕상실을 야기해 "학습된 무기력"을 낳는 결과가 되거나 어떤 긍정적인 결과도 만들 수 없다는 믿음을 갖게 한다.

낙관주의는 가까운 미래에 사안이 나아지거나 나아질 수 있게 만들 수 있다고 사람들이 믿을 때 나타난다. 그러나 이는 현재의 능력과 주변 상황에 맞게 적응적이 되어야 하며, 사실과 정보를 바탕으로 한 판단이어야 한다. 달리 이야기하면, 낙관주의는 관련 있는 정보를 얻고 비판적인 사고를 한 이후 도출되는 긍정적인 결론이 있을 때 적응적이 된다. 그렇지 않으면 낙관주의적 편향은 무사안일주의에 종종 빠질 수 있다.

사람들은 자신이 열망하는 것을 달성할 수 있는 진짜 기회를 보게 될 때 희망을 갖게 된다. 그들은 기회를 잡고 이에 대한 성취가(반드시 클 필요는 없음) 이론적으로 가능할 뿐만 아니라 실제적으로 그럴 듯하다고 인식한다. 진짜 희망은 사람들에게 어렵지만 성취 가능한 목표를 설정하고 그 목표에 도달하기 위해 분투하도록 동기를 부여한다. 진짜 희망이 있으면 필요할 때마다 진척도와 자기 조절 행동을 점검하는 것이 타당하게 된다.

복원력은 사람들이 역경으로부터 회복하거나, 어려운 변화에 적응하고, 도전적인 상황으로부터 비롯된 새로운 요구에 적응할 때 발달된다. 이것의 존재나 범위는 어려운 상황이 진행 중이거나 지나간 후에 관찰될 수 있다. 복원력은 신뢰, 공약, 가치를 기반으로 하고 있는데 이들은 사람들의 오랜 인생 체험에서 생겨난다. 그래서 복원력은 의식적으로 좋은 시절에 그리고 조기에 개발되어야 한다.

자기 효능감, 낙관주의, 희망, 복원력은 경험과 증거를 기반으로 하고 있으며 그래서 이들은 동적이면서도 조건적이다. 어느 시점이든 이런 긍정적인 사고방식으로 잘 했거나 또는 잘 하고 있다면 이를 당연한 것으로 받아들여서는 안 된다.

이 네 가지 사고방식은 모두 함께 심리적인 자산을 구성하며 "할 수 있다"라는 정신과 "할 것이다"라는 태도로 특징되는 강력한 자원 및 동기부여가 된다. 이 때문에 이 네 가지 사고방식은 사회 보장, 공동체 개발, 교육과 인재개발 등 다양한 분야의 정책 내용 속에 분명하게 나타난다. 공공정책과 사회적 규범이 자립, 실적기준 능력주의, 재능개발, 기회균등을 하나의 공유가치나 지도 원리로 삼을 경우 심리적인 자산 개발에 기여하게 된다.

실질적인 의미와 미래의 도전

주관적인 행복과 사회적 자산 및 심리적 자산은 지난 이삼십 년 동안의 사회과학 및 행동과학의 경험적 증거에 의해 뒷받침되는 확립된 구성 요소이다. 최근 싱가포르의 정책결정과 공공 담론은 이런 구성 요소에 대해 분명하게 언급하고 있다. 그러나 구성 요소의 많은 핵심적 내용들은 싱가포르의 지도자와 국민들이 오랜 세월 동안 국가의 성공을 위해 함께 일해 온 방식과 일치하는 것이다.

비록 싱가포르의 성공 패턴이 국가에 대한 신뢰의 이유를 제공해주지만, 싱가포르의 미래는 미리 정해진 것도 아니고 그렇다고 무작위로 정해지지도 않을 것이다. 현재 진행되고 있는 경제적, 기술적, 인구학적, 정치적 사고방식의 변화가 급격한 혼란을 촉발하고 일자리, 기능, 포용성에도 커다란 도전을 제기할 것이라는 주장들이 나오고 있다. 그리고 어떻게 이 모든 것이 차례로 새로운 집단별 차이나 사회적 불평등으로 이어질 수 있는지를 이야기한다.

이렇게 부상하는 분열적 요소와 사회적 응집력에 대한 도전을 해소하고, 싱가포르가 누려왔던 성공을 계속 유지하기 위해 정치 지도자들은 경제적 구조조정, 일자리 재설계, 노동자 훈련, 포용적 성장, 포용적 공동체, 사회안전망, 법과 작동 규범(예를 들어 노사정 삼자주의나 노사관계) 등에 초점을 맞추어 사회적 결속력을 유지하고자 한다. 아울러 주택공급, 보건, 교육 등의 분야에서 경제/사회적 전략을 잘 조율해 인적 개발을 위한 투자를 해나가고자 한다.

이 모든 것은 매우 신중한 노력으로서 모든 개인이 자신의 배경과 상관없이 기회에 접근하고, 열망을 추구하며, 난관을 관리하고 변화에 적응하기 위해 효율적으로 기능하도록 하겠다는 기본적 접근법에 의해 추진되고 있다.

그런데 싱가포르의 지도자와 국민들은 국가가 다양한 시각을 가진 개인이나 공동체를 필요로 한다는 점을 인식해야 한다. 이들은 싱가포르 정부가 혼자서는 해결할 수 없거나 정부의 간섭이 없을 때 더 잘 해결될 수 있는 문제를 위해 목소리를 높이고 앞으로 나아갈 수 있는 사람들이다.

건설적이고 집합적인 노력이 이루어지기 위해서는 관련된 모든 사람들이 다른 사람의 시각에서 사물을 바라보는 것을 배워야 하고 효과적으로 목소리를 높이며 함께 일해 나가야 한다. 이는 사회적 자본과 심리적 자본을 형성시켜주는 해법을 진정으로 함께 창출하기 위해 필요하다. 사회적 자본과 심리적 자본은 다시 개인과 집단을 효과적으로 기능하게 하고 주관적 행복을 긍정적으로 경험할 수 있게 한다.

이 새로워진 공동의 노력은 결실을 맺을 수 있을까? 또한 의도하지 않은 부정적 결과가 나오더라도 최소화되고 완화될 수 있을까? 답은 그렇다이다. 그러나 싱가포르 지도자와 국민들이 개인과 사회의 행복을 끊임없이 향상시키는 데 기여하는 방식으로 사회/심리적 자본을 구축하고자 건설적으로 함께 일하는 효과적인 관여가 있을 때만이 가능할 것이다.

이것은 싱가포르가 미래에도 계속 성공하기 위한 공공연한 비결이다.

데이비드 찬(David Chan) 박사는 심리학 교수이며 싱가포르 경영대학교의 행동과학연구소 소장이다. 그는 다양한 국가 공공서비스 상과 국제적인 학술상을 수상했다. 그는 심리학자를 위한 6개의 주요 국제조직의 회원이며 그의 저술은 1만 회 이상 인용되었다. 그는 다양한 위원회, 패널, 조직에서 회장, 자문관, 상담위원 등으로 활동하고 있다.

싱가포르 성공의 50가지 비결

초판발행   2020년 11월 27일
중판발행   2021년 5월 10일

지은이   TOMMY KOH
옮긴이   안영집
펴낸이   노 현

편 집   최은혜
기획/마케팅   노 현
디자인   BEN STORY
제 작   고철민·조영환

펴낸곳   (주)피와이메이트
                서울특별시 금천구 가산디지털2로 53 한라시그마밸리 210호(가산동)
                등록 2014. 2. 12. 제2018-000080호
전 화   02)733-6771
f a x   02)736-4818
e-mail   pys@pybook.co.kr
homepage   www.pybook.co.kr
ISBN   979-11-6519-079-8   03300

* 파본은 구입하신 곳에서 교환해 드립니다. 본서의 무단복제행위를 금합니다.
* 역자와 협의하여 인지첩부를 생략합니다.

정 가 17,000원